KB125596

↤ 22개 나라로 읽는 ↦
부의 세계사

일러두기

- 외국의 인명과 지명 등은 국립국어원의 외래어표기법을 따라 표기하고, 국내 독자에게 생소한 것 위주로 병기했다.

- 외서는 제목을 번역해 표기하되, 한국어판이 있는 경우 해당 판본의 제목을 따랐다.

22개 나라로 읽는
부의 세계사

역사의 흐름을 지배한 7가지 부의 속성

THE WORLD HISTORY OF WEALTH

조홍식
지음

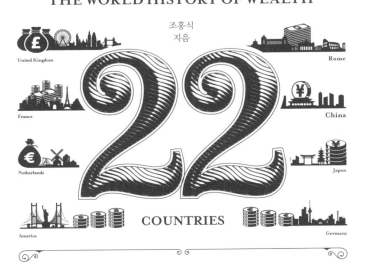

United Kingdom

France

Netherlands

America

Rome

China

Japan

Germany

22
COUNTRIES

웅진 지식하우스

부자 나라의
성공 비결을 찾아 떠나는 여행

우리는 지금 부자 나라인가. 부국의 정확한 의미는 무엇일까. 불과 100년 전 한국은 일본의 식민 지배를 받고 있었다. 이어서 닥친 한국전쟁과 민족 분단에도 불구하고 지금은 세계가 부러워하는 정치 민주화와 경제발전을 이룩했고, 소위 선진국 클럽에 진입했다. 끼니를 때우지 못하고 굶는 사람이 드물지 않은 현실에서 벗어난 한국은 비만을 걱정하고 웰빙을 추구하는 사회가 되었다. 이제 앞만 보고 달려왔던 조급함에서 벗어나 생각을 가다듬을 여유를 찾아야 한다.

무작정 앞선 나라를 쫓아가기보다는 우리만의 철학으로 미래의 방향과 목표를 설정해야 할 단계다. 부는 어디서나 풍요로운 삶을 의미했으나 문화마다 다른 모습으로 나타났기 때문이다. 또 다양한 위기를 뛰어넘어 장기적으로 지속 가능한 발전의 청사진을 만들어야 한다. 그러기 위해서는 인류의 긴 역사를 살펴보고 다양한 경험을 곱씹으며 우리 사회를 깊이, 다각적으로 고찰해야 한다.

이 엄청난 작업에 용기를 낸 것은 내가 유럽 지역을 전공하면서 거시적인 역사에 집착해온 덕분이다. 유럽은 자본주의와 산업혁명을 잉태하고 확산시킨 주인공으로, 부자 나라들의 역사에서 핵심을 차지한다.

물론 자본주의나 산업혁명 이전에도 부국은 존재했다. 고대 중국의 공자는 국가를 지탱하는 정치의 근본으로 국민의 신뢰(信)와 먹고사는 문제(食) 그리고 군사력(兵)을 들었다. 안보와 경제가 양날개를 이루는 부국강병(富國强兵)의 철학인 셈이다. 이 같은 유교 사상은 자본주의를 낳지는 않았으나 국가가 민간경제를 짓누르는 경향을 적절하게 통제해주었다. 중국이 오랜 기간 부를 가장 많이 생산하는 세계경제의 중심이 되었던 바탕이다.

동아시아 한자에서 부(富)는 집 안(宀)에 항아리가 가득한(畐) 모양으로, 즉 먹고 마실 것의 풍부함을 묘사한다. 연부역강(年富力强)과 같은 표현에서 부는 혈기 왕성한 젊은 나이를 뜻한다. 또 제단(示)과 항아리의 조합은 복(福)과 행운을 나타낸다. 부와 행복 그리고 번영이 연결되는 논리적 구조가 사고에 반영된 결과다.

서구에서도 부에 대한 사고의 기본 틀은 비슷하다. 애덤 스미스가 쓴 『국부론』의 원제는 'An Inquiry into the Nature and Causes of the Wealth of Nations'인데, 이때 'wealth'는 'well'이라는 단어에서 나왔다. 영어에서도 부는 건강(wellness)이나 복지(wellbeing)와 직결되는 것이다. 부를 뜻하는 프랑스어 'richesse'는 영어의 'rich'와 어원이 같다. 흥미롭게도 이 말의 본뜻은 힘이나 권력을 포함한다. 그래서 독일어에서 제국을 의미하는 'reich'도 같은 어원을 갖는다. 부와 힘이 일맥상통하는 서구식 부국강병의 표현인 셈이다. 『국부론』의 독일어 번역본은 복지(wohlstand)라는 개념을 활용한다. 부자 나라와 복지국가는 이렇게 애당초 개념적으로 연결되어 있었던 셈이다.

우리의 특수한 역사 경험, 즉 장기간 일본에 식민 지배당한 치욕은 부자 나라에 대한 인식을 왜곡하기도 한다. 군사적으로 강한 나라가 약소국가를 침략하고 약탈해 부를 축적한다는 인식이 뿌리내리게 된 배경이다.

세계사에서 약탈을 통한 부의 축적은 분명 중요한 패턴이었다. 그러나 경제발전의 지속 가능성을 보면 약탈 모델은 명백한 한계를 갖는다. 예를 들어 독일이나 일본은 군국주의를 포기하고 평화의 길을 택함으로써 장기 경제발전의 궤도에 확실하게 올라설 수 있었다. 2020년 기준 세계 최고의 소득을 자랑하는 노르웨이(6만 7,294달러)나 룩셈부르크(11만 5,873달러), 아랍에미리트(4만 3,103달러)나 싱가포르(5만 9,797달러)는 안보가 취약하기 그지없는 약소국들이다. 따라서 부국강병은 보편 모델이 아니라 역사성을 갖는다. 과거를 충분히 곱씹되 여기에 얽매여서는 곤란하다는 말이다.

이 책은 부자 나라를 찾아서 세계사를 누비는 여행이다. 인류가 농경 생활과 문명의 장을 연 고대 시기에 '질서'(1장)란 부를 만들어 누릴 수 있는 가장 기초적인 조건이었다. 이 여행의 시작이 『함무라비법전Code of Hammurabi』으로 잘 알려진 바빌로니아제국과 법의 전통을 근대 유럽에 물려준 로마문명인 이유다.

질서의 기본 조건이 충족되면 외부와 교류하는 '개방성'(2장)이나 내부적인 '경쟁'이 부를 선사해주었다. 개방성의 사례로 중세 중국의 송나라와 인도의 촐라(Chola)제국, 서아시아와 북아프리카의 이슬람제국을 살펴본다.

다음으로 고대 그리스나 중세 이탈리아의 도시국가 체제에서 '경쟁'(3장)의 역할을 검토한다. 이 도시국가들은 비록 규모는 작았으나, 팽팽한 경쟁으로 번영했다. 한 세력이 나머지를 집어삼키거나 짓누르지 않으면서 균형이 계속되어야 경쟁의 성과를 온전히 얻을 수 있다.

자본주의의 본질을 창조적 파괴라는 '혁신'(4장)으로 파악한 조지프 슘페터의 분석이 적용될 수 있는 시대는 주로 16세기부터다. 스페인은 지중해를 넘어 대서양으로 나아가는 지리적 혁신을 이뤘고, 네덜란드는 도시국가를 모아 연방을 만드는 정치적 혁신을 추진했다. 그리고 영국은 영토국가와 자본국가를 하나로 합치는 정치적·경제적 혁신을 달성하면서 자본주의의 모형을 완성해갔다.

네덜란드와 영국 등 선두주자들이 먼저 이룩한 산업혁명과 자본주의 모형을 후발주자 독일이나 일본, 칠레 등은 '학습'(5장)을 통해 따라 했고, 스승을 앞지르는 기염을 토했다. 나중에 뛰어든 주자가 더 강할 수 있다는 사실을 증명이라도 하듯 말이다.

20세기에 들어서면서 세계 자본주의는 두 가지 경향을 동시에 드러냈다. 한편으로는 스위스, 싱가포르, 타이완, 스웨덴 등 아주 작은 규모의 나라들이 민족 '단결'(6장)을 바탕으로 세계 자본주의의 틈새를 비집고 들어가 대성공을 이뤘다. 부자 나라가 되려면 반드시 커야만 한다는 등식을 비웃듯 말이다.

다른 한편 미국, 유럽연합(European Union, EU), 중국 등 거대한 대륙 규모의 시장-국가들이 등장해 세계 자본주의의 주도권을 놓고 경쟁을 벌였다. 규모의 양극화 현상이 나타난 것이다. 이들 사회는 평등한 개인들이 성공할 수 있다는 '비전'(7장)을 공유한다. 또한 자신들이 인류의 미래를 열어간다는 자부심을 내세운다.

이처럼 세계사 속 부자 나라를 여행하면서 '풍요의 비법' 일곱 가지를 정리했다. 질서, 개방, 경쟁, 혁신, 학습, 단결, 비전이다. 시대나 상황에 따라 어떤 항목이 더 강조될 수도 있고, 각 항목의 등장 순서가 중요도를 대변하기도 한다. 예를 들어 질서가 가장 결정적인 요인일 가능성이 크다는 뜻이다. 반면 비전은 현대의 평등사회에 와서야 성장 동력으로 본격적으로 작동하기 시작했다.

2020년대 한국은 중요한 기로에 서 있다. 식민지에서 시작해 개발도상국을 거쳐 선진국의 수준까지 발돋움하는 데 성공했다. 이 책에 등장하는 수많은 사례에서 발견할 수 있듯이 부는 주어지는 게 아니라 일궈내는 것이다. 또 일단 획득한 뒤에도 끊임없이 가꿔야만 유지할 수 있다. 저자로서 내 바람은 이 작업이 인류의 역사에 비추어 현재 한국의 사례를 돌이켜 볼 수 있는 거울이 되는 일이다.

이 책의 주요 내용은 2019년부터 2021년까지 『월간중앙』에 연재한 「조홍식의 부국굴기」 시리즈를 뼈대로 썼다. 인류 역사에서 부국의 계보를 추적해보겠다는 돈키호테와 같은 시도를 흔쾌히 품어준 중앙일보S의 이상언 전 대표와 시사지&헬스본부 김홍균 국장께 특별한 감사의 말씀을 드린다. 또 2년 동안 매달 사진과 원고를 챙겨 세심하게 편집하고 꾸미는 데 정성을 기울여준 『월간중앙』의 김영준 차장께도 감사드린다. 정기적으로 돌아오는 『월간중앙』의 채찍이 없었더라면 이 책의 내용이 차근차근 축적될 수 있었을지 자신 있게 말할 수 없다.

연재된 원고를 발굴해 단행본이라는 새로운 삶을 선사한 웅진지식하우스의 신동해 단행본본부장과 이민경, 김하나리 편집자에게도 심심한 고마움을 올린다. 보배로 완성되었는지 판단은 독자의 몫이지만, 일단 구슬을 꿰어내는 길고 어려운 작업을 처음부터 끝까지 차분하게 함께해주었다. 특히 날카로운 논평과 자세한 토론으로 산만한 사례들을 '좋은 밀과 독보리'로 나눠 일목요연하게 정리하는 즐거운 공동 작업을 경험하게 해주었다.

아내 황세희는 이 책의 공동 저자라고 할 만큼 크게 공헌했다. 내가 세계를 떠돌며 체험의 폭을 넓히는 동안 한국에서 열심히 갈고닦은 토종 국어 실력으로 이 책의 초고를 빠짐없이 읽었고, 거친 광석을 다듬듯 부드럽게 손보는 데 정성을 쏟았다. 책의 첫 독자이자 호된 비평가였던 셈이다. 무엇보다 나의 다소 삭막한 주제를 향해 지난 몇 년간 아내가 보여준 지적 호기심과 따뜻한 관심은 방대한 작업을 계속하는 힘이자 책을 탄생시킨 원동력이었다. 황세희에게 감사하며 이 책을 헌정한다.

2022년 8월

조홍식

차례

◆◇ 5장 ◇◆ 학습
모방으로 이뤄낸 산업화로 부국의 계보를 잇다

는 가능한가

1장

질서

인류, 부를 향한
첫걸음을 내딛다

인류가 처음 문명을 향해 발을 내딛는 순간 정치와 경제는 한 몸이었다.
많은 사람이 평화롭게 생활하면서 풍족하게 먹고살기 위해서는 무엇보다 질서가 필요했다.
질서의 핵심을 이루는 법이나 화폐는 사회라는 큰 배의 돛대에 해당하는 기둥이다.
힘차게 불어오는 바람을 온몸에 끌어안고
사회가 평화와 번영을 향해 나아가도록 만드는 근간 말이다.

I

메소포타미아
황금시대를 연 인류 최초의 시장경제

역사 속에서 부자 나라를 찾아 떠나는 여행의 첫 번째 행선지는 오늘날 이라크가 자리한 메소포타미아 지역의 바빌로니아제국이다. 21세기에 이라크 하면 전쟁의 참혹함이 제일 먼저 떠오른다. 새천년에 자본주의의 중심인 미국을 강타한 9·11사태와 미국의 이라크 침공으로 시작된 전쟁은 현재진행형이다. 미국은 철수했지만, 이라크는 여전히 내분과 혼란을 경험하고 있기 때문이다.

하지만 인류 역사의 동이 틀 무렵 메소포타미아는 나일문명, 인더스문명, 황하문명과 함께 긴긴 야만의 어둠을 밝히는 개벽의 불빛이었다. 4대 문명은 고대에 다른 지역보다 경제수준이 높았는데, 그중 메소포타미아가 당시의 상황을 이해하고 분석할 수 있는 가장 많은 자료를 남겼다. 진흙으로 만든 점토판 기록이 무려 25만 개에 달하는데, 이는 로마제국이 라틴어로 남긴 기록보다 많은 수준이며, 오직 고대 그리스만이 이를 능가한다. 부의 세계사를 이야기할 때 메소포타미아가 출발점으로 가장 적합한 이유다.

점토판의 내용에는 정치나 법, 종교와 문화 등 다양한 분야가 포함되지만, 그보다는 소유권이나 계약, 거래나 채무와 관련된 경제·사회 분야의 내용이 80퍼센트에 달한다. 그만큼 메소포타미아 사회에서 기록이란 일상적인 경제활동에 동반되는 도구였다. 갈대 펜으로 쐐기문자를 새긴 네모 모양의 점토판 대부분은 손바닥 정도의 크기로, 고대인들의 '스마트폰'이나 다를 바 없었다.

메소포타미아문명에는 카시트(Kassite)나 아시리아(Assyria) 등 여러 나라가 존재했지만, 바빌론이란 도시를 중심으로 하는 바빌로니아제국이 가장 유명하다. 바빌로니아제국은 다시 구(舊)바빌로니아제국과 신(新)바빌로니아제국으로 나뉜다. 『함무라비법전』으로 유명한 구바빌로니아제국은 기원전 19세기부터 기원전 16세기까지 이어진 왕조였고, 신바빌로니아제국은 기원전 7세기 무렵 다시 부상한 왕조를 뜻한다. 여기서 중점적으로 다루는 시기는 신바빌로니아제국의 전성기다.

인간의 노력으로 이룩한 풍요로움

부자 나라는 모름지기 다수의 사람이 골고루 풍요를 누리는 국가다. 따라서 신바빌로니아제국이 얼마나 잘살았는지 알려면 소득수준을 살펴봐야 한다. 곡식 같은 기초 식량으로 실질임금을 계산해보면, 바빌로니아제국은 신구를 막론하고 커다란 풍요를 누린 것으로 나타난다. 기원전 3000년대부터 기원전 2000년대까지 메소포타미아의 노동자 일당은 4.8~8리터의 밀이었고, 기원전 6세기 신바빌로니아제국의 비숙련 노동자 일당은 9.6~14.4리터의 밀이었다. 다른 고대 및 중세 사회의 노동자 일당이 대부분 3.5~6.5리터의 밀이었음을 고려하면 확실히 고임금이었다.

신바빌로니아제국이 누린 높은 생활수준은 결혼할 때 신부가 가져갔던 지참품이나 상속 재산의 목록에서도 드러난다. 이들 목록은 구바빌로니아제국 시대보다 훨씬 많은 가구와 장신구, 생활용품을 포함해 더욱 풍요로운 사회였음을 보여준다. 신바빌로니아제국이 이토록 확연하게 높은 소득수준을 누릴 수 있었던 비결은 무엇일까.

아마 대부분의 사람이 메소포타미아의 큰 강이 실어다 주는 흙과 모래가 쌓여 형성된 기름진 땅 때문이 아니냐고 답할 것이다. 고대 4대 문명의 발상지가 모두 큰 강을 끼고 있다고 배웠고(아프리카의 나일강, 중국의 황하, 인도의 인더스강은 해당 지역을 대표하는 큰 강이다), 메소포타미아는 그 4대 문명 중 하나이니 말이다. 서남아시아의 메소포타미아에는 티그리스강과 유프라테스강이라는 두 개의 강이 형제처럼 평행선을 그리며 거대한 규모의 평야를 적신다. 사실 메소포타미아는 그리스어에서 강을 의미하는 포타무스(potamus)와 중간, 또는 사이를 뜻하는 메소(meso)의 합성어로 '두

바빌로니아제국의 수도였던 바빌론
점토판에 남아 있는 자료에 따르면 바빌로니아제국은 소득수준이 높았고, 풍요로운 사회였다고 한다. 현재 이곳은 이라크의 영역이다.

강 사이의 땅'이라는 뜻이다.

하지만 강이 많다고 무조건 좋은 일은 아니다. 오히려 두 강 사이의 평평한 땅은 빈번한 범람으로 농사짓기가 쉽지 않다. 특히 이집트의 나일강이 넘치는 시기는 농사를 짓기 위해 물이 필요할 때지만, 메소포타미아의 경우에는 강의 범람이 시기적으로 농사에 도움이 되지 않는다. 따라서 메소포타미아는 댐이나 제방, 수문 등의 관개시설을 제대로 갖춰야 안정된 농사가 가능하다.

모든 것을 쉽게 얻을 때 사람들은 별 노력을 하지 않는다. 오히려 적절한 난관이 긴장과 동기를 부여한다. 메소포타미아도 두 개의 강과 기름진 충적평야를 가졌지만, 인간의 노력으로 관개시설을 구축해야만 그 혜택을 누릴 수 있었다.

분업으로 생산성을 높이다

메소포타미아의 높은 소득수준을 뒷받침한 농업 생산성은 자연이 내려준 축복의 땅에 인간의 노력으로 효과적인 관개시설을 더한 덕택이었다. 보리는 염분과 건조한 기후에 강한 작물이다. 따라서 메소포타미아의 기본 농산품이었는데, 관개농업으로 자급자족 수준 이상의 잉여생산물을 도출해 도시의 인구와 군대에 식량을 보급할 수 있었다.

농업 생산성을 높이는 또 다른 방법은 고(高)부가가치 농산품을 키우는 것이다. 메소포타미아 남부는 보리농사를 야자대추(date palm)농사로 대체함으로써 토지와 노동의 생산성을 높였다. 한국의 대추와 감을 섞은 맛이 나는 야자대추는 서남아시아에서 즐겨 먹는 특산품으로 맥주의 재료로 쓰이기도 한다. 야자대추나무는 심어서 수확하기까지 4~8년이 걸리기 때문에, 야자대추농사는 미래를 바라보는 장기투자가 사회 여건상 가능했음을 방증한다.

바빌로니아인들은 물의 양이 적거나 많아 농사가 불가능한 곳도 그냥 내버려 두지 않았다. 그들은 생선을 양식하거나 가축을 키우는 등 투자한 노력 대비 최대한의 소출을 얻기 위해 갖은 아이디어를 동원했다. 예를 들어 유프라테스강과 티그리스강의 평야에서

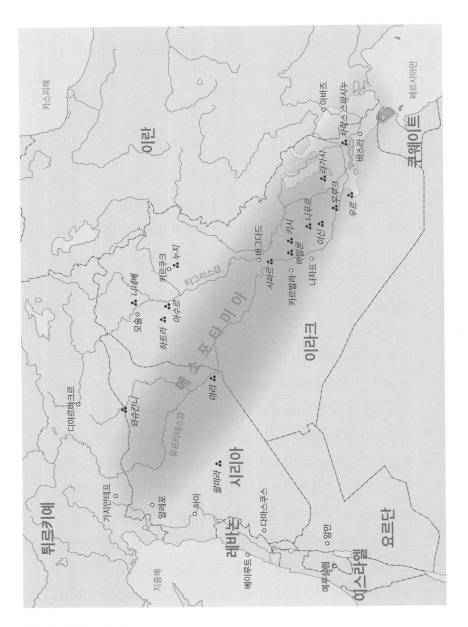

메소포타미아 지역의 지도

거대한 평야 지대가 눈에 띈다. 바빌로니아인들은 관개농업, 목축업 등으로 소출을 늘렸다.

조금 떨어진 북쪽의 구릉이나 초원 지역에는 주로 양을 키웠다. 이 양들은 중요한 단백질원이었을 뿐 아니라, 양털은 직물 짜는 데 쓰였다.

게다가 메소포타미아는 거대한 평야는 있었지만, 문명을 구축하는 데 필요한 금, 은, 철강 등의 지하자원이나 석재, 목재와 같은 자원은 부족했다. 성을 쌓고 궁전을 짓고 신전을 올리는 재료는 모두 수입에 의존해야 했다. 따라서 일찍부터 강을 따라 교역이 발달했고, 도시가 곳곳에 만들어졌다.

도시에는 다양한 업종의 전문적 수공업자들이 상당히 세밀한 분업체제를 형성하고 있었다. 도시의 위엄을 드러내는 건축물을 짓거나 왕궁과 신전에 공급하는 다양한 가구, 의류, 사치품을 만드는 것은 수공업의 몫이었다. 또한 현대 사회에서 도시 주변의 비닐하우스 농업이 사시사철 먹거리를 생산하듯, 메소포타미아는 이미 그 시대에 원예농업으로 바빌론을 비롯한 여러 도시에 식재료를 공급했다. 점토판 기록에는 양파와 같은 틈새상품을 개발해 도시에 공급한 사례가 등장할 정도다.

이처럼 스미스가 『국부론』에서 강조하는 분업체계가 이미 고대 메소포타미아에서 확실하게 뿌리내리고 있었다. 도시의 분업은 생산성을 높여주면서 동시에 교환의 필요성을 강조했다. 게다가 도시 사이의 교역은 지역에 따른 분업을 장려하면서 교역의 공동 화폐로서 은의 사용을 촉진했다. 도시 중심의 시장과 장거리 교역이 함께 발전할 수 있는 여건이 마련된 것이다.

인류 최초의 시장경제

신바빌로니아제국은 인류 최초로 '시장경제'를 실현한 사례라 할
수 있다. 물론 신바빌로니아제국의 시장은 경제학 교과서에 나오
는 완벽한 시장은 아니다. 또 전체 경제에서 시장경제의 비중이 제
한적이었던 것도 사실이다. 그러나 그곳에는 수요와 공급이 가격을
결정하고 가격 변동에 따라 수급이 달라지는 시장이 있었다.

시장이라는 안정적인 교환의 장이 마련되려면 이를 뒷받침하는
법과 제도가 존재해야 한다. 특히 사적 소유권은 자본주의의 핵심
제도다. 그중 토지의 사적 소유권은 근대 영국의 인클로저운동*에
서 볼 수 있듯이 자본주의 출범의 중심축이다. 그리고 메소포타미
아에는 개인이 토지를 사고파는 시장이 있었다.

메소포타미아의 토지 대부분은 왕실이나 신전 소유였지만, 민
간의 가문이나 개인이 소유한 토지도 있었다. 이런 토지의 사적 소
유권이 제도적으로 보장되었기 때문에, 앞서 언급했던 농업 혁신이
가능했다. 민간 지주에게는 보리농사보다는 야자대추농사 같은 상
품작물 재배나 양파농사 같은 원예농업으로 갈아타 생산성을 높이
는 일이 중요했다.

다만 신바빌로니아제국의 토지시장을 순수한 경제 거래의 장
으로만 보기는 어렵다. 토지가 어느 정도 활발하게 거래되기는 했

---

* 유럽에서 중세 말기부터 19세기까지 개방경지나 공유지, 황무지를 울타리나 돌담으로 두르고
사유지임을 명시한 운동이다.

지만 평범한 상품은 아니었다. 수공업이나 장사로 부를 축적한 가문은 땅을 사서 사회적 지위를 얻으려 했다. 또 토지는 경제 상황이 아주 힘든 지경이 아니라면 쉽게 팔지 않을 만큼 특별한 가치를 지녔다. 그래서 거래는 사회적 지위가 비슷한 친척이나 지인 사이에 이뤄졌다.

그렇지만 최근 연구는 이미 기원전 1000년 정도에 메소포타미아 지역에 개인 소유의 토지를 사고파는 일이 흔했음을 보여준다. 한계는 있지만 이처럼 경작한 토지를 쪼개 상품으로 사고파는 일이 생긴 것은 획기적인 변화였다. 토지의 거래가 가능하려면 소유권을 보장해주는 법적 질서가 필수적이다.

더욱 놀라운 사실은 토지를 담보로 은이라는 현찰을 동원할 수 있었다는 점이다. 담보 거래는 매매보다 한 단계 높은 질서와 신뢰를 요구한다. 매매가 현금과 토지의 동시 교환을 의미한다면, 담보 거래는 시간 차이를 두고 잠정적이고 조건적인 교환을 진행하는 셈이기 때문이다. 미래에 현금으로 빚을 갚거나, 갚지 못할 경우 토지로 대체한다는 복잡한 약속이 가능하다는 것은 이를 집행하는 질서의 힘이 존재한다는 뜻이다.

기원전 423년 신바빌로니아제국 니푸르(Nippur)의 무라슈(Murashu)가문은 페르시아제국 왕위 계승 전쟁에서 다리우스 2세(Darius II)가 소그디아누스(Sogdianus)를 누르고 승리하는 데 결정적으로 이바지했다. 다리우스 2세를 지지하는 페르시아 귀족들의 토지를 담보로 자금을 만들어 군사를 동원하는 데 도움을 주었기 때문이다. 이는 인류 역사에서 경제력이 정치권력 쟁탈전에 영향을

서판에 새겨진 니푸르 지도
기원전 16세기경의 니푸르 지도가 새겨져 있다.
당시 구바빌로니아제국은 카시트왕조의 지배를
받았다.

미친 아주 이른 사례에 해당한다.

바빌로니아제국의 사적 소유권은 적어도 『함무라비법전』이 제작된 기원전 18세기에 이미 명확하게 규정되어 있었다. 토지 소유자의 권리는 물론, 세를 놓는 방식이나 정부의 수용권도 세밀히 규정했다. 또 『함무라비법전』은 소유권이나 상업분쟁을 해결하는 방식 그리고 정확한 이자율(은화는 20퍼센트, 보리는 33.33퍼센트)까지 제시할 정도로 포괄적이면서도 상세한 법적 질서를 제공했다.

노동까지 거래하다

흔히 고대에는 노예제가, 중세 봉건 시대에는 농노제가, 근대 자본주의 사회에서는 임금노동제가 일반적이라고 생각한다. 하지만 이런 식으로 역사가 단계를 형성하며 진화한다고 보는 시각은 현실을 과도하게 단순화할 우려가 있다. 실제로 기원전 6세기 신바빌로니아제국을 들여다보면 이 세 종류의 노동관계가 공존했다.

먼저 노예를 사고파는 시장이 있었다. 통상 사람들은 노예는 자유노동자보다 열악한 사회적 지위와 조건에 놓여 있다고 여긴다. 그러나 노예의 가격은 임금노동의 몇 년 치에 해당하는 높은 수준이었다. 게다가 주인이 의식주를 책임져야 했기 때문에 고비용이 들어가는 노동인 셈이었다.

이 때문에 주인은 노예에게 기술이나 지식을 익히도록 해서 전문적인 일을 맡기는 경우가 많았다. 노동자들을 임대해 관리하고 감시하는 역할은 주인을 대신해서 주로 노예가 맡았다. 주인이 고비용 노예라는 '인적 자본'의 가치를 높여 활용하는 방안을 모색했던 것이다. 주인과 노예가 편지를 주고받을 때 노예가 '나의 주인'이라고 부르면 주인은 '나의 형제'라는 표현을 사용했다. 하지만 사업가들은 정작 친형제에게는 절대 자신의 재산이나 사업을 대신 맡기지 않았다고 한다.

한편 왕실과 신전이 소유한 토지에서 노동을 제공하는 사람들은 농노에 가까웠다. 이들은 강제노동으로 땅을 일구는 역할을 맡았다. 고대 서남아시아나 이집트의 대부분 제국 또한 이런 농노제에 가까운 강제노동 체제를 운영했다. 심지어 그리스의 스파르타도 노예제보다는 농노제에 가까웠다.

놀랍게도 이 시기 신바빌로니아제국에서 가장 일반적인 노동

형태는 임금노동제였다. 앞서 언급한 신바빌로니아제국의 높은 임금은 자유로운 노동자들의 몫이었다. 왕실이나 신전은 보유한 토지는 넓은데 동원할 수 있는 강제노동은 제한적이어서 추가로 임금노동자를 채용해야 했다. 물론 민간이 보유한 토지에서 노동을 제공하는 것도 임금노동자였다. 이 때문에 노동시장이 상당한 수준으로 발달했다.

노동시장에서 임금은 수요와 공급의 상황을 반영했다. 농번기에는 임금이 상승하고 농한기에는 다시 하락했다. 이런 계절에 따른 변동에 덧붙여 장기적으로 임금은 상품의 물가와 비슷한 변화 양상을 보였다. 이처럼 신바빌로니아제국은 노동이라는 생산요소조차 시장의 기제에 따라 움직이는 고대의 독보적 시장경제 체제였다. 그런데 이런 노동시장은 한 가지 중요한 조건이 충족되어야 한다. 바로 화폐를 매개로 한 교환이다.

화폐경제의 발달

자원이 부족한 메소포타미아는 농산품을 제외하고 많은 물품을 수입해야 하는 처지였다. 메소포타미아의 상인들은 아나톨리아(Anatolia, 오늘날 튀르키예)에서 금과 은을 수입했고, 남쪽에서는 직물과 동(銅)을 가져왔다. 이란의 주석이나 청금석(靑金石, lapis lazuli)을 들여왔고, 아수르(Assur, 티그리스강 서쪽의 고대 도시) 인근에서 양모를 사 모아 모직을 짜는 일도 마다하지 않았다. 남부의 페르시아만을 통해서는 저 멀리 있는 아라비아반도나 인도까지 진출해 장거리 교역을 수행했다.

이 무역망에서 가장 중요했던 요소는 아나톨리아의 금과 은이었다. 신바빌로니아제국에서 시장경제의 발전이 가능했던 것은 화폐를 보편적으로 사용했기 때문이다. 특히 은을 중심으로 하는 화폐경제를 이룩했다.

신바빌로니아제국은 고대 그리스와 함께 가장 일찍 화폐경제를 달성한 사례다. 신바빌로니아제국은 도시와 농촌을 불문하고 많은 노동자가 은화로 임금을 받았다는 최초의 기록을 남겼다. 이미 구바빌로니아제국 시대에도 규모가 큰 거래를 할 때는 은을 빈번하게 사용했다. 이때 사용되는 은은 덩어리 형태였는데, 높은 가치를 지니고 있었다. 기원전 8세기만 하더라도 은화는 상인이나 부호들만 사용하는 일종의 고액권이었다. 그러다가 기원전 6세기가 되자 거의 모든 영역에서 은을 화폐로 사용했다. 임금을 주거나 일상의 소비생활을 하는 데도 저액권의 은화가 사용되었다.

화폐는 장거리무역의 필요에 따라 처음 생겼지만, 이를 유지하고 관리하려면 특별한 노력이 필요했다. 신바빌로니아제국은 그리스처럼 국가가 직접 은화를 주조하지는 않았으나, 은의 품질이나 순도를 규정하고 관리하는 데는 개입했다. 국가가 화폐 발행권을 남용해 경제를 어지럽히는 위험을 최소화하면서 시장질서 확립에 전념한 셈이었다.

민간의 활발한 상업활동

은화의 광범위한 사용은 사업을 하는 데 동업이나 협업의 가능성
을 높여주었다. 이미 기원전 18세기 『함무라비법전』은 '타푸툼
(tapputum)'이라 불리는 동업의 형식을 다음과 같이 규정한 바 있다.
"동업을 위해 한 사람이 다른 사람에게 은을 주고 투자하면 그 이익
이나 손해를 신 앞에서 똑같이 나누도록 한다." 화폐가 일반화되면
서 장거리무역은 물론 작은 규모의 사업에도 이런 형태의 동업이
유행했다. 예를 들어 선술집을 열거나 맥주공장을 세우고, 수공업
작업장이나 소규모 농장을 만들기 위해 동업을 맺을 때 타푸툼 형
식을 활용했다.

투자자와 사업가가 동업을 이루는 사례는 이후 이슬람문명의
무다라바(mudarabah), 중세 이탈리아의 코멘다(commenda), 한자동
맹(Hanseatic League)의 무역 공동체에서 비슷하게 등장한다. 하지만
바빌로니아제국만큼 다양한 사업에 다수의 사람이 동참해 이런저
런 동업을 맺은 경우는 역사적으로 드물다. 게다가 다른 사례들이
대개 한 번의 항해나 거래 같은 단기 동업에 그친 데 비해 바빌로니
아제국에서는 10년 이상 가는 장기 동업이 빈번했다.

일례로 메소포타미아 남부의 대도시 우르(Ur)에서 활동한 에아
나시르(Ea-nasir)라는 사업가는 기원전 18세기 해양무역을 통해 구
바빌로니아제국에 구리를 공급하는 일을 담당했다. 그는 한 번에
50여 명이 넘는 투자자를 모집하기도 했다. 이 무역에는 부호뿐 아
니라 일반 시민도 소규모 투자를 할 수 있었고, 투자한 금액만큼만

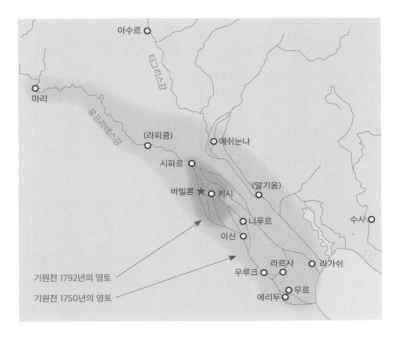

아수르

티그리스강

마리

유프라테스강

(라피쿰)

에쉬눈나

시파르

(말기움)

바빌론 ★ 키시

수사

니푸르

이신

라르사

라가쉬

우루크

기원전 1792년의 영토

에리두

우르

기원전 1750년의 영토

함무라비 제위기의 구바빌로니아제국 지도
북쪽으로 가면 지중해가, 남쪽으로 가면 페르시아만이 나왔다. 한마디로 해상무역을 하기에 유리한
입지였다.

책임지는 유한책임 제도로 운영되었다. 이윤은 투자에 비례해 분배
함으로써 주식회사의 초기 형식을 엿볼 수 있다.

또한 바빌로니아제국은 징세 기능을 민간에 대행했다. 징세업
자(tax farmer)라고 불리는 이 사업가들은 정부를 대신해 세금을 거
두는 역할을 맡았다. 이들은 정해진 세금보다 더 많은 액수를 거둬
야만 이익을 챙길 수 있었다. 이렇게 되면 과도하게 백성의 고혈을
짜낼 수 있지만, 장기적으로 보면 황금알을 낳는 오리를 죽여서는

곤란하다. 하여 징세업자들은 현물로 받은 세금을 현금으로 바꾸거나, 납세자와 신용거래를 하는 과정에서 이익을 챙기는 '중개와 금융의 혁신'으로 사업을 발전시켰다.

군사 강국 페르시아제국에 무너지다

기원전 626년부터 기원전 539년까지 신바빌로니아제국은 동쪽의 페르시아부터 서쪽의 지중해까지 그리고 북쪽의 아나톨리아고원부터 남쪽의 걸프 지역까지 서남아시아의 거대한 영토를 지배하면서 고대에 보기 드문 평화와 번영의 시기를 구가했다. 하지만 기원전 539년 페르시아제국이 부상하면서 신바빌로니아제국을 점령했다. 페르시아제국의 휘하에 편입된 이후에도 신바빌로니아 지역은 기원전 485년까지 어느 정도 높은 경제수준을 유지했다. 그리스 역사가 헤로도토스에 따르면 "페르시아제국 부의 3할이 바빌로니아에서" 왔다.

하지만 기원전 5세기 초부터 신바빌로니아 지역은 쇠퇴의 길로 접어든다. 실제로 경제와 사회 관련 기록이 갑자기 줄어든다. 신바빌로니아 지역은 이제 페르시아제국의 주변부로 몰락했다. 더 심각한 문제는 페르시아제국의 귀족과 이들을 위해 봉사하는 신바빌로니아의 엘리트계층이었다. 이들은 경제 혁신과 변화에 동기를 부여하지 못했다. 전형적인 고대 제국의 모델에 따라 페르시아제국은 강제노동으로 거대한 농장을 운영하는 지대 추구의 경제체제를 따

『함무라비법전』 돌기둥(일부)

1901년에 수사(Susa)에서 발굴한 『함무라비법전』 돌기둥은 높이 2.25미터의 현무암으로 만들어졌다. 돌기둥 윗부분은 부조로 이루어졌고, 아랫부분은 아카드어 쐐기문자가 새겨져 있다.

랐다. 신바빌로니아제국이 보여준 안정적 법체계 안에서 시장의 유연성과 유인에 따라 사업가들이 적극적으로 무역과 농업에 나섰던 모델은 사라졌다. 신바빌로니아 지역은 정치권력이 강제로 지배하고 수탈하는 성격을 띠면서 퇴보의 길을 걷게 되었다.

'긴 6세기'라 불리는 기원전 626년부터 기원전 485년까지의 120여 년은 신바빌로니아제국의 황금시대임이 틀림없다. 하지만 그 시대는 잠시 반짝한 뒤 오래 지속되지 못하고 사라졌다. 아무리 경제가 부유해도 강력한 군사력을 보유한 이웃 세력의 부상을 막지 못하면 단숨에 몰락할 수 있다는 교훈을 남기면서 말이다.

오늘날 사람들은 파리 루브르박물관에 가면 부자 나라 바빌로니아제국의 기초가 되었던 『함무라비법전』의 검은색 돌기둥을 감상할 수 있다. 런던 영국박물관에 가면 누군가가 우르의 상인 에아

나시르에게 보낸 항의문서를 확인할 수도 있다. 바빌로니아제국에는 돌에 새긴 법이 있었고 문제가 발생하면 점토판에 항의문서를 써 보내곤 했다는 뜻이다. 질서가 상품의 교환과 부의 창출을 가능케 한 셈이다. 이런 전통은 '법의 문명'이라고 불릴 만한 로마제국에서 다시 찾아볼 수 있다.

로마

발전국가 모델의 시초

21세기에 로마는 역사적 유물을 간직한 이탈리아의 수도로 생각된다. 실제로 검투사 대결의 혈흔을 간직한 콜로세움이 전 세계의 관광객을 불러 모으고 있다. 또한 북부는 유럽이지만 남부는 아프리카라고 할 정도로 남북 대립이 심한 이탈리아에서 로마는 딱 중간에 있다. 선진적 밀라노와 중세의 향수를 간직한 나폴리 사이다.

로마는 또 기독교의 심장이라고 해도 과언이 아니다. 2,000여년 전 서남아시아 팔레스타인의 유대인 사이에서 탄생한 기독교는 사도 베드로와 바울이 제국의 수도 로마에 와서 모든 사람을 대상으로 포교에 나섬으로써 보편 종교(universal religion)로 부상할 수 있었다. 가톨릭교회의 세계 본부인 바티칸은 아직도 로마의 중심에 하나의 주권국가를 형성하고 있다.

로마에서 시야를 살짝 넓히면 국토가 긴 장화처럼 생긴 이탈리아가 눈에 들어온다. 이탈리아는 현재 유럽에서 독일과 프랑스 다음으로 커다란 경제 대국이다. 이탈리아 하면 패션이나 예술, 관광을 먼저 떠올리지만, 실제 이탈리아 수출에서 가장 큰 비중을 차지하는 분야는 기계산업이다. 그만큼 이탈리아는 독일, 프랑스, 영국과 어깨를 겨루는 산업 선진국이라는 뜻이다.

부의 세계사에서 두 번째 행선지로 소개하는 고대 로마는 화려한 과거가 누적된 도시인 로마와 강한 선진국 이탈리아라는 두 개념을 모두 뛰어넘는 거대한 제국을 가리킨다. 지리적으로 이 제국의 출발점은 로마란 도시였고, 제국의 중심은 이탈리아반도였다. 실로 고대 로마는 현대의 영국, 독일, 프랑스, 스페인은 물론 서남아시아와 북아프리카를 포함하는 거대한 제국이었다.

로마제국의 탄생

로마는 유라시아대륙 서반부에 최초의 '천하통일' 제국을 이뤘다. 물론 마케도니아의 알렉산더대왕도 유럽과 아시아, 아프리카를 아우르는 거대한 제국을 건설했다. 그러나 로마만큼 체계적으로 제국을 형성한 뒤, 장기간 지배하면서 향후 역사에 지대한 영향을 미칠 만한 기반을 다졌다고 보기는 어렵다.

건국 신화에 따르면 늑대의 젖을 먹고 자란 로물루스와 레무스가 로마를 세운 때는 기원전 753년이다. 로마도 그리스처럼 '왕들의 시대'를 경험한 다음, 기원전 509년부터 500년 가까이 공화정을 유지한다. 그즈음 로마는 이탈리아반도는 물론 유럽대륙과 지중해 전역으로 지배 범위를 넓혀가는 데 성공한다.

기원전 44년 율리우스 카이사르가 암살당하고 아우구스투스가 부상하면서 로마의 정치체제는 공화정에서 제정으로 바뀐다. 이후 유명한 게르만 민족의 남하로 서로마제국이 멸망하는 476년까지 황제의 통치가 계속되었다. 물론 과거 그리스의 영역이었던 동로마제국은 서로마제국이 멸망한 뒤에도 비잔틴제국이라는 이름으로 15세기까지 유지되었다. 일반적으로 고대 로마문명을 말할 때는 공화정과 제정을 포괄하는 기원전 5세기부터 서기 5세기까지의 1,000여 년을 지칭한다.

말로는 간단하지만, 지중해를 포함하는 이토록 거대한 지역을 로마의 이름으로 1,000년 동안 지배했다는 사실은 대단한 업적이다. 서로 경쟁하는 도시국가로 분열되었던 고대 그리스와 비교해봐도, 로마제국은 단일한 중심에 힘을 모으는 능력을 보여준 셈이다. 이후 유럽을 하나로 통일한 사례가 없다는 사실은 로마제국이 얼마나 예외적인 존재였는지를 보여준다.

로마제국은 가난하지 않았다

로마제국은 전투력으로도 독보적 존재였을 뿐 아니라 경제적으로

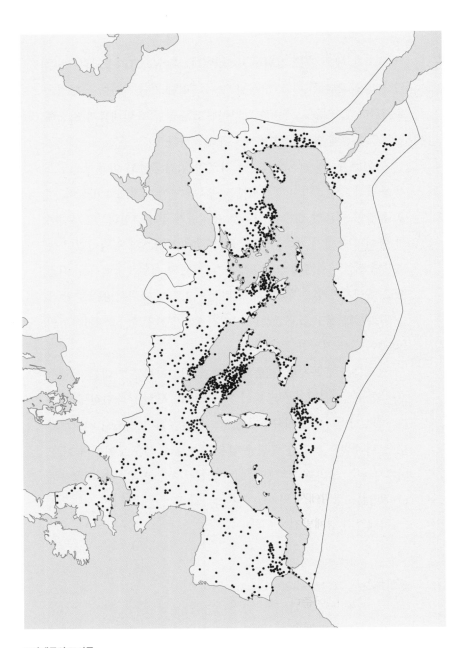

로마제국의 도시들

로마제국에는 2,500여 개의 도시가 있었다. 전체 인구는 최대 1억 명에 달했을 것으로 추정된다.

도 풍요로웠다. 비교적 최근까지 로마제국은 노예 착취 경제에 기반을 둔 정체된 사회로 평가되어왔으나, 지난 40여 년 동안 고고학은 두 가지 새로운 사실을 발견했다. 우선 로마제국의 경제수준은 우리가 상상했던 것보다 훨씬 높아 사람들은 비교적 풍요로운 삶을 누렸다. 둘째, 1,000년에 걸친 시간대에서 로마제국의 경제는 계속 정체했던 것이 아니라 한동안 발전하다가 어느 순간부터 퇴보의 길을 걸었다.

이런 추정은 고고학의 기술적 발전으로 특정 지역의 주거 형태와 토지 이용 상태를 추적하기가 쉬워지며 가능해졌다. 일반적으로 인구증가는 경제적 풍요를 반영하는 지표인데, 현재까지 제시된 연구를 종합하면 이탈리아반도의 인구는 기원전 3세기부터 불어나기 시작해 계속 늘어났다. 라인강 유역이나 영국 등 로마제국의 주변에서도 비슷하게 인구가 증가했기 때문에 단순히 다른 지역에서 노예를 끌고 와 인구가 늘어났다고 보기는 어렵다.

이런 사실들을 종합해보면 로마제국의 전체 인구는 서기가 시작될 무렵 6,000만 명 수준까지 증가한 것으로 보이며, 일부 학자는 1억 명에 도달했을 것이라고 추정하기도 한다. 근대에 돌입하기 전까지 해당 지역에서 이 정도의 인구밀도는 다시 나타나지 않는다. 로마제국의 경제발전은 인구증가로 봤을 때 명백하다.

물론 인구가 늘어나면 개인은 오히려 가난해질 수 있다. 그러나 로마제국의 몇 가지 지표는 개인의 생활수준도 2세기까지 꾸준히 상승했음을 보여준다. 예를 들어 1~2세기에 노예의 공급이 늘어났지만, 그 가격은 계속 상승했다. 노예 가격은 일반적으로 기초 생존을 보장하고 난 뒤 미래의 노동이 가져올 가치를 현재에 따져봐 결정된다. 따라서 노동 공급이 늘어나는 상황에서 노동 가격의 상승은 경제발전을 뜻한다.

더욱 이해하기 쉬운 지표는 고고학이 밝혀낸 사람들의 영양 상태다. 이는 남아 있는 동물 뼈의 양으로 고기 섭취량을 예측해 알아내는데, 로마제국의 기반인 이탈리아반도나 점령당한 지역 모두 고기 섭취량이 늘어났다. 로마제국 각지의 해변에서 볼 수 있는 생선 양식장이나 염장 시설도 증가하는 경향을 보였으며, 채소와 과일의 소비량도 마찬가지였다. 그만큼 로마인은 이전 시대 사람들보다 훨씬 잘 먹으며 건강한 삶을 누렸으리라 짐작할 수 있다.

고부가가치 농산품의 수출

로마제국이 예전보다 더 잘살게 된 이유는 무엇일까. 단순히 부자들이 노예들을 착취해서만도 아니고, 또 로마제국의 중심부인 이탈리아반도가 주변부를 수탈해서만도 아니다. 실제 로마제국 전역에서 인구가 늘어났고, 식량 소비량도 증가했다. 현대식으로 표현하자면 1인당 국민소득(Gross National Income, GNI)이 늘어난 셈이다.

경제발전을 이룩하기 위해서는 '맬서스의 함정'을 벗어나야 한다. 인구가 늘어나도 식량 생산이 그보다 빨리 증가하지 않으면 한 사람당 식량 소비량은 줄어들 수밖에 없다는 함정 말이다. 이런 함정에 빠지다 보면 농민들이 생산한 작물을 시장에 내다 팔지 않고

모두 스스로 소비하게 된다.[*]

바빌로니아제국을 다룬 앞 장에서 고부가가치 농산품이 이런 함정에서 벗어나는 데 도움을 줬다는 사실을 이미 살펴보았다. 바빌로니아제국에서는 야자대추가 그리고 고대 그리스에서는 포도와 올리브가 이런 역할을 담당했다. 특히 고대 그리스의 아테네와 같은 도시국가는 포도주와 올리브기름을 수출해 곡식을 수입했다. 국제 분업으로 발전을 이뤄낸 사례다.

로마제국은 이들보다 더 광범위한 차원에서 맬서스의 함정을 벗어난 경우다. 아테네도 외부에서 식량인 밀을 수입하기는 했으나, 로마제국의 도시 규모는 아테네보다 훨씬 컸다. 따라서 이집트처럼 아주 먼 지역에서 식량을 대량 수입해 분업의 범위를 넓혔다. 이베리아반도 남부에서는 은광을 개발해 화폐를 제조했다. 이집트의 밀이 로마인을 먹여 살렸고, 스페인의 은이 화폐를 제공했던 셈이다. 게다가 북유럽의 모피나 인도의 면직, 중국의 비단, 아프리카의 금 등 구(舊)세계 전역에서 상품을 수입했다.

그러나 로마제국의 국제 분업이 그 중심 지역만 발전시킨 것은 아니다. 이탈리아반도뿐 아니라 제국 전역에서 포도와 올리브농사가 일반화되었기 때문이다. 예를 들어 프랑스에 포도농사가 확산해 포도주를 각지로 수출하게 된 것은 로마제국 시기다. 가능한 한 농업 혁신을 점령지까지 확산해 발전시켰다는 뜻이다. 같은 면적의 땅에서 농사지으면 포도나 올리브는 다른 곡식보다 다섯 배 정도의

- 경제사학자 얀 드브리스(Jan de Vries)가 주장해 '드브리스 농민 모델'이라고도 한다.

열량을 생산할 수 있다. 이는 사람들이 빵뿐 아니라 포도주를 마시고 올리브기름을 먹는 식생활로 전환만 한다면, 더 많은 사람을 먹여 살릴 수 있다는 사실을 의미한다.

게다가 당시 시장가격으로 곡식보다 올리브기름은 두 배, 포도주는 다섯 배 비쌌다. 열량까지 함께 고려한다면, 같은 면적에서 농사지어도 곡식 대신 올리브나 포도를 키우면 10~25배의 소득을 올릴 수 있었다는 의미다. 물론 곡식보다 올리브와 포도를 키우는 데 더 많은 노동력을 투입해야 했다. 그래도 남는 장사였던 것이다. 따라서 포도와 올리브는 로마제국 경제부흥의 비결이라 할 수 있다.

100만 명이 살아간 거대 수도

로마제국은 인류 역사에서 가장 화려한 도시문화를 꽃피웠다. 제국의 도시는 2,500여 개에 달했으며 이탈리아반도에만 400개가 넘었다. 고대 그리스에서 시작한 도시문화를 지중해 전역으로 확장한 셈이다. 이들 도시에는 대단한 규모의 공적 건물들이 지어졌다. 신전과 포럼(일종의 시장), 극장과 경기장, 공중목욕탕 등은 로마제국의 도시다운 스타일과 정체성을 부여했다. 이러한 도시들은 영국의 론디니움(Londinium, 오늘날의 런던)부터 시리아사막의 팔미라(Palmyra)까지 이어지며 비슷한 모습을 자랑했다.

로마제국에서 인구가 10~20만 명 정도 되는 도시는 여섯 개 정도 있었고, 20~50만 명 정도 되는 도시는 북아프리카의 카르타고

콜로세움
세계에서 가장 큰 원형극장인 콜로세움은 로마제국의 상징이자 현재 로마에서 가장 인기 있는 관광
명소 중 하나다. 80년에 완공된 콜로세움은 5만~8만 명의 관중을 수용할 수 있었다.

와 알렉산드리아 그리고 서남아시아의 안티오크(Antioch, 오늘날의
안타키아) 세 군데였다. 제국의 수도 로마시는 아우구스투스 시대
에 인구가 100만 명에 달하며, 당시로서는 역사상 가장 큰 도시가
되었다. 이 규모는 11세기 전후 중국 송나라의 개봉(開封)과 항주,
19세기 초 영국의 런던과 일본의 에도(오늘날의 도쿄)에 버금가는
수준이다. 반면 중세가 되면 로마시의 인구는 3~4만 명 정도로 대
폭 줄어든다. 고대 황금시대에 대한 기억을 회상하면 초라한 수준
이다.

　　로마제국의 경제발전 이후 도시를 중심으로 중산층이 생겨났

다. 사실 중산층은 무척 현대적인 사회계급 개념이다. 소수의 부자 부르주아와 다수의 무산계급 프롤레타리아가 대립하는 것이 자본주의다. 그러다가 20세기 중반이 되면 부르주아와 프롤레타리아가 여전히 존재하는 가운데 양극 사이에서 중산층이 사회의 다수를 이루는 형태로 자본주의가 진화한다.

일반적으로 로마제국의 신분제는 귀족이라 할 수 있는 '파트리키(patrici)'와 자유인이자 평민인 '플레브스(plebs)'로 나뉜다고 분석한다. 그러나 프랑스의 저명한 로마학자 폴 벤느(Paul Veyne)는 『그리스-로마제국 L'Empire Greco-Romain』이라는 저서에서 대다수의 자유인 가운데 중산층이라고 부를 수 있는 '중간 플레브스(plebs media)'가 존재했으며, 이들은 '가난한 플레브스(plebs humilis)'와 대비되었다고 설명한다. 이들은 귀족은 아니었지만, 자신의 주택과 작업장, 일터를 소유하며 여행도 다녔다.

중산층보다 부유했던 노예

로마제국은 이처럼 영토를 넓히면서도 늘어나는 인구를 고열량 작물을 통해 먹여 살렸고, 도시들의 연결망을 만들어 평화롭고 안정적인 태평천하를 구가했다. 로마제국의 도시들은 성벽을 쌓지 않아도 될 정도로 평화로운 세상에서 열린 공동체를 형성했다. 이제는 주변부에 대한 착취와 노예 수탈만으로 근근이 명맥을 유지하던 시대와 작별할 때가 되었다. 대도시에서의 삶은 고도로 분업화된 생

폼페이의 벽화
1세기의 작품으로, 당시 귀족가문
의 연회, 또는 의식을 보여준다.

활을 의미한다.

전통적으로 고대 그리스와 로마제국은 상공업을 천하게 여겨 발전이 더뎠다고 분석된다. 실제로 로마제국에서 명예로운 활동은 전쟁과 정치였고 문학과 예술이었다. 상공업은 내놓고 자랑할 만한 활동이 아니었다. 많은 고대 문명처럼 물질적 욕심은 인간성을 녹슬게 하는 부정적 요소로 보았기 때문이다. 따라서 로마제국의 파트리키, 즉 귀족은 노예를 활용해 상공업이나 사업을 추진했다.

이런 관점에서 폼페이를 사회적으로 분석한 자료는 무척 흥미롭다. 이 도시에는 권력이 강한 귀족가문이 100개쯤 있었는데, 이들과 유사한 규모의 저택을 가진 또 다른 가문이 500여 개에 달했다. 이들 저택의 규모는 10여 명 정도의 가사 노예를 부릴 정도였다. 이는 도시의 엘리트를 형성하는 100여 개의 가문을 제외하고도 400여 개의 가문이 상당한 부를 누리며 생활했다는 증거다.

이들 성공한 가문의 정체는 무엇일까. 놀랍게도 대부분은 주인의 사업을 도와 비서, 회계사, 대리인 등의 역할을 담당했던 노예들의 가문이었다. 노예들은 저축한 돈으로 해방에 필요한 비용을 지급한 뒤 자유인이 될 수 있었다. 달리 말해 로마제국은 노예도 급격한 신분 상승이 가능한 개방적이고 포용적인 사회였다는 것이다. 요즘도 재벌의 비서가 자영업자보다 한몫 챙기기 수월하듯이 로마제국에서도 중산층보다는 귀족의 노예가 성공하기 더 쉬웠던 모양이다. 이 정도 신분 상승의 개방성은 이후 중세 사회에서도 찾아보기 어렵다.

지식사회의 발달

앞서 벤느는 고대 그리스와 로마제국의 통합성을 강조한다는 의미에서 책 제목을 『그리스-로마제국』으로 삼았다. 로마제국은 분명히 고대 그리스의 문화적 유산과 정치적 전통 위에 세워졌다.

그러나 로마제국과 고대 그리스 사이에는 규모의 차이가 존재했다. 포도주와 올리브기름의 수출 사례가 그랬듯이 법치나 행정도 마찬가지였다. 식량을 수입해 시민을 먹여 살린다는 본질은 같았지만, 로마시와 아테네의 규모는 비교할 수 없는 수준이었다.

예를 들어 로마시는 20만 명의 남성 시민에게 매달 곡식 33킬로그램씩을 배급했다. 시민은 배급증서를 들고 45개의 배급소 가운데 한 곳에 가서 식량을 받아야 했고, 로마시는 이를 행정적으로 관리해야 했다. 사람들이 한꺼번에 몰리지 않도록 하루 평균 150여 명씩 나누어 배급을 진행했다.

로마시는 또 군대를 운영하기 위해 30만 명에 달하는 장정의 기록을 관리해야 했다. 특히 서기 107년 직업군인 제도가 정착하기 전에는 누가 얼마만큼의 재산을 가졌는지, 건강 상태는 어떠한지 등을 확인해야 했다. 따라서 로마시는 5년에 한 번씩 인구 조사를 진행했다.

이처럼 로마제국은 드넓은 영토를 일률적으로 관리하는 행정체계를 갖췄다. 식량 배급을 진행하고 재산과 군적을 관리하기 위해서는 사회 전체가 문자를 통해 기억을 관리하는 '지식사회'로 진입해야 한다. 로마의 '중산층'은 루키우스 안나이우스 세네카나 마르쿠스 톨리우스 키케로 등의 유명 작가들의 작품을 탐독하는 두꺼운 독자층을 형성했다.

로마제국에서 교육은 각 가정 내에서 담당했기에 사회적 불평등이 그대로 반영되었다. 빈부의 차이가 교육의 격차로 드러난 셈이다. 하지만 이와 동시에 로마 시민권을 획득하거나 관료가 되어 신분 상승을 꾀하려면 제국의 언어인 라틴어를 익히고 문자를 배우는 것이 지름길이었다. 1세기부터는 심지어 해방 노예도 관료가 될 수 있을 정도로 로마제국은 놀라운 사회 개방성을 보였다.

최초의 발전국가 모델

풍요와 번영을 가져온 로마제국의 비결은 또 있다. 먼저 확고한 법체계를 꼽을 수 있다. 로마제국의 민법은 이후 만들어진 유럽대륙 근대법의 토대를 이루었다. 기원전 18세기에 『함무라비법전』이 바빌로니아제국의 경제에 제도적 틀을 제공했듯이, 로마제국은 기원전 5세기부터 1,000년 동안 서서히 법체계를 완성해 6세기에 『유스티니아누스법전*Codex Justinianeus*』으로 총정리했다. 유럽, 아시아, 아프리카를 아우르는 거대한 영역을 하나의 법 정신이 지배하게 된 셈이다.

특히 로마제국은 다른 고대 사회보다 강한 소유권을 정립했다. 토지에 대해 사용권(usus), 임대권(fructus), 처분권(abusus) 등을 구분해 제시했다. 토지를 직접 활용하거나 빌려주는 데 그치지 않고 사고파는 권리까지 법으로 확고하게 보장한 셈이다. 또 모든 계약을 쉽게 체결하고 이행하도록 국가에서 지원하는 제도를 만들어 시행했다. 로마제국은 민법뿐 아니라 공적 영역에서도 법치의 형태를 취했다.

또한 로마제국은 정부 차원에서 경제활동에 필수적인 인프라 제공에 적극적으로 나섬으로써 효율적 '발전국가' 모델을 제시했다. 우선 정부는 제국 전역에 길을 닦았다. 그러자 사람들은 길 주변에 농장을 만들어 도시의 시장에 농산품을 갖다 파는 일에 집중했다. 정부는 또 항만을 건설해 지중해 해운을 지원했고, 거대한 창고를 지어 물류가 원활하게 흐르는 데 이바지했다. 로마제국이 만든 수로는 근대가 될 때까지 지중해의 많은 도시에 물을 공급했다.

물론 도로나 항만, 수로의 건설은 무엇보다 군사적 목적을 달성하기 위한 수단이었다. 하지만 경제적 동기가 없었다고 말하기

프랑스 남동부의 퐁 뒤 가르(Pont du Gard)
50킬로미터가 넘는 길이의 대형 수로로, 500년 이상 물을 실어 날랐다. 로마제국의 인프라를 확인할 수 있는 상징적인 유적이다.

는 곤란하다. 로마제국은 다수의 민간인이 투자한 공동회사(societas publicanorum)가 각종 국가사업을 맡아 진행했고, 지배계층은 이를 통해 부를 축적할 수 있었기 때문이다. 로마제국은 매우 효율적인 민관 협력체제를 2,000년 전에 구성해 경제발전을 추동한 셈이다.

게다가 인프라의 네트워크는 미처 예상하지 못했던 경제적·사회적 발전을 가져왔다. 마치 20세기에 군사 목적으로 만든 인터넷이 엄청난 경제발전을 가져왔듯이 말이다. 덧붙여 군대의 이동에 사용되는 도로나 항만은 안전하게 관리되었다. 고대의 상인들에게 안전한 이동은 사업을 추진하는 과정에서 엄청난 혜택이었다.

**옥타비아누스 제위기의 아우레우
스 금화**
고액권 금화로, 평범한 사람이 1년
간 먹고살 수 있는 돈이었다.

　마지막으로 로마제국은 하나의 화폐체제를 형성해 거대한 영
토를 하나의 시장으로 묶었다. 로마제국의 화폐체제는 잔돈으로는
동전을, 중간 단계에는 데나리우스(denarius)라는 은화를, 고액권으
로는 아우레우스(aureus)라는 금화를 사용했다. 금화 하나면 평범한
사람이 1년간 먹고살 수 있었다. 로마제국에서 화폐 사용은 중심부
뿐 아니라 주변부의 소규모 거래에서도 확인된다. 예수를 배신한
유다가 받은 보상금인 은화 30냥은 당시 평범한 노동자의 한 달 치
임금이었다.

　이처럼 문맹 타파를 통한 지식사회의 형성, 중앙정부의 효율적
인 인프라 건설, 통일된 화폐를 사용하는 거대 시장의 부상 등이 로
마제국의 경제발전에 이바지했다. 그러나 여전히 문제는 남는다.
이들 변화는 모두 경제발전의 원인보다는 결과의 성격을 갖는다는
점이다. 그렇다면 기원전 3세기에 시작되는 인구증가와 경제발전
의 근본적인 동력은 어디서 찾을 수 있을까.

기후변화와 로마제국의 쇠퇴

네덜란드 흐로닝언(Groningen)대학교의 빌럼 용만(Willem Jongman)은 로마제국 경제에 대한 두 가지 가설을 검토했다. 하나는 로마제국주의다. 로마제국이 주변부를 지배해 그 부를 흡수함으로써 경제발전을 이뤘다는 가설이다. 이 수탈을 통한 초기 축적은 카를 마르크스나 막스 베버가 생각했던 로마제국의 모습에서 크게 벗어나지 않는다.

하지만 이 가설은 현실에 부합하지 않는다. 중심부가 주변부를 착취해서 발전했다면 주변부의 인구 규모나 경제가 타격을 입는 것이 당연하다. 그런데 주변부도 중심부와 마찬가지로, 심지어 로마제국의 지배 이전부터 이미 인구가 증가하고 경제가 발전했기 때문이다. 주변부가 로마제국에 포함되어 착취당했다거나, 또는 반대로 로마제국을 통해 경제발전의 혜택을 누렸다는 식의 주장이 모두 반박되는 것이다. 그렇다면 무엇으로 로마제국 초기의 경제발전을 설명할 수 있을까.

세련된 이론으로 열심히 논쟁을 벌이는 수많은 학자가 다소 실망하겠지만, 기후변화가 부의 증대를 가져왔다는 가설이 상당히 유력하다. 하버드대학교의 마이클 맥코믹(Michael McCormick)에 따르면 로마제국은 초기에 따뜻한 기후 덕분에 농업에서 혜택을 보았을 가능성이 크다. 경제 분석에서 적절한 기후는 기술 발전과 같은 효과를 낳는다. 같은 생산요소를 투입하더라도 더 많은 생산물을 얻어낼 수 있으니 말이다.

더욱 중요한 것은 로마제국 초기의 놀라운 경제발전과 마찬가지로 2세기부터 시작되는 쇠퇴에도 기후적 요소를 발견할 수 있다는 점이다. 이때부터 유럽의 날씨가 추워지면서 농사도 더욱 어려워졌다. 덧붙여 2세기에 유행한 안토니우스 역병으로 인구가 감소하면서 서로마제국은 돌이키기 어려운 쇠퇴의 길로 접어들었다. 반면 4세기부터 동로마제국은 다시 한번 발전 궤도에 오르는데, 이 또한 추워진 날씨가 서남아시아에서는 긍정적으로 작용했던 결과일 가능성이 있다.

이처럼 초기 로마제국은 농사에 도움이 되는 기후변화에 편승해 지중해를 중심으로 거대한 영토를 평화롭게 관리하면서 경제가 발전할 수 있도록 이끄는 발전국가의 역할을 톡톡히 해냈다. 국가와 민간의 밀접한 협력, 안정적인 화폐 사용과 거대한 시장의 등장, 계약과 소유권을 보호하는 확고한 법체계의 형성은 로마제국의 발전을 지탱한 힘이었다.

로마제국이 쇠퇴한 가장 결정적인 원인은 정치적·군사적 질서의 약화다. 로마제국은 너무 거대한 영토를 관리해야 했기에 외부 세력의 침략에 점점 더 취약해졌고, 3세기 이후 사방에서 공격받았다. 특히 북유럽에서 내려온 게르만 민족의 잦은 침략과 이베리아 반도에 자리 잡은 무어(Moor)족의 침공으로 로마제국은 화폐 공급에 결정적인 역할을 하는 금·은광을 상실하게 되었다. 은의 함량이 줄어들면서 로마제국의 화폐는 예전만큼 신뢰를 얻지 못했고 군사력을 유지하는 데도 어려움을 겪는 지경에 달했다. 곳곳에서 전쟁은 벌어지는데, 군인에게 봉급으로 줄 화폐의 가치는 줄어드는 판국이었으니 말이다. 결국 정치적·군사적 문제가 화폐의 질서를 붕괴시키면서 로마제국은 심각한 위기를 맞게 되었다.

이는 로마제국의 영광이 단순히 정치적·군사적인 것만은 아니었으며 경제적 부와 밀접하게 연결되어 있었다는 증거다. 로마제국은 지중해 세계를 하나로 통일해 평화 속에 풍요를 누리게 한 부국 굴기의 정점이고 상징이다. 많은 경제사학자가 지적하듯이 이처럼 풍요로운 문명은 1,000년이 넘게 지난 뒤 근대 네덜란드나 영국에 이르러서야 다시 나타났다. 이렇게 보자면 근대 자본주의가 유럽에서 다시 시작된 것도 단순한 우연만은 아닐 가능성이 크다.

2장

개방

교역으로 형성된
번영의 벨트

지금부터 1,000년 전, 세상에서 가장 번영을 누린 곳은 서구가 아니라
송나라의 개봉이나 이슬람제국의 바그다드, 인도 연안의 탄자부르(Thanjavur)라는 도시였다.
중국의 유교나 아라비아반도의 이슬람, 인도의 힌두문명은
당시 놀라운 개방성을 자랑하며 상업문화가 꽃피우는 토양을 제공했다.
이들은 태평양부터 인도양을 거쳐 지중해까지 연결되는 번영의 벨트를 형성했다.

송나라

백성을 위해 국가 이념을 바꾸다

인류 역사에서 가장 빈번하게 비교되는 대상이 유럽과 중국이다. 각기 서양과 동양을 대표하는 양대 지역인 데다가 주변으로 세력을 확장하는 성향을 지녔기 때문이다. 특히 유럽의 로마제국과 중국의 한나라는 비슷한 시기인 기원전·후의 4세기 동안 대륙 규모의 영토를 지배하며 전성기를 맞았다는 점에서 유사하다. 다만 유럽은 로마제국 이후 줄곧 분열된 상태였지만, 중국은 이후로도 대부분 통일된 제국을 유지했다는 점에서 커다란 차이를 보인다.

고대 한나라부터 현대 중화인민공화국까지 2,000년이 넘는 중국 역사에서 송나라를 집중적으로 검토하는 이유는 부국의 기준에 가장 적합하기 때문이다. 만일 중국 역사에서 강대국을 검토하는 것이 목표라면 한나라나 당나라, 또는 원나라, 명나라, 청나라 등을 살펴봐야 할 것이다. 고대의 한나라는 중국이라는 거대한 나라를 역사에 뿌리내리는 역할을 했고, 중세의 당나라는 영토를 넓히고 활발한 국제교역으로 발전했다. 13세기부터 20세기까지 대륙에서 제국을 형성한 원나라, 명나라, 청나라는 모두 동아시아를 지배하는 강대국의 면모를 보였다.

이에 반해 국제정치나 군사적으로 보면 송나라는 취약한 세력이었고, 실제로 쉽게 무너지는 경향을 보였다. 예컨대 북송은 대륙의 북부를 요나라와 양분했고, 남송은 아예 중화문명의 핵심인 황하 유역을 여진족의 금나라에 완전히 내줬다.

그렇지만 '부국'의 기준으로 살펴보면 송나라가 단연 으뜸이다. 중국은 960년부터 1279년까지 이어진 송대에 경제수준이 정점에 도달한 뒤 19세기 유럽에 추월당할 때까지 계속해서 높은 수준을 유지하는 데 성공했기 때문이다. 다시 말해 송나라는 산업혁명 이전까지 이어지는 1,000년의 경제 선진국이었다.

화폐 사용으로 부국이 되다

요즘 신용카드나 모바일 결제의 부상으로 지폐 사용이 줄어들긴 했지만, 여전히 '그린백(Greenback)'이라 불리는 미국 달러나 마오쩌둥이 그려진 중국 위안화는 해당 국가의 경제력을 상징한다. 유럽의 유로화, 일본의 엔화, 한국의 원화도 마찬가지다. 그런데 지폐는 누가, 언제부터 사용한 걸까. 흔히 서구에서 자본주의가 시작되었기 때문에 지폐도 서구의 발명품이라고 생각하기 쉽다. 하지만 역사상 최초로 화폐를 지폐 형식으로 만들어 대량 생산한 것은 송나라였다. 무려 1,000년 전에 말이다.

물론 고대 그리스도 기원전부터 이미 정부가 발행한 은화를 사용했다. 하지만 금은으로 제작한 화폐는 그 자체가 가치를 갖기 때문에 사회적 신뢰에 의존하는 지폐와는 질적으로 다르다. 지폐를 활용하는 화폐경제가 작동하려면 사회를 통제하는 정부의 힘이 무척 강하거나, 화폐제도에 대한 대중의 신뢰가 밑받침되어야 하기 때문이다. 유럽에서 이런 형태의 지폐경제는 17~18세기 프랑스에서 시도되었지만 실패했고, 19세기가 되어서야 영국의 중앙은행이 발행한 지폐를 중심으로 제대로 형성되었다.

사실 중국의 화폐 역사는 적어도 춘추전국시대까지 거슬러 올라간다. 조개껍데기나 거북이 등껍질을 사용했던 초기부터 옥이나 금을 사용했던 시기를 거쳐, 한나라 시대에 처음으로 동전이 대규모 발행되었다. 중국은 로마제국에 버금갈 정도로 영토가 거대했을 뿐 아니라 권력을 중앙에 집중하는 강한 국가였다. 이런 거대한 국가조직을 운영하기 위해서는 전국에서 세금을 거둬야 했다. 화폐는 세금을 거두고 관료에게 봉급을 주며 벌금을 매기는 등 다양하게 활용된 경제 수단이었다.

동전과 철전(鐵錢)은 고대 중국 경제에서 가장 많이 활용된 기본 화폐였고, 송나라에 와서도 가장 즐겨 사용되는 지불 수단이었다. 하지만 경제 규모가 커지면서 고액을 거래할 일이 많아지자 동

남송 시대에 사용된 철전
고대 중국 경제에서 가장 많이 활용된 형태의 화폐다. 하지만 경제가 발전하며 고액을 거래할 일이 많아지자 휴대의 불편함 때문에 덜 쓰이게 되었다.

전과 철전은 보관과 휴대가 매우 불편하다는 단점이 드러났다.

처음으로 문서를 화폐로 사용하기 시작한 것은 사천 지역의 상인들이었다. 중세 유럽에서 상인들이 문서를 화폐처럼 사용한 것보다 몇백 년 앞선 신용화폐의 탄생이었다. 더 놀라운 점은 송나라 정부가 이 아이디어에 착안해 지폐에 크게 의존하는 경제를 만들었다는 점이다. 960년 나라를 세워 대륙을 지배했던 송조(宋朝)는 1023년 교자무(交子務)*라는 기관을 세워 지폐 관리를 맡겼다.

처음에는 정해진 지역에서 제한된 기간만 사용되던 지폐는 점차 지역과 기간이 확대되어, 송나라 말기가 되면 정부가 회주(淮州), 성도(成都), 항주 등에 공장을 만들어 직접 지폐를 인쇄하는 조폐

• 교자란 지폐를 의미하는데, 그 대신 회자(會子), 철인(鐵引) 등의 명칭이 사용되기도 했다.

기능까지 관장하게 된다. 항주의 조폐공장에선 1,000명에 가까운 노동자가 일했다고 전해진다. 중국에는 산업혁명 이전부터 대규모 공장이 존재했던 셈이다.

송나라를 먹여 살린 베트남의 쌀

바빌로니아제국부터 고대 그리스와 로마제국에서 보았듯이 인구의 증가는 대부분 경제 생산성이 높아졌다는 사실을 반영한다. 중국 역사상 으뜸가는 부국인 송나라도 인구가 대폭 증가했다. 당나라 때인 713년에 750만 호였던 가구 수는 송나라 초기인 980년에 610만 호로 줄어들었다가, 1085년에는 1,540만 호로 크게 늘었다. 또 이후에도 성장세는 지속되어 1102년에 4,550만 명 규모였던 인구가 1207년에 8,000만 명 수준^{••}으로 불어났다.

이처럼 인구가 가파르게 증가할 수 있었던 가장 커다란 요인은 양자강 이남 지역의 개발과 이모작이 가능한 동남아시아산 쌀의 도입이다. 11세기 송나라의 인종(仁宗)은 복건성의 관료를 베트남 참파(Champa)에 파견해 보물을 선사하고 그 대가로 일찍 여무는 올벼의 종자를 받아오도록 했다. 올벼의 도입으로 기후가 온화한 중국 남부에선 이모작이 가능해졌다.

•• 1207년의 인구수는 남송과 금나라의 인구를 더한 것이다. 다만 금나라를 포함해 북방 유목 민족들은 군사력이 강해 중국을 지배하게 되었을 뿐, 인구수는 적었다.

송나라 시기의 농업 생산성을 계산하는 것은 어려운 작업이지만, 한 연구에 따르면 1헥타르당 2,800킬로그램의 쌀을 수확한 것으로 추정된다. 같은 시기 유럽의 밀 수확량은 300~500킬로그램에 불과했고, 20세기 초 미국 아이오와주의 밀 수확량 또한 2,500킬로그램이었다는 점을 감안하면 무척 높은 수준이다. 게다가 밀농사와 비교했을 때 쌀농사는 관개시설을 건설해야 하고 손도 더 많이 가기 때문에, 더 많은 노동력이 더 조직적으로 투입되어야 했다.

송나라 정부는 관개시설을 만드는 데 앞장선 것은 물론이고 남부의 땅을 개간하는 데도 주도적인 역할을 했다. 대략 8세기부터 중국은 양자강 하류의 농토를 개간하는 작업을 시작했고, 13세기에 이를 완료했다. 또 항주나 광동의 주강(珠江) 하류에서도 관료가 주도해 땅을 개척하는 작업을 진행했다. 이는 17세기에 네덜란드가 북해를 막아 농토를 개간한 노력과 비교할 만하다.

농지를 개발한 송나라의 노력은 원나라의 통계에서 고스란히 드러난다. 정부 수입 가운데 양자강 하류의 농토에서 거두는 세금이 40퍼센트나 되었는데, 그중 40퍼센트는 국가가 직접 소유한 농지에서 발생했다. 말하자면 국가 수입의 무려 16퍼센트가 양자강 하류의 국가 소유 농토에서 집중적으로 도출되었던 셈이다.

도시의 발전과 소비사회의 출현

송나라는 도시의 발전이라는 측면에서도 새로운 지평을 열었다. 이 시기에 도시에 사는 사람의 비중은 전 인구의 10퍼센트에 달했는데, 이는 유럽이 1800년에 이르러서야 도달한 수준이다. 북송의 수도였던 개봉과 남송의 수도였던 항주는 인구가 100만 명에 달하는 거대한 도시였다. 이처럼 이미 중세에 송나라는 세계에서 가장 거대하고 화려한 대도시를 둘씩이나 만개시켰다.

송나라의 도사 장택단(張擇端)이 그린 「청명상하도淸明上河圖」는 12세기 개봉의 모습을 상세하게 보여주는 대표적인 작품이다. 청명절(淸明節)을 맞아 거리로 나온 사람들과 도시의 풍경은 당시 발달한 도시문화의 일면을 보여주는 한편, 송나라의 풍요로움을 뽐내는 듯하다. 그림 속 도시의 거리는 수많은 사람과 마차, 수레로 활기차게 붐비고 있고, 상점이나 장터에서 거래가 이뤄지는 모습도 볼 수 있다. 또 길에는 서남아시아에서나 볼 수 있는 낙타도 있는데, 송나라에서 국내교역뿐 아니라 국제무역도 활발하게 이루어지고 있었음을 증명해준다. 강가에는 많은 배가 떠 있는데, 당시 중국의 남북을 연결하는 대운하를 통해 교역이 얼마나 활발하게 이뤄졌는지 쉽게 상상할 수 있다.

농업 생산성이 늘어나 인구가 증가하고 동시에 도시가 발달하면서 송나라는 자본주의 소비사회의 모습을 띠기 시작했다. 개봉이나 항주를 중심으로 각자의 취향에 따라 모인 동호인들이 이런저런 모임을 만들었다. 또 이런 활동을 뒷받침하는 관련 서적들이 출간되어 대중문화를 이끌었다. 예를 들면 각종 요리법에 관한 책, 차(茶)에 관한 책, 고급 음식점에 관한 책, 술에 관한 책 등이 출간되었다. 개봉은 바다에 접한 도시가 아니었는데도 생선 요리를 즐길 수

「청명상하도」(부분)
북송 시대 수도인 개봉의 모습을 상세하게 보여주는 작품으로, 청명절을 맞아 거리에 나온 사람들과
도시의 풍경에서 당시 발달한 도시문화의 일면을 살펴볼 수 있다.

있었고, 차를 마시는 일이 일상적이었다. 그만큼 연안과 내륙의 교
역이 활발했다.

　중국에서 미식의 전통이 탄생한 때도 송나라 시대라고 알려졌
다. 왕이나 귀족뿐 아니라 보통 사람들도 보기 좋고 맛깔나는 음식
을 찾기 시작한 것이다. 지금까지 중국 요리의 대표 메뉴로 군림하
는 항주의 동파육은 송대를 대표하는 문인 소동파에게서 이름을 따
왔다. 항주에서 요즘으로 치면 시장에 해당하는 지사(知事)로 일할
때 소동파가 현명한 대처로 물난리를 막아주자 주민들이 감사하다
며 돼지고기를 선물했다. 그러자 그는 자신만의 비법으로 돼지고기
를 요리해 백성에게 대접했다는 아름다운 일화가 전해진다. 감사한
마음을 다시 돌려보낸다는 뜻에서 동파육을 회증육(回贈肉)이라고

송나라의 용천청자(龍泉靑瓷)
남송 시대의 대표적인 교역상품이자 문화의 상징물인 용천청자는 당시 자기문화가 발달하지 못한 일본과 동남아시아, 튀르키예까지 전파되었다.

도 부른다.

또한 송나라 때는 다양한 수공업이 발달해서 도시의 시장은 온갖 상품으로 가득했다. 옷을 만드는 데 필수적인 비단과 면직이 생산되었고, 종이나 칠기, 바구니 등을 만들기 위해 나무를 심고 대나무를 키우는 일도 중요한 사업으로 부상했다. 또한 당시 비단과 함께 도자기가 중국의 대표적인 수출품이 되었는데, 고려청자와 유사한 스타일의 옥빛 청자가 유명했다. 이후 중국 도자기의 대명사로 부상해 세계시장을 지배하게 되는 경덕진(景德鎭) 도자기도 송나라 때인 11세기부터 만들어지기 시작했다.

농업국가에서 상업국가로

송나라에서 이토록 도시가 발달하고 국내교역과 국제무역이 모두 활발했던 이유는 무엇일까. 송나라가 경제를 발전시킬 수 있었던 중요한 요소는 역설적으로 국가 안보의 취약성에서 찾을 수 있다. 북송은 중국의 전통적 중심인 중원의 개봉을 수도로 두고 있었지만, 바로 북쪽에 있는 거란족의 요나라와 서쪽에 있는 탕구트(Tangut)의 서하(西夏)에서 상시로 안보를 위협받고 있었다. 거의 지속적인 전쟁 상태에 놓이다 보니 중국 북부의 대규모 인구가 이 시기에 남쪽으로 이동했다. 중국은 전통적으로 농업에서 발생하는 세금으로 국가를 운영해왔는데, 송나라는 이런 모델을 재현하기 어려운 처지였다.

자연히 정부는 세금을 징수할 수 있는 또 다른 수단인 상업을 장려해 재정을 보충하고자 했다. 국내교역이건 해외무역이건 상품의 이동은 세금을 거둬들이는 유용한 방법이었다. 특히 송나라는 상시적인 안보 위협에 대비해 거대한 규모의 군대를 운영해야 했고, 이를 위해선 충분한 재정 확보가 시급했다. 하여 송나라 예산의 80퍼센트는 국방비에 해당했고, 나머지 20퍼센트는 관료제를 유지하는 비용이었다.

물론 국가가 과도하게 민간의 경제활동에 간여하거나 세금을 과중하게 거둬들이면 부작용이 발생할 수 있다. 송나라는 이런 점에서 매우 균형 잡힌 정책을 채택한 것으로 보인다. 한 연구에 따르면 송나라가 교역상품에 부과한 세금은 2~5퍼센트 수준에 그쳤다고 한다. 시대상을 고려하더라도 높은 수준이라고 보기는 어렵다.*

송나라 정부는 민간의 경제활동을 장려해 조금씩 자주 세금을 거두는 것이 과도한 세금으로 활동을 위축시키는 것보다 훨씬 영리한 전략이라는 점을 잘 알고 있었다. 예를 들어 무역하러 해외로 나간 배가 1년 만에 돌아오면 일반적인 금액의 세금을 매겼지만, 다섯 달 안에 귀국하면 세금을 깎아주는 식이었다. 이렇게 유인책을 줄수록 민간에서 더 부지런하게 교역할 터이고 같은 기간 내 더 많은 상품이 오갈 것이니, 전국 항구에서 유입되는 세수 총액이 늘어날 수 있었다.

유교는 어떻게 경제발전을 이끌었을까

이러한 상업 장려는 사실 농자천하지대본(農者天下之大本)을 주장하는 유교 전통에서 벗어나는 길이었다. 조선의 경제발전을 가로막은 중요한 원인이 바로 유교 사상이라고 여기지 않는가. 게다가 조선을 지배한 주자학의 주희(朱熹)는 송나라 유학자다. 신(新)유학을 만들어낸 송나라가 중국 경제발전의 요람이었다니 이상하게 보일 수 있다.

하지만 당시의 위정자들은 이런 외도를 유교의 민본(民本) 사상

---

* 국가에 의한 관리와 통제가 수월하지 않았던 시대에는 상인들이 탈세할 염려가 있었고, 이로써 줄어드는 세수를 보충하기 위해 선제적으로 세율을 높이는 경향이 있었다.

을 통해 재해석하고 정당화했다. 남송의 고종(高宗)은 "해외무역으로 얻는 이윤은 무척 많다. 무역을 제대로 활용한다면 그 이윤은 쉽게 동전 수백만 개의 액수에 해당한다. 그렇다면 무역의 수익이 일반 사람들을 징세하는 것보다 낫지 않은가. 따라서 민의 세금 부담을 덜기 위해 해외무역에 더 많은 관심을 기울여야 할 것이다"라고 선언했다.

중국 유교 사상에서 민은 국가의 기본을 형성하기 때문에 어떤 정치권력도 민에 과도한 부담을 지우는 것을 금기시했다. 송나라에서는 상업을 장려해 세금을 부과하는 게 민에 대한 부담을 가볍게 해주는 지혜로 통용된 것이다. 국가나 통치자에 대한 믿음은 바로 이런 정책적 배려를 바탕으로 형성되었다.

송나라는 당시 일종의 중상주의를 실천했다고도 볼 수 있다. 송나라 상인들은 바다를 통한 해외무역에 적극적으로 나섰는데, 특히 1127년부터 1279년까지 이어진 남송대에 수도를 항주로 옮긴 다음부터는 광동이나 복건성을 기반으로 하는 무역이 발달했다. 송나라 정부는 항주, 광주, 천주(泉州) 등 연안에 여덟 개의 무역관을 운영했다.

그 가운데 복건성의 천주는 동남아시아를 넘어 인도양을 향한 중국 해외무역의 핵심 기지였다. 1970년대 천주 앞바다에서 난파선이 발견되었는데 배 안의 상품을 조사한 결과 향료, 조미료, 약재 등이 있었고 이들 가운데 일부는 무려 동아프리카 연안에서 온 것으로 추정되었다. 이는 중국에서 출발한 배가 동남아시아나 인도, 아라비아반도를 거쳐 동아프리카까지 진출했을 가능성을 보여준

정화의 원정에 사용된 배(17세기 그림)
송나라의 해외무역이 선행되었기에 명나
라 때 정화의 원정도 가능했다.

다. 명나라 때 정화의 해외 대(大)원정은 무(無)에서 이뤄진 것이 아
니었다.

　독일의 중국 역사 전문가 디터 쿤(Dieter Kuhn)은 『하버드 중
국사 송나라: 유교 원칙의 시대*The Age of Confucian Rule: The Song
Transformation of China*』라는 저서에서 유교야말로 중국의 발전을 가능
하게 한 요소라고 주장한다. 세습 귀족이 지배하던 당나라보다 과
거를 통해 인재를 널리 발굴한 송나라가 더 합리적이고 객관적인
정책을 세우게 되었다는 설명이다. 당시의 유교란 기득권 세력의
보수적 사상이 아니라 새로운 국가를 세운 신흥 세력의 혁신적 이
념이었다는 말이다. 특정 사상이나 종교의 본질보다는 역사적 배경
과 시대적 상황 같은 맥락을 따지는 게 중요한 이유다.

몽골의 침략과 유라시아대륙의 통합

13세기가 되면 중국도 몽골의 막강한 군사력 앞에 무릎을 꿇고 무너진다. 1211년 칭기즈칸이 금나라를 공격해 1234년 멸망시켰고, 남송은 쿠빌라이칸의 공격으로 1279년 붕괴했다. 신바빌로니아제국이 군사 강국 페르시아제국에 무너지고, 고대 그리스가 로마제국의 군대에 붕괴했듯이 그리고 로마제국이 게르만 민족의 대이동에 몰락했듯이, 송나라의 화려한 경제체제도 결국엔 몽골의 군사력에 항복했다.

　몽골에 굴복한 것은 비단 중국만이 아니었다. 몽골의 군사력은 역사상 처음으로 유라시아대륙을 하나로 묶었다. 중앙아시아의 군사 대국이 중국부터 페르시아만을 거쳐 지중해와 흑해 연안까지 드넓은 대륙을 하나로 통일하는 데 성공한 것이다. 그 결과 13세기 들어와서 처음으로 구세계가 정치적으로 하나가 되는 경험을 공유하게 되었다. 마침내 동아시아와 아랍, 유럽의 소통과 교역이 활발하게 진행되었던 것이다.

　미국의 역사학자 재닛 아부루고드(Janet Abu-Lughod)는 1989년 출간한 『유럽 패권 이전: 13세기 세계체제*Before European Hegemony: The World System A.D. 1250~1350*』라는 저서에서 몽골제국이 이룩한 세계화를 이렇게 묘사했다. 즉 700여 년 전 송나라의 선진 문화와 기술은 몽골제국을 통해 인도와 아라비아반도, 유럽으로 확산될 수 있었다. 인류 최대 발명품이라 일컬어지는 종이, 화약, 나침판, 인쇄술 등의 기술은 이렇게 해서 빠른 속도로 세계로 퍼져나갔다.

칭기즈칸
13세기에 유라시아를 장악한 몽골은 송나라의 화려한 경제체제도 무너뜨릴 만큼 막강한 군사력을 행사했다.

우리는 송나라 이야기를 화폐경제로 시작했다. 11세기 세계에서 가장 많은 철과 동을 생산해서 동전과 철전으로 사용하고, 종이를 인쇄해 지폐를 대량 생산한 것은 다름 아닌 송나라다. 철통에 화약을 넣어 폭탄으로 사용하기 시작한 것도 송나라요, 나침판을 항해에 적극적으로 활용한 것도 송나라다. 이런 기술과 발명품은 손에 손을 거쳐 세계로 전해졌고, 결국 유럽에서 한 단계 높은 수준으로 발전했다.

종이와 인쇄 기술은 유럽에 지식혁명을 불러왔다. 책과 교육의 대중적 보급 없이 종교개혁이나 과학기술의 발달을 상상하기 어렵다. 또한 유럽은 대포를 장착한 배를 타고 세계로 나아가 자신들이 지배하는 제국주의 시대를 열었다. 핵심적인 발명은 송나라가 했는데, 정작 그 이득은 유럽이 독점한 셈이다. 어떻게 이런 일이 가능했을까.

이와 관련해 국가가 상업활동을 장려하거나 적어도 방치했다는 점에서 '친시장'적이었지만, 자본 집중을 통한 경제력의 과도한 성장은 막았다는 점에서 '반자본주의'적이었다는 캘리포니아대학교 로이 빈 웡(Roy Bin Wong)의 분석을 살펴볼 만하다. 그는 장로랑 로젠탈(Jean-Laurent Rosenthal)과 2011년 공저한 『분기 이전과 분기를 넘어: 중국과 유럽에서 경제 변화의 정치*Before and Beyond Divergence: The Politics of Economic Change in China and Europe*』에서 매우 흥미로운 가설을 제시했다. 중세 이후 중국과 유럽을 비교해보면 중국은 농촌에서 집마다 수공업에 뛰어들었지만, 유럽은 주로 도시에 수공업이 자리 잡았다. 그 이유는 제국이 지배하는 중국은 상대적으로 농촌도 안정적이었던 반면, 분열된 유럽은 전쟁이 잦아 도시가 더 안정적이었기 때문이다.

이런 차이는 장기적으로 큰 변화의 출발점이 되었다. 농촌보다는 도시의 노동자 임금이 더 비싸므로, 유럽은 자본과 노동 중 상대적으로 자본이 더 중요하게 되었다. 그 결과 유럽에서는 기술 개발이 더 치열하게 진행되었다. 이로써 중국과 유럽 모두 중세부터 상업활동과 시장 발달을 경험했지만, 자본을 집중하고 기술 개발을 통해 산업화로 나아가는 일은 유럽이 주도하게 되었다는 것이다. 거시 역사를 하나의 요인만으로 설명하려면 무리가 따르지만, 정치 통합과 분열이라는 요인을 경제와 연결했다는 점에서 날카로운 논리라 할 수 있다.

제국으로서 평화를 누린 중국과 전쟁이 빈번해 도시로 경제활동이 집중되었던 유럽의 운명은 대조적인 만큼 흥미롭다. 단기적으로 본다면 중국이 유리한 것은 말할 필요가 없고, 심지어 100년 단위의 역사로 보더라도 평화가 경제에 이로웠다. 하지만 1,000년 단위로 비교하면 혼란했던 유럽이 기술 개발이라는 혁신을 통해 경제 발전의 선두를 점할 수 있었다는 역설이 만들어진다.

4

이슬람 세계
동양과 서양을 아우른 중세의 용광로

고대 메소포타미아에서 시작해 중국으로 향했던 부국굴기의 여정
은 중세가 되어 다시 서남아시아로 돌아간다. 신바빌로니아제국
의 전성기였던 기원전 6세기를 시작으로 고대 그리스와 로마제국
을 거치는 1,000년 동안 서남아시아와 남유럽 그리고 북아프리카
지역은 지중해를 중심으로 쉴 새 없이 철학과 종교, 상품과 인간 등
모든 분야를 교류하면서 같은 하늘 아래에서 살아가는 인류 공통의
세상을 만들었다.

7세기에 들어서면서 서남아시아의 아라비아반도에 등장한 이
슬람은 통합과 분열의 씨앗을 동시에 품고 있었다. 기독교가 로마
제국의 국교가 되면서 다양한 민족을 하나의 종교로 묶었던 것과

마찬가지로, 이슬람도 아랍제국의 확장과 더불어 거대한 지역에 걸쳐 살고 있는 사람들을 하나의 신앙 공동체로 통합했다. 실제 이슬람은 대서양부터 인도양까지 수천 킬로미터에 달하는 광활한 영토의 사람들을 하나로 묶었고, 점차 그 범위를 중앙아시아 초원부터 아프리카 사하라사막까지 확대했다.

이슬람이 잉태한 분열의 씨앗은 기독교와의 대립이다. 사실 이슬람과 기독교의 뿌리는 유일신 신앙인 유대교로 같다. 하지만 바로 그 때문에 서로를 인정하기 어려운 부분도 상존한다. 기독교권 유럽과 이슬람 세계의 대립이 필연적인 것은 아니었지만, 이 둘은 서로 경쟁적인 관계의 문명권을 형성했다.

초기에 선두로 나서서 인류의 등불 역할을 한 것은 이슬람 세계다. 새로운 종교인 이슬람을 중심으로 똘똘 뭉친 아랍제국은 서남아시아의 아라비아반도에서 출발해 메소포타미아, 아나톨리아, 팔레스타인 등을 집어삼킨 뒤, 서쪽으로는 이집트, 북아프리카, 이베리아반도 등으로 세력을 넓혔고, 동쪽으로는 페르시아만과 중앙아시아 그리고 인도 북부까지 진출했다. 이 중에서도 특히 우리의 관심을 끄는 시기는 '이슬람 세계의 황금기'로 불리는 8~11세기다.

알라의 부를 찾아라

동서로 길게 뻗은 이슬람 세계의 핵심 지역은 크게 북아프리카와 서남아시아다. 물론 세력이 강했을 때는 유럽의 이베리아반도나 중앙아시아, 남아시아, 동남아시아 등으로도 영향력을 확장했다. 오늘날에도 유럽의 이베리아반도를 제외한다면 이슬람교도가 주민의 다수를 차지하는 지역은 크게 다르지 않다.

이슬람 세계는 지구의 중심이라고 해도 과언이 아니다. 로널드 핀들레이(Ronald Findlay)와 케빈 오루크(Kevin O'Rourke)는 『권력과 부: 1000년 이후 무역을 통해 본 세계정치경제사*Power and Plenty: Trade, War, and the World Economy in the Second Millennium*』라는 역작에서 세계를 일곱 개 권역으로 나누어 분석한다. 그런데 이 중 다른 모든 권역과 맞닿아 있는 유일한 지역이 이슬람 세계다. 이는 서유럽, 동유럽, 중앙아시아, 남아시아, 동남아시아, 동아시아 등 다른 여섯 개 지역 모두와 밀접하게 교류해왔다는 것을 의미한다.

혹자는 동아시아는 직접 연결되어 있지 않다고 항의할 수도 있지만, 751년 중앙아시아에서 이슬람제국과 동아시아의 패권국인 당나라가 벌인 탈라스(Talas)전투만 보더라도 두 권역은 서로 직접 어깨를 맞대는 사이였음을 알 수 있다. 또한 879년 황소(黃巢)의 난을 일으킨 반란군이 광주를 약탈하고 학살할 때 주요 공격 대상은 아랍인과 페르시아인 등으로 구성된 12만 명 규모의 서남아시아인 공동체였다. 달리 말해 동아시아는 이슬람제국이 직접 지배하는 지역은 아니었지만, 이슬람 상인들은 동아시아 끝까지 진출해 활발하게 국제무역을 주도했다. 한반도가 '코리아'라고 불리게 된 것도 이슬람 세계의 황금기가 고려 시대와 겹치기 때문이다.

반면 중국 상인들은 서남아시아에 진출하지 않았다. 이런 비대칭적 관계가 만들어진 이유는 이슬람 세력과 상인들이 대서양부터

튀르키예 이스탄불의 성소피아대성당
6세기에 비잔틴제국이 건설했지만, 15세기에 오토만제국이 이슬람 사원으로 개조했다.

인도양을 거쳐 태평양까지 이미 거대한 무역망을 형성해 다른 상인이나 세력이 비집고 들어갈 여지가 없었기 때문이다. 이슬람 상인들은 아프리카 지역까지 적극적으로 진출해 노예와 금, 상아와 목재 등을 가져다가 세계에 유통시켰다.

이슬람의 창시자 무함마드 자신이 상인이었다는 사실은 이슬람과 상업의 긴밀한 관계를 잘 보여준다. 『코란』에는 "기도가 끝나면 흩어져서 알라의 은혜를 구하라. 그러면 번영하리라"(62장 10절)라는 구절이 있을 정도다. 물론 중세의 상업이 반드시 평화적인 방식으로 이뤄진 것은 아니었다. 무력을 통한 약탈과 평화로운 교역은 동전의 양면과 같았다. 이러한 특징은 19세기 영국의 아편전쟁이나

21세기 미국의 정치적 목적을 내포한 경제 제재에서도 (정도의 차이
는 있지만) 발견된다.

세계지도를 펼쳐놓고 보면 이슬람 세계가 아시아, 아프리카, 유
럽을 이으며 인간의 척추와 같은 역할을 했음을 알 수 있다. 이런
지리적 이점에 더해 상업에 대한 우호적 태도와 하나의 종교로 통
합된 문명권은 무역과 경제발전의 기반을 형성했다. 사람들은 아랍
어라는 공용어로 소통할 수 있었고, 이슬람 법원에 상거래에서 발
생하는 갈등을 조정해달라고 요청할 수 있었다. 게다가 이슬람으로
개종이라도 하면 행정직을 얻거나 세제 혜택까지 누릴 수 있었으니
자연스레 종교와 상업이 함께 확산되었던 것이다.

미세먼지가 발생할 정도로 번성한 도시

도시 규모는 경제발전의 정도를 나타내는 중요한 지표다. 이슬람이
탄생한 아라비아반도의 메카와 메디나(Medina)에 이어 제국의 수도
가 되었던 시리아의 다마스쿠스(Damascus)는 이미 고대 실크로드의
중심을 형성했던 무역도시였다. 동아시아부터 아프리카와 유럽으
로 향하는 대상(隊商) 행렬이 모여드는 중심지였다. 당시 다마스쿠
스의 인구는 수십만 명에 달했다고 전해진다.

8세기 중반에는 왕조가 변하면서 이슬람제국의 수도가 메소포
타미아의 바그다드로 이전했다. 바그다드는 인구가 200만 명에 달
했다는 가설도 있지만, 대부분의 학자는 100만 명에 가까웠다고 본

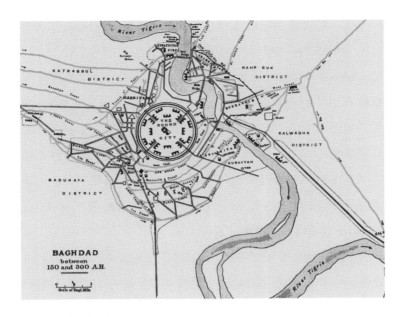

2세기경의 바그다드 지도

당시 바그다드는 이슬람문명의 중심지로, 둥근 형태의 도심을 중심에 놓고 사방을 향해 문이 나 있는
무역도시의 구조를 갖췄다. 19세기 영국의 동양학자(orientalist) 윌리엄 뮤어(William Muir)가 그렸다.

다. 메카나 메디나, 다마스쿠스와 달리 바그다드는 티그리스 강변
에 있고 유프라테스강과 운하로 연결되어 있어서, 육로뿐 아니라
수로까지 모두 활용할 수 있었다. 페르시아만에는 바스라(Basra)와
쿠파(Kufa)가 각각 인구 20만 명과 15만 명의 대도시로 성장했는데,
무역과 농업이 모두 발달한 항구도시이기도 했다. 예를 들어 바스
라에서는 883년 노예들이 잔즈(Zanj)반란을 일으켰을 정도로 아프
리카에서 끌고 온 흑인 노예를 활용한 대규모 사탕수수 농장들이
운영되었다.

9세기 튀니지 지역에서 발흥한 파티미드(Fatimid)왕조는 이집트를 점령해 카이로를 국가의 중심으로 삼았다. 카이로의 인구는 60~70만 명까지 늘어났고 주민들은 6~7층이 되는 아파트에서 생활했다. 일부 큰 주거 건물은 14층에 달했으며, 한 건물에 200여 명의 주민이 살았다. 그뿐 아니라 모스크나 회의실 등 공공건물이 도시 곳곳에 자리 잡았으며 '지식의 집'이라 불리는 도서관에는 수많은 책은 물론이고 종이와 잉크, 펜이 마련되어 있어서 지식을 마음껏 베끼게 해줬다. 인구밀도가 너무 높아, 검은 구름, 즉 미세먼지로 골머리를 앓았다는 기록까지 전해진다.

　　이베리아반도를 지배하는 이슬람제국도 풍요로움을 누렸다. 아랍인들이 갖고 있던 관개시설의 비법이 이곳에도 전파되어, 지하수로를 만들고 여기에 흐르는 물을 수차로 끌어올려 농사지었다. 그러면서 쌀이나 사탕수수, 면화나 오렌지 등 다양한 농작물이 유럽대륙에 전파되었고 심지어 포도를 길러 포도주를 만들어 마시는 것도 마다하지 않았다. 이베리아반도의 이슬람 대도시는 코르도바(Córdoba)였는데, 인구가 50만 명에 달했다고 하니 이슬람 세계에서 서부의 별이었던 셈이다.

　　다마스쿠스와 바그다드, 카이로와 코르도바는 각각 다른 왕조나 제국의 수도였고 전성기라고 할 수 있는 시기도 조금씩 차이가 나지만, 8세기부터 11세기의 이슬람 세계는 자유롭게 교류하면서 하나의 문명권을 형성하고 있었다. 8~9세기에 활동한 지르얍(Ziryab)이라는 예술가의 삶은 이런 이슬람 세계의 통합성을 잘 보여준다. 지르얍은 원래 바그다드 궁정에서 활동하는 음악가이자 시인이었다. 하지만 무슨 이유에선지 바그다드를 떠나 북아프리카 튀니지를 거쳐, 코르도바로 이주했다. 그는 코르도바에서 활동하면서 패션과 취향을 유행시켰다. 예를 들어 계절마다 옷을 갈아입는가 하면 음식을 차례차례 나누어 먹는 코스 요리를 전파했다. 또 치약을 사용하거나 겨드랑이에 향수를 뿌리는 습관을 유행시키기도 했다. 이라크와 스페인이 똑같은 유행의 리듬에 춤추었던 것이다.

상업과 학문, 문화를 꽃피운 개방성

현대인이 이슬람, 또는 이슬람 세계에 대해 갖고 있는 이미지는 상당 부분 부정적이다. 남녀 차별을 당연시하는 전통적이고 보수적인 종교로, 현대 사회에 적응하는 데 본질적으로 어려움을 안고 있다고 본다. "칼이냐,『코란』이냐"를 외치며 이슬람을 수용하지 않으면 전쟁을 벌이는 호전적 세력으로 인식하기도 한다. 실제『코란』에는 이교도를 공격하라는 '칼의 절'(9장 5절)도 존재한다.

하지만 어떤 종교도 본질적으로 폐쇄적이거나 개방적이라고 하기는 어렵다. 일반적으로 문화는 진화하는 생명체로, 하나의 본질로만 규정하고 고정해 볼 수 있는 대상이 아니다. 환경과 사회에 따라 열리기도 하고 닫히기도 하는 것이 종교이고, 또 문화다.

특히 황금기의 이슬람은 무척 개방적이어서 현대인이 품고 있는 고정관념과 매우 다른 사회였다. 실제로『코란』은 칼의 절뿐 아니라 폭력을 절제하고 평화를 주문하는 다수의 지침도 포함하기 때문에 이슬람은 포용적 사회의 기반이 될 수 있었다.

대표적인 사례가 아프리카 흑인에 대한 사회적 흡수력이다. 유럽이나 미국처럼 이슬람 세계도 처음에는 아프리카 흑인을 노예로 거래했지만, 장기적으로는 사회에 동화시켰다. 예언자 무함마드는 해방된 아프리카 흑인 노예 출신인 빌랄(Bilal)을 이슬람 최초의 무에진(muezzin), 즉 기도를 위해 신도를 불러 모으는 성직자로 삼았다. 아프리카 흑인 노예는 1,000년 넘게 이슬람 세계에 공급되었지만, 그 어느 곳에서도 차별된 공동체로 고립되지 않았다.

처음 이슬람 세계에 유입되었던 흑인 대부분이 노예였다는 점을 고려해보면 이슬람 세계야말로 다양한 민족과 종족이 공존한 중세의 '용광로(melting pot)'사회였다고 해도 과언이 아니다. 실제로 이베리아반도에서는 이슬람 지배계층이 현지 기독교인들과 공존했고, 유대인들을 매개집단으로 활용했다. 유대인들은 아랍인의 문화와 기독교를 모두 잘 알고 있었기 때문이다. 서남아시아에서는 그리스와 아르메니아의 상인들이 활발하게 활동할 수 있었고, 이들의 관계망이 국제무역에서 중요한 역할을 담당하곤 했다. 이집트만 보더라도 기독교의 한 분파인 콥트(Copt)교도가 다수 있었으며, 이들은 관료나 상인으로 활동하는 데 전혀 문제가 없었다.

이슬람 세력은 초기에 호전적이고 배타적인 성격을 보였으나, 다스리는 영역이 넓어지면서 점차 포용력을 강화하는 모습을 띠었다. 예를 들어 기독교나 유대교 등 다른 종교를 믿는 주민들을 끌어안았고 이들의 선진 문명을 흡수하는 태도를 보였다. 이런 유연성을 발휘한 덕분에 이슬람은 학문과 과학의 발전이라는 결실을 얻을 수 있었다.

특히 이슬람제국은 번역을 통해 그리스와 바빌로니아제국, 페르시아제국과 인도의 철학과 과학을 골고루 섭취했다. 예를 들어 이슬람 세계는 8세기부터 그리스 작품들을 아랍어로 번역하기 시작했고, 이를 바탕으로 9세기부터 13세기까지 세계 과학의 중심으로 부상했다. 이후 유럽에서조차 르네상스 시대에 그리스 사상과 학문이 다시 유행하면서 이슬람 세계의 번역본을 참고했을 정도다. 이처럼 이슬람문명은 지적 중심의 역할을 톡톡히 해낸 셈이다.

경제 패권을 빼앗긴 이유

역설적으로 이슬람 세계의 황금기가 종말을 향한 커다란 이유 가운데 하나는 이슬람 문화나 지역이 폐쇄적이고 보수적이었기 때문이 아니라 오히려 너무 개방적이었기 때문일지 모른다. 12~13세기가 되면 이슬람 세계는 서서히 황금기가 끝나가며 상대적으로 유럽에 뒤지는 경향을 보인다.

경제적으로 이슬람 세계가 황금기 이후 서서히 정체하는 이유에 대해서는 학계에서도 논쟁이 분분하다. 한편에서는 이슬람 세계의 제도나 관습이 지속적인 경제발전을 어렵게 했다는 주장이 있다. 예를 들어 이슬람 세계는 리바(riba), 즉 돈을 빌려주고 이자를 받는 행위를 금지했다. 하지만 이자를 금지한 것은 이슬람 세계뿐 아니라 자본주의가 본격적으로 발달한 기독교권 유럽도 마찬가지였다. 실제 이슬람 세계에서는 '더블 세일(double sale)'이라는 형식적인 매매 행위나 가짜 계약서 사용, 환전 등을 통해 리바를 우회하곤 했는데, 이런 관습은 기독교권 유럽에도 있었다.

돈을 가진 사람과 사업을 할 수 있는 사람을 연결하는 협업 시스템도 비슷했다. 이슬람 세계의 '무다라바(mudarabah)'는 무함마드가 고안한 것으로, 돈을 대는 사람과 사업을 진행하는 사람이 이익을 반반 나눈다는 점에서 바빌로니아제국에서 성행했던 타푸툼과 유사하다. 중세 이탈리아의 코멘다도 이와 비슷한 방식으로 도시국가들의 번영을 이끌었다.

오히려 주목해야 할 점은 중세 이탈리아의 도시국가들과 이슬람 세계의 정치가 매우 대조적이었다는 것이다. 이탈리아의 피렌체, 베네치아, 제노바 등의 도시국가들은 상인이나 자본가들이 정치를 지배하는 체제였다. 따라서 상인과 무역을 보호하고 장려하는 것이 국가의 중요한 기능이었다.

반면 이슬람 세계는 이민족 용병 노예를 즐겨 활용하다가 이들의 지배 아래 놓이게 되었다. 처음에 다른 민족을 노예로 데려와 군사 업무를 맡긴 이유는 이들이 군주에게만 충성할 수 있는 세력이었기 때문이다. 하지만 노예 군인으로 이슬람 세계에 들어온 북아프리카의 베르베르(Berber)족이나 서남아시아와 중앙아시아의 튀르키예족, 수단의 누비아(Nubia)족이나 러시아의 슬라브족이 점차 중요한 역할을 차지하게 되었다. 시간이 지나자 점차 이들만의 세력을 형성하게 되었고, 급기야 기존 정권을 무너뜨리고 맘루크(Mamluk)왕조 같은 노예 군인의 정권을 세우는 일이 빈번하게 일어

대니얼 호퍼, 「말을 탄 채 창을 들고 있는 세 명의 맘루크」, 1526~1530년
맘루크는 이슬람으로 개종한 노예 군인을 일컫는다. 무력과 지력이 모두 뛰어난 최정예 병사들이었다.

났다. 정치를 지배하게 된 군부는 상업이나 무역 자본을 보호하기보다는 세금을 거두는 것이 주요 목표였다.

　이 차이는 중상주의 경쟁에서 결정적인 갈림길이 되었다. 지중해를 오가면서 활발하게 무역하는 베네치아나 제노바 선단은 세금만 내면 자유롭게 이슬람 세계의 항구를 출입할 수 있었다. 예를 들어 이집트 알렉산드리아 항구는 기독교권 유럽의 영향하에 있는 지역과 이슬람 지역으로 양분되어 있었다. 그만큼 이슬람 세계의 군부는 세수 확보를 가장 중요하게 여겼다. 반면 이슬람 세계의 상인들은 유럽의 항구에 가서 자유롭게 무역할 수 없었다. 유럽 도시국가의 정치체제는 자국 상인과 자본을 철저하게 보호했기 때문이다.

오토만제국의 비대한 정치권력

물론 이슬람 세계에서 황금기가 종결되었다고 이 지역이 빈곤과 퇴보의 길을 걸었다고 볼 수는 없다. 14세기 초가 되면 유럽이 임금이나 소득 면에서 이슬람 세계를 앞지르게 되나 그 차이는 그리 크지 않았다.

정치적으로 이슬람 세계의 새로운 지배자로 등장한 것은 15세기에 비잔틴제국을 무너뜨린 튀르키예계 오토만제국이다. 몽골에 이어 중앙아시아에서 성장한 군사 세력이 다시 이슬람 세계의 중심이 되는 데 성공한 셈이다. 권력을 잡은 오토만제국은 몽골보다 훨씬 오랜 기간 이슬람 세계의 중심을 차지하면서 지배했을 뿐 아니라 발칸반도까지 점령하면서 유럽의 중심 세력을 위협했다.

실로 오토만제국은 20세기까지 생존하면서 유럽의 강대국들과 대등한 위치에서 국제정치를 논했다. 하지만 강력한 군사력을 토대로 출범한 오토만제국은 거대한 영토를 지배했는데도 국가의 탄탄한 경제 기반을 형성하는 데 실패했다. 장교와 군인들에게 봉급 대신 농토를 지급하는 제도 탓에 재정 기반이 취약했기 때문이다. 다시 말해 중앙정부만을 위한 세원이 턱없이 부족했던 것이다.

또 자국의 상인들에 대해서도 보호하기보다는 관리하고 통제하려는 경향이 더 강했다. 일례로 16세기 이스탄불은 유럽에서 제일 큰 도시였는데, 이곳에 고기를 공급하고자 정부는 부유한 상인들을 지목해 낮은 가격에 고기를 제공하도록 강요했다. 게다가 고위 관료들이 상인들의 교역망을 교묘하게 빼앗아 차지하는 일도 빈번하

1526년의 모하치(Mohács)전투
오토만제국의 술레이만 1세(Süleyman I)와 헝가리의 루트비히 2세(Ludwig II)가 도나우강 모하치에서 벌인 전투로 오토만제국이 크게 승리했다. 이후 헝가리는 합스부르크가문과 오토만제국의 지배를 받게 되었다.

게 일어났다. 노골적인 재산 몰수는 아니었지만, 정치권력의 횡포가 심각했던 것이다.

게다가 이슬람 지역은 유럽에 비해 자본주의의 핵심인 지속적 축적에서 뒤졌다. 큰 사업을 벌이는 사람도 죽으면 재산이 분할 상속되었기 때문이다. 같은 시기에 유럽에서는 주식회사와 법인이라는 새로운 제도를 통해 더 장기적인 안목을 갖고 훨씬 많은 자금을 모아 큰 규모의 사업을 운영할 수 있는 기반이 형성되는 중이었다. 일례로 이탈리아 피렌체의 메디치가문이 후세를 위해 복합적인 사업에 대해 다양하고 엄청난 양의 기록과 자료를 남겨놓은 것과 달리 이슬람 세계에서 자본가들의 기록과 자료는 찾아보기 어렵다. 그만큼 장기적인 시간의 지평선을 갖지 못했다고 추정할 수 있다.

이처럼 오토만제국은 상업을 육성해 자본가의 성장을 도모하면서 미래에 세금을 거둘 기반을 마련했던 유럽과는 대조적인 체제였다. 19세기부터 유럽 세력은 오토만제국을 야금야금 식민지로 먹어들어가면서 이슬람 세계를 점령했고, 두 지역의 균형 잡힌 공존은 일방적인 지배와 피지배의 관계로 전환되었다. 장기 경주에서 처음에는 뒤처졌던 유럽이 기나긴 시간선상에서 앞서 나가면서 구조적 우위를 점하게 된 것이다.

5

인도

내륙과 해안의 조합이 가져온 풍요로움

21세기 인도는 미래의 경제 세력으로 세계의 주목을 받고 있다. 개혁개방 40년 동안 경제대국으로 급격하게 부상하면서 스포트라이트를 받은 중국처럼, 인도 또한 1980년대부터 경제발전이 궤도에 오른 덕분이다. 인구 규모의 측면에서 보더라도 현재 세계 1위의 인구 대국은 14억 명인 중국이며 그다음이 13억 명인 인도다. 하지만 출산율을 비교하면 중국은 1.6명에 불과해 고령화가 빨리 진행되고 있는 반면, 인도는 2.2명 수준으로 젊은 층도 두껍고 절대인구도 곧 중국을 추월할 것으로 추정된다.

인도와 중국은 여러 면에서 유사하다. 두 나라 모두 단일한 대륙이라 불러도 이상하지 않을 정도로 땅이 크다. 이 두 나라와 국토의 크기를 겨룰 수 있는 국가는 미국과 러시아 정도인데, 인구를 보면 미국은 3억 명, 러시아는 1억 4,000만 명에 불과하다. 또한 중국과 인도는 모두 고대 문명의 발상지로서 긴 역사를 자랑하며, 뿌리 깊은 문화적 정체성을 갖고 있다. 중국의 한어(漢語)와 유불선(儒佛仙) 문화가 고대부터 현대까지 동북아시아 각국에 영향을 미치듯이 인도의 산스크리트어와 힌두교는 남아시아 세계를 지배하는 지주(支柱)다.

물론 인도와 중국은 역사적으로 다른 점도 있다. 중국은 진시황의 통일 이후 하나의 나라에 권력이 집중되는 상태를 유지했지만, 인도는 권력이 항상 분산된 체제였다. 중국은 기원전 206년 들어선 한나라부터 1912년 청나라가 막을 내리기까지 2,000여 년간 대부분 통일 왕조였지만, 인도는 한 번도 전국을 통합하는 정치체제를 경험하지 못했다. 19~20세기 영국의 식민지 시절에도 수많은 왕국과 정치 단위가 존재했고, 1947년 독립 이후에는 인도와 파키스탄, 스리랑카, 네팔, 부탄, 방글라데시 등 여러 나라로 분리되었다.

흔히 인도 하면 막연하게 '인도'라는 특정 국가를 떠올린다. 그러나 그 역사를 살펴보면 인도는 그 자체로 하나의 세계를 형성했고, 따라서 다수의 국가로 구성된 집합체라고 봐야 할 것이다. 부국의 관점에서 인도는 중국 그리고 이슬람 세계와 함께 줄곧 유라시아대륙에서 가장 부유한 지역으로 존재해왔다. 테레사 수녀가 빈민운동을 펼쳤던 인도, 19~20세기 빈곤의 대명사로 여겨진 인도의 이미지를 잠시 접어두고, 화려하고 부유했던 과거의 인도로 여행을 떠나보자.

몬순이 만들어낸 지리적 이점

세계지도를 펼쳐놓고 살펴보면 지구 한가운데 삼각형 모양의 인도가 쉽게 눈에 띈다. 인도는 유라시아대륙에서 동쪽의 중국과 서쪽의 유럽 가운데쯤에 있는데, 인도양이라는 대양을 향해 불쑥 튀어나온 듯 보이는 땅이다. 아라비아반도에서 중국으로 이어지는 바닷길의 중심 고리인 셈이다.

인도의 지리는 몇 가지 특징이 있다. 우선 인도는 유라시아대륙의 한 부분이지만 사실 히말라야산맥과 힌두쿠시산맥 등으로 어느 정도 분리되고 고립된 모습이다. 산맥 너머 지역과의 교류나 침략은 가능하지만, 그렇다고 하나의 문화 공간으로 쉽게 통일될 정도는 아니다. 인도의 북부는 두 개의 큰 강인 인더스강과 갠지스강을 중심으로 광활한 평야가 펼쳐지면서 거대한 공간을 형성한다. 중국에서 황하와 양자강 사이에 있는 중원이 문명의 중심이었듯이 인도에서도 인더스-갠지스평야가 문명과 제국의 발판이었다.

삼각형 모양의 인도 남부는 데칸(Deccan)고원이 두드러지는 특수한 지형이다. 다수의 강이 동쪽 고원에서 발원해 서쪽 코로만델(Coromandel) 연안을 향해 흐르면서 벵골만의 바다와 만나는 형국이다. 북쪽부터 마하나디(Mahanadi)강, 고다바리(Godavari)강, 크리슈나(Krishna)강, 펜네르(Penner)강, 코베리(Cauvery)강이 코로만델 연안으로 흘러가고 나르마다(Narmada)강과 탑티(Tapti)강은 동쪽 말라바르(Malabar) 연안을 통해 아라비아만으로 향한다. 말라바르 연안은 이슬람 세계를, 코로만델 연안은 동남아시아를 향한 문이라고 할 만하다.

이런 지리적 특징은 인도 경제의 발달사에도 큰 영향을 미쳤다. 저명한 인도 경제사 연구자인 티르탄카 로이(Tirthankar Roy)는 『고대부터 현재까지 세계경제에서 인도*India in the World Economy: From Antiquity to the Present*』에서 인도의 왕국과 정치 단위들을 '내륙제국'과 '해안왕국'으로 구분했다. 인도 역사에서 유명했던 거대한 제국은 예외 없이 대륙 내부에 중심을 둔 세력이었다. 고대의 마우리아(Maurya)제국(기원전 4세기~기원전 2세기)이나 굽타(Gupta)제국(4~6세기), 중세의 델리 술탄(Delhi Sultan)제국(13~16세기), 근세의 무굴(Mughul)제국(16~18세기)은 기본적으로 인더스-갠지스평야를 발판으로 삼았다. 이들은 농업 중심의 군사제국이었고, 농산품에 대한 징세를 통해 정치체제를 유지했다.

반면 해안왕국은 지리적으로 내륙에서 벗어나 강과 바다가 만나는 지역에 있었다. 인도는 인도양의 중심을 향해 머리를 불쑥 내밀고 있는데, 대양에는 몬순°이라 불리는 계절풍이 강하게 불어 해양 운송이 상대적으로 수월했다. 폭풍으로 항해에 수반되는 위험도 컸지만, 계절에 따라 바람의 방향을 예측할 수 있어 해운이 발전했던 것이다.

로이에 따르면 인도에서 배를 통한 물류비용은 육지에서 수레를 이용한 물류비용보다 두세 배나 저렴했다. 육지로 운송할 경우 길이 험해 수레가 다니지 못하는 상황에서는 소에 직접 물건을 실

• 여름과 겨울에 거의 정반대 방향으로 광범위한 지역에 걸쳐 부는 바람이다.

어 날라야 하는데, 그러면 수레를 사용할 때보다 비용이 두세 배나 더 들었다. 결국 배를 사용하는 것보다 육지로 산을 넘어 물건을 운반하려면 네 배에서 많게는 아홉 배의 비용이 더 들었다는 의미다. 따라서 해안에 있는 작은 규모의 왕국들이 내륙의 제국보다 상업을 통해 경제를 발전시킬 가능성이 당연히 컸다.

실제 인도 동부의 코로만델 연안이나 서부의 말라바르 연안에 있는 도시들은 고대부터 동서양을 잇는 무역을 통해 혜택을 누리며 부를 축적할 수 있었다. 인도 연안에서 발견된 수많은 로마제국의 금화와 은화는 인도와 지중해의 활발한 무역을 보여주는 증거다. 물론 내륙제국에서도 교류는 이뤄졌다. 마우리아제국에서 인더스강의 탁실라(Taxila)와 갠지스강의 파탈리푸트라(Pataliputra)를 잇는 도로는 제국의 핵심 '고속도로'에 해당했다.

인도양의 왕자, 촐라제국

길고도 화려한 인도의 역사에서 부국의 모델로 삼을 만한 사례나 시기를 꼽기는 쉽지 않지만, 여기서는 그중 850년 인도 남부 코베리강 유역에서 출범해 1279년까지 이어진 촐라제국을 소개할 것이다. 촐라제국은 점차 세력을 넓혀 바다를 건너 스리랑카와 몰디브까지 점령한 것은 물론, 저 멀리 말라카(Malacca, 오늘날의 믈라카)와 수마트라섬, 자바섬 등 동남아시아 지역까지 영향력을 미쳤다. 물론 제국이라고 해 19~20세기처럼 해외 영토와 주민을 직접 지배하는 체제는 아니었다. 정치적 지배보다는 자국의 종교적·문화적 위상을 높이고 경제적 이익을 도모하는 방식이었다.

역사학에서는 촐라제국의 성격에 대한 논쟁이 활발하다. 한편에서는 촐라제국이 무력을 통해 스리랑카나 몰디브, 동남아시아 지역을 약탈했던 세력이라고 본다. 바다를 통해 먼 지역에 진출했다는 차이는 있지만, 기본적으로 대륙의 제국과 다르지 않은 속성을 지녔다는 시각이다. 다른 한편에서는 약탈의 성격을 완전히 부정할 수는 없지만, 무역을 통해 자국 상인들의 부 축적을 장려하고 세수를 늘리려는 동기도 강했다고 주장한다.

촐라제국의 성격을 드러내는 몇 가지 지표 가운데 가장 중요한 점은 바로 제국의 번성기에 인도양을 통한 국제 해양무역이 그 어느 때보다 왕성했다는 것이다. 10세기를 기점으로 송나라가 경제적 부를 누리면서 대대적인 무역에 나섰고, 이슬람 세계도 활발한 경제발전을 바탕으로 국제교류에 몰입했다. 그 한가운데 자리 잡은 촐라제국이 약탈과 무리한 징세로 일관했다면 동서양을 잇는 해양무역은 큰 타격을 입었을 것이다. 다행스럽게도 촐라제국은 무역의 길목을 장악하고 있었지만, 무력으로 황금알을 낳는 거위를 죽이기보다는 개방성을 갖춘 무역체제로 부를 획득하려 했다. 이는 이슬람 상인들이 인도를 통과해 중국까지 무역망을 확장했다는 사실에서 확인할 수 있다.

이 시기의 또 다른 특징은 인도에서 도시화가 활발하게 이뤄졌다는 점이다. 인도 역사에서 첫 번째 도시화는 고대 인더스문명에서 일어났고, 두 번째 도시화는 갠지스강까지 도시문화가 확장된

브리하디스와라(Brihadeeswara)사원의 탑문

촐라제국의 라자라자 1세(Rajaraja I)가 1010년 힌두교의 신 시바에게 바치려고 세운 사원으로, 제국
의 부와 권력을 상징한다.

시기에 일어났다. 그다음으로 세 번째 도시화는 중세에 연안 지역을 중심으로 도시가 발전하기 시작하면서 진행되었다. 과거 도시의 핵심 기능은 정치였지만, 중세의 도시는 종교와 상업의 기능이 점차 중요한 위치를 차지했다. 예를 들어 촐라제국의 수도 탄자부르(Thanjavur)나 판디아(Pandya)왕조의 수도 마두라이(Madurai)에는 주요 시바 사원들이 세워지면서 종묘의 역할을 하게 되었다. 이들 사원은 많은 성직자를 필요로 했고, 주변 지역에서 순례자들이 모여들면서 도시의 종교적·상업적 기능은 더욱 강화될 수밖에 없었다.

또한 해안왕국들은 강과 바다가 만나는 삼각주 지역에 농지 확장을 위한 대규모의 개간사업을 진행하면서 새로운 농촌 공동체를 형성하기도 했다. 수백여 개의 마을로 형성된 이들 지역 공동체는 공동회의를 통해 정치적·경제적·사회적 문제를 관리하고 해결했다. 특히 촐라왕조의 코베리 강역이나 팔라바(Pallava)왕조의 팔라르(Palar) 강역은 이런 새로운 농업 발전의 대표적 사례다.

대륙으로 건너간 상인들

중세 인도의 분산된 해안왕국의 주요 도시에서 상인은 사회적으로 부상하기 시작한 대표적인 집단이다. 이들이야말로 중세 세계를 주름잡은 무역 역군이라 할 수 있는데, 인도에서 아라비아반도와 동남아시아를 연결하는 역할을 담당했다. 또한 이들은 원래의 거점도시에서도 큰 영향력을 행사했다. 예컨대 다양한 사원을 짓는 데 경제적으로 이바지했고 이 사실을 돌에 새겨 기록으로 남겨놓았다.

현재까지 전해지는 가장 유명한 상인길드는 일명 '아야볼루(Ayyavolu)의 500 귀인'이라 불린다. 아야볼루는 찰루키아(Chalukya) 왕조의 내륙 도시였는데, 이곳 출신 상인 공동체는 자신들의 정신이나 문화 그리고 사회적 기여를 수백 개의 석조 기록으로 남겼다. 그 가운데 1055년의 기록은 이들의 개척자 정신을 잘 표현했다.

"진실, 순수, 선행, 예의, 겸양, 조심 등의 수많은 좋은 자질을 갖춘 그들은 세계적으로 유명하며 (…) 다양한 나라를 떠돌기 위해 태어났다. 지구는 배낭이고 뱀은 가방 줄이며, 보따리는 비밀 주머니이고 지평선은 빛이다. (…) 그들은 육로와 해로를 통해 여섯 개 대륙의 각 지역으로 침투한다. 커다란 코끼리와 살찐 말, 큰 사파이어와 월장석(月長石), 진주, 루비, 다이아몬드, (…) 카르다몸(cardamom), 정향, 백단향, 사향, 사프란 그리고 다른 향료와 약품을 갖고."

사업에 필요한 다양한 자질이나 세계적 떠돌이가 품은 적극성이 고스란히 드러나는 기록이다. 게다가 당시 거래하던 상품의 목록도 흥미롭다. 실제 말은 인도가 아라비아반도에서 수입하는 주요 상품이었고, 코끼리의 상아는 아프리카에서 수입되어 전 세계로 퍼져나갔다. 중국은 도자기와 비단을 수출했고, 동남아시아는 다양한 향신료를 통해 비교우위를 점할 수 있었다.

세계를 무대로 삼은 아야볼루 상인들이 낭만으로 유명하다면, 비슷한 시기에 활동한 마니그라맘(Manigramam) 상인들의 기록은 다문화적 성격으로 놀라움을 선사한다. 이들은 동판에 비문을 새겨

남겼는데, 콜람(Kollam) 항구에서 거래하기 위해 해당 지역의 정치 권력과 합의한 조건을 타밀어, 아랍어, 히브리어, 페르시아어 등 네 개 언어로 적어놓았다. 이 동판은 아직도 인도 남부 케랄라(Kerala)의 시리아계 기독교 공동체가 보관하고 있다.

인도 자체의 기록도 기록이지만 당시 외부인들이 관찰한 내용도 오늘날까지 전해진다. 일명 게니자(Geniza) 기록이라 불리는 사료가 카이로의 유대 교회에서 발견되었는데, 11세기 무렵 인도가 중세 국제경제의 척추 역할을 했음을 잘 보여준다. 이 기록에 따르면 당시 인도는 이미 비단과 면직물, 철과 동제품, 진주와 개오지 등을 수출하고 있었다. 또한 인도 사람들은 무역을 통한 대금을 금이나 은으로 받기를 원했다. 이집트나 홍해 지역에서는 중세 인도의 면직물도 발견되어 당시의 활발했던 무역을 증언해준다.

세계 패션을 선도한 인도의 섬유산업

세계 자본주의가 활개 치는 21세기에 브랜드와 스타일은 지구촌을 하나로 묶는다. 삼성과 애플이 스마트폰 시장을 놓고 세계시장에서 맞겨루는 한편, 두 브랜드의 디자인이 얼마나 유사한지를 놓고 송사가 벌어지기도 한다. 유럽 명품 디자이너의 작품은 세계 패션에 거대한 모방의 파도를 불러일으킨다. 바로 이런 스타일의 세계화를 처음으로 주도한 것이 인도의 섬유제품이다.

고대까지 거슬러 올라가는 장거리무역의 전통에서 인도의 특산

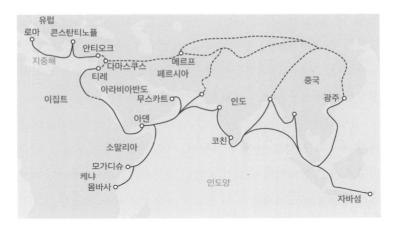

인도의 해양 실크로드
인도는 인도양을 향해 툭 튀어나와 있기에, 자연스레 해양무역의 주요 거점이 되었다.

품을 꼽으라면 단연 섬유제품이다. 특히 면직물을 만들고 이를 다양하게 염색하며 아름다운 무늬로 장식하는 능력에서 인도는 탁월했다. 고대에 중국이 비단으로 유명했다면, 인도는 비단을 도입한 뒤 면과 비단을 조합하는 능력을 키웠다. 중세에 이르러 인도의 해안도시가 발달하고 무역이 부흥하면서 면직산업은 더욱 성장할 수 있었다. 13~14세기 중국의 기록은 촐라제국의 도시 나가파티남(Nagapattinam)에서의 의류 수입을 언급하며, 인도 직물의 다양성을 상세히 설명한다.

유럽 중심의 대항해시대는 인도의 전통적 우위를 세계적인 차원으로 확장했다. 16세기부터 포르투갈을 선두로 네덜란드, 영국, 프랑스 등 유럽 세력들이 앞다투어 인도양에 진출하면서 무역은 더 멀리, 더 빨리, 더 많이 이뤄지게 되었다. 이 시기 중국이나 일본의 도자기에 대한 수요가 증가했듯 인도 직물에 대한 국제적 수요도 폭발했다. 영국, 네덜란드, 프랑스의 동인도주식회사들은 인도가 생산한 천과 옷을 일본부터 유럽까지 유통했다.

유럽인들이 처음 눈독을 들인 것은 동남아시아의 향신료인데 특히 후추와 정향을 원했다. 유럽으로 가져가서 팔기 좋은 상품인데다가 세계 어디서나 수요가 많았기 때문이다. 그런데 동남아시아에서 향신료를 구매하려면 현지인이 가장 선호하는 상품인 인도의 직물을 가져가야 했다. 네덜란드 동인도주식회사는 인도 구자라트(Gujarat)의 직물로 수마트라섬의 후추나 금을 사고, 코로만델 연안의 면직물로 반텐(Banten)의 후추를 사는 식으로 이윤을 남기며 아시아 역내무역에 열중했다.

시간이 지나자 인도의 직물은 세계 전역에서 색상의 화려함과 아름다움, 디자인의 우아함과 세공의 정밀함으로 명성을 누리게 되었다. 그러면서 각국이 자신들의 문화를 반영하는 디자인을 인도에 주문했다. 예컨대 일본은 자국 문화를 반영하는 독특한 무늬와 디자인을 요구했다. 유럽의 대표적인 강대국이었던 영국이나 프랑스는 인도 직물과 디자인을 그대로 가져와 여성의 드레스를 만들다가 점차 주문생산으로 진화했다. 일본의 기모노부터 유럽의 드레스까지 그 천과 옷을 인도가 만드는 세계 자본주의의 정형이 16~18세기에 이미 존재했던 것이다.

근대 자본주의의 세 관문

인도의 도시화는 17세기부터 19세기 사이에 새로운 단계를 맞는다. 과거 촐라제국 시기의 도시화는 강과 바다가 만나는 삼각주 지역에 개간사업을 진행해 농업 공동체를 만들어 도시를 먹여 살리고, 내륙과 해외를 연결하는 기능을 수행했다. 해당 지역의 정치 및 행정 세력이 경제적 이점을 취하면서 운영하는 도시였던 셈이다.

하지만 새 도시화는 영국 동인도주식회사의 주도하에 이뤄졌다. 이때 성장한 대표적인 도시로는 아라비아해와 접하는 뭄바이, 벵골만의 캘커타(오늘날의 콜카타) 그리고 코로만델 연안의 마드라스(Madras, 오늘날의 첸나이)가 있다. 이 도시들은 17세기 영국이 국제무역의 중심으로 만들었다. 과거 강을 낀 도시는 내륙과의 연결을 중시했으나, 새로 만들어진 도시들은 주로 대양을 마주하며 국제무역을 위해 존재했다. 캘커타가 유일하게 강을 끼고 있지만, 내륙과의 교역은 제한적인 수준이었다.

뭄바이, 캘커타, 마드라스는 세계가 인도에 주문하는 섬유제품을 생산하는 산업기지의 역할을 담당했고, 인도와 유럽의 경제적 이익이 긴밀하게 엮이는 장이 되었다. 특히 18세기부터 내륙에 있던 무굴제국의 정치적 영향력이 축소되면서 정국이 불안해졌다. 인도의 많은 상인과 수공업자가 치안의 안정과 법의 질서가 서 있는 세 개의 대도시로 몰려들기 시작했다. 실제로 18세기가 되면 내륙에서 해안 대도시로 대규모 인구 이동이 일어나 인도의 중심이 바뀌었다.

새뮤얼 스콧, 「봄베이 항구의 배들」, 1732~1733년
봄베이는 18세기 중반에 무역의 중심지로 부상했다. 배에 영국 동인도주식회사의 깃발이 걸려 있다.

1680년대 내륙의 델리, 아그라(Agra), 라호르(Lahore)의 인구를 합치면 120만 명이었는데, 1800년에는 30만 명으로 축소되었다. 반면 같은 기간에 뭄바이, 캘커타, 마드라스의 인구는 각각 10만이나 기껏해야 20만 명 수준에서 도합 100만 명 이상으로 크게 증가했다. 물론 저 세 도시 외의 기존 해안도시로도 인구가 이동했다. 말라바르 연안의 수라트(Surat)나 코로만델 연안의 마술리파트남(Masulipatnam) 등은 전통적 해안도시였다. 다만 이들 도시는 인도의 전통 세력이 지배하는 강한 정부를 갖고 있었지만, 믿을 만한 상법을 보유하지는 못했다. 그에 비하면 예측 가능한 상법이 있고 강한 해군력으로 안보가 보장된 신생 대도시가 훨씬 매력적이었다.

19세기에는 영국 동인도주식회사를 매개로 인도와 중국의 자본을 연결하는 범(汎)아시아적 사업망이 형성되기 시작했다. 인도의 면직물 및 중국의 도자기 교역은 물론이고, 중국의 차 재배가 인도로 확산했으며, 인도의 아편도 중국으로 수출되었다. 그 과정에서 싱가포르나 홍콩과 같은 새로운 대도시가 동남아시아와 중국에서 성장하기 시작했다. 근대의 문을 연 뭄바이, 콜카타, 마드라스의 세 도시는 여전히 인도 10대 도시에 속하며 현대 자본주의에서도 세계를 향하는 관문으로 중요한 역할을 수행하고 있다.

카스트제도를 넘어 경제발전의 길로

과거 인도의 화려한 번영은 우리의 흔한 편견에 의문을 제기한다. 사람들은 카스트제도에 기초한 인도의 전통문화가 경제발전에 걸림돌이 된다는 의견을 피력해왔다. 이 주장이 사실이라면 전통문화가 더 철저했던 시기에는 경제발전이 불가능했어야 당연하다. 하지만 인도는 고대부터 직물과 의류를 수출하면서 국제무역의 중심 역할을 담당했다. 인도의 도시들이 품고 있는 화려한 사원과 궁전, 예술과 기록들은 과거의 물질적 풍요를 증명하고도 남는다. 똑같은 사회제도가 시대에 따라 다르게 작동하는 것일까.

　세습적 신분에 따라 경제활동을 제한하는 카스트제도는 분명 경제발전에 걸림돌이다. 다만 과거 인도에서 발전이 이뤄진 지역은 카스트제도가 약했던 도시들이다. 인도의 카스트제도는 지금부터 3,000여 년 전 아리안(Aryan)족이 중앙아시아에서 침투해 들어오면서 만들어졌다. 그 때문에 북부에서는 강한 카스트제도가 자리 잡았지만, 남부 드라비다(Dravida)족의 영역은 비교적 평등한 사회구조가 형성되었다. 촐라제국의 기록 가운데 이 지역에는 크샤트리아(ksatriya, 무사)나 바이샤(vaiśya, 상인과 농부)가 거의 없었고 인구의 대부분이 수드라(sudra, 천민)였다는 내용이 있는데, 그 때문에 수드라를 교육해 크샤트리아와 바이샤의 직업을 수행하게 했다는 사실은 괄목할 만하다. 남부는 카스트제도가 약했고 덕분에 경제발전의 제약도 덜했다는 의미다.

근세에 무굴제국은 중앙아시아 출신 이슬람 세력이 정권을 잡아 농촌의 카스트제도를 방치하고 도시를 중심으로 정치권력을 다졌다. 영국 동인도주식회사 또한 해양무역의 주체로 새로운 대도시를 만들면서 근대적 질서를 인도에 도입했다. 이처럼 인도의 농촌을 지배하는 것은 전통적이고 불평등한 공동체였지만, 도시에서는 외부인들의 주도로 새롭고 평등한 사회가 만들어지고 있었다.

20세기 인도는 도시화가 활발하게 진행되었지만, 전통적 농촌을 지배했던 카스트제도의 영향이 사라진 것은 아니었다. 현재까지도 대부분의 결혼이 같은 카스트 안에서 이뤄진다는 통계가 이런 현실을 잘 보여준다. 장기적으로 보면 전근대적 신분사회의 굴레에서 벗어나는 일이 인도의 미래를 결정하는 가장 중요한 요인이 될 것이다. 해안 지역과 도시의 개방성을 확장해 인도라는 거대한 영토를 경제발전의 궤도에 온전히 올려놓을 수 있을지가 여기에 달려 있다.

3장

경쟁

도시국가의 이윤 추구와
자본주의의 발전

이윤을 목표로 한 도시국가의 경쟁체제는 자본주의 발전의 원동력이었다.
고대 그리스에서 시작한 도시국가 경쟁체제는
중세 이탈리아에서 재현되며 경제발전을 이끌었다.
특히 베네치아, 제노바, 피렌체는 저마다 다른 특징을 앞세우며
근현대 자본주의의 요람을 만들어갔다.

6

그리스

민주 시민이 뒷받침한 아테네의 부

그렉시트(Grexit) 위기는 2010년대 각 언론 매체의 세계 소식 면을 반복해서 장식한 쟁점 가운데 하나였다. 심각한 경제위기에 처한 그리스가 유럽의 단일화폐인 유로화에서 탈퇴하는 시나리오를 표현한 신조어였다. 그리스 경제위기는 정부가 해외에서 자금을 마구 빌려 무분별하게 지출한 결과, 거대한 국채 더미를 끌어안은 데서 비롯되었다. 그러던 와중에 2008년 세계 경제위기가 발생해 이자율이 높아지자, 그리스 정부는 원금은커녕 이자도 지급하기 어려워져 파산할 지경에 이르렀다.

　그리스는 2010년부터 국제통화기금(International Monetary Fund, IMF)과 유럽연합에서 자금을 지원받아 수년 동안 허리띠를 졸라매고 열심히 노력한 끝에 위기를 넘겼다. 유로화를 계속 사용하면서 유럽연합의 일원으로 잔류하게 되었다는 말이다.

이 과정에서 그리스인들이 겪어야 했던 멸시와 자괴감은 이루 말할 수 없었다. 그리스에 돈을 빌려준 독일에서 "그리스가 자국의 섬과 문화재를 팔아서라도 돈을 갚아야 한다"라는 막말이 튀어나왔다. 2015년 총선 당시 그리스 국민은 '유럽연합과 국제통화기금이 요구한 긴축정책을 받아들일 수 없다'라는 쪽에 투표했지만, 이때 선출된 알렉시스 치프라스(Alexis Tsipras) 총리는 결국 국제사회가 제시한 치욕적 조건을 수용하면서 무릎을 꿇어야만 했다.

드높은 역사적 자부심으로 가득 찬 그리스인들에게 21세기는 고난으로 시작한 셈이다. 2,500여 년 전 고대 그리스야말로 유럽문명이 잉태된 발상지가 아닌가. 시민들이 모여 공동체의 운명을 결정하는 민주주의를 발명하고, 합리적 사고를 통해 철학과 과학을 발전시켰으며, 건축과 조각, 연극과 문학 등 빛나는 예술의 세계를 열었던 그리스는 유럽은 물론, 서구의 기원이라 여겨지는 곳이다.

난파선이 증명한 고대 그리스의 번영

고대 그리스는 일반적으로 기원전 800년경부터 시작되었다고 본다. 기원전 8세기부터 기원전 6세기까지의 아르카이크(Archaic) 시기, 기원전 5세기부터 기원전 4세기까지의 고전(Classic) 시기 그리고 기원전 3세기부터 기원후 1세기까지의 헬레니즘(Hellenism) 시기로 나뉜다. 아르카이크 시기가 여전히 왕들이 지배하는 시대였다면, 고전 시기는 도시국가와 민주주의가 지배하는 그리스문명의 황금기라 일컬을 수 있다. 그리고 헬레니즘 시기는 알렉산더대왕의 제국 건설 이후 그리스 문화가 지중해는 물론 서남아시아와 북아프리카까지 확장된 시대를 일컫는다.

그리스 경제는 느린 속도지만, 고전 시기부터 시작해서 헬레니즘 시기까지 계속해서 발전했다. 실제 1인당 소득의 성장률은 연 0.07~0.14퍼센트 정도의 낮은 수준이었지만, 이런 성장도 장기적으로 누적되면 결국 상당히 높은 생활수준을 보장하게 된다. 그리스인의 넓은 저택에는 타일을 바른 천장과 물탱크가 있었다. 도자기, 금속으로 만든 식기, 항아리, 팬(pan, 자루가 달린 접시 모양의 얕은 냄비) 등은 식생활의 다양성을, 또 욕조, 철제 문고리, 아동용 완구 등은 상당히 편안하고 부유한 생활수준을 보여준다. 게다가 망자를 위해 묘비를 세우는 관습도 발견할 수 있다. 심지어 일부 노예까지 작은 묘비를 가질 수 있었다.

그리스의 진정한 특징은 개인의 영역을 넘어 공공서비스에서 발견할 수 있다. 민주주의의 조국답게 시민을 위한 시설에 투자를 아끼지 않았던 것이다. 도시의 하수도, 공중목욕탕, 분수 등은 물이 철저히 관리되었음을 보여주고, 운동장, 정원, 극장, 도서관 등은 대중을 위한 공공재의 생산이 중시되었음을 알려준다.

이런 생활수준이나 공공서비스는 당시의 다른 문명은 물론 이후 중세 유럽에서도 찾아보기 어려울 정도다. 근대 네덜란드나 영국에 이르러서야 고대 그리스를 능가하는 생활수준이 등장한다.

현대 세계에서는 인구증가가 반드시 경제수준의 향상을 의미하지 않는다. 예를 들어 현대 아프리카는 인구가 폭증하고 있지만 경제수준은 오히려 퇴보하는 경향을 보인다. 맬서스의 함정이 나타나는 것이다. 19세기 영국의 사상가인 토머스 맬서스는 인구는 기하급수적으로 증가하지만, 식량은 산술급수적으로 늘어날 뿐이라며 인구증가를 통제하지 않으면 인류는 비극에 직면할 것이라고 경고했다.

다만 보건과 위생이 발달하기 이전에 인구의 팽창이란 경제발전의 결과로 나타나는 경우가 대부분이었다. 최근에는 사람들이 생활했던 지역의 크기를 조사해 인구를 추정하는 고고학 기술이 발달했다. 이를 활용한 조사에 따르면, 그리스의 인구는 기원전 1000년부터 기원전 300년까지 매우 크게 증가한 것으로 드러난다. 특히 기원전 750년부터 기원전 300년까지 인구가 네 배 늘어났다.

이러한 인구증가가 놀라운 이유는 이 시기에 그리스인 상당수가 흑해나 이탈리아 남부, 북아프리카 등 다른 지역으로 진출해 도시를 건설하고 정착했기 때문이다. 식민지로 이동한 인구까지 감안한다면 인구증가가 폭발적으로 이뤄졌다고 볼 수 있다. 외부에서 그리스로 이주한 인구나 노예의 숫자를 감안해도 그렇다.

그런데 기원전 300년부터 그리스 본토의 인구가 조금씩 줄어드는 것을 발견할 수 있다. 반면 에게해의 섬들이나 소아시아 지역에서는 헬레니즘 시기에도 인구증가가 계속되었다. 이에 대한 만족할 만한 설명은 아직 없다. 무엇보다 놀라운 사실은 기원전 300년의 그리스 본토와 키클라데스(Cyclades)군도의 인구가 19세기 말보다

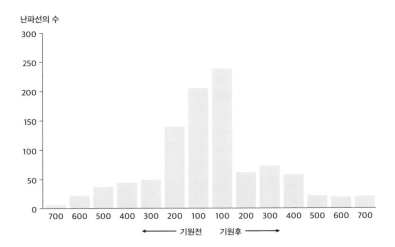

난파선의 수

세기별 지중해의 난파선 수

배가 난파할 확률이 일정하다면, 항해하는 배가 많을수록 난파선도 많아질 것이다. 이를 통해 특정 시기에 무역이 얼마나 활발했는지 알 수 있다.

확실히 많았다는 점이다.

경제사 연구에서 경제발전을 나타내는 새로운 지표는 난파선이다. 경제가 발전할수록 교역도 덩달아 늘어난다. 장기적으로 배가 난파할 확률이 어느 때나 비슷하다면, 바다를 항행하는 배가 많을수록 난파선이 늘어날 테고, 따라서 난파선의 수는 경제발전의 정도를 보여준다는 논리다. 지중해 난파선의 수는 기원전 300년까지 한 세기당 50척 미만이었지만 기원전 2세기에만 150척에 육박했고, 기원전 1세기에는 200척을 넘어섰다. 그리고 1세기에는 250척으로 최고치를 기록했다.

다만 50년 이후에는 난파선의 숫자로 경제발전을 측정하는 데 장애물이 발생한다. 이때부터 포도주를 운반하기 위해 그리스 특유의 암포라(amphora) 항아리 대신 나무통을 사용하기 시작하는데, 배가 침몰하면 나무로 만든 배는 물론, 나무통도 바닷속에서 썩어버려 난파선의 수를 제대로 확인하기가 어려워진 것이다.

바다문명이 낳은 민주주의

고대 지중해 동부에는 두 종류의 정치 모델이 존재했다. 하나는 페르시아제국처럼 황제와 수도를 중심으로 권력이 집중되어 강력한 위계질서가 존재하는 관료적 국가 모델이다. 이런 모델은 페르시아제국뿐 아니라 북아프리카 이집트에서도 파라오를 중심으로 운영되었다. 두 국가는 메소포타미아나 나일강 유역처럼 거대한 평야가 있어 권력을 집중하기 쉽다는 지리적 조건을 갖춘 곳이라는 공통점을 지녔다.

　다른 하나는 그리스처럼 여러 개의 소규모 도시국가가 서로 독립적으로 운영되면서 문명권이라는 큰 그물을 이루는 모델이다. 발칸반도 끝자락에 있는 그리스 지역은 바다와 땅이 복잡하게 얽혀 있는 데다가 많은 섬으로 구성되었다. 게다가 해변과 맞닿은 육지도 평야가 아닌 산악 지역이 많아 정치 분열을 초래하는 형세였다. 결국 그리스는 다양한 도시국가가 바다를 통해 소통하면서 하나의 문명권을 이루는 다원적인 체제를 갖게 되었다.

　이런 도시국가의 모델이 그리스에서 처음 만들어진 것은 아니다. 기원전 1200년부터 기원전 800년까지 오늘날의 시리아와 레바논에 해당하는 지중해 연안 지역에는 페니키아가 시돈(Sidon), 티레(Tyre) 등의 도시를 중심으로 형성되었다. 페니키아인은 지중해 동부에서 출발해 북아프리카와 남부 유럽에 많은 식민도시를 건설하면서 해양제국을 세웠다. 그 가운데 가장 성공적인 사례가 향후 로마제국과 대결을 벌이는 카르타고였다.

그리스는 페니키아에서 도시국가 모델을 이어받아 더욱 발전시켰고, 소아시아, 에게해, 흑해, 이탈리아 남부 등에 식민도시를 건설함으로써 지중해에 도시국가 모델을 확산했다. 이들 도시국가는 서로 경쟁하는 사이였고 툭하면 전쟁을 치르곤 했다. 하나의 문명권을 형성하기 때문에 페르시아제국 같은 외부 세력이 침입하면 힘을 합쳐 싸우기도 했지만, 펠로폰네소스전쟁 때처럼 서로 편을 갈라 내부적으로 대립하기도 했다.

그리스문명이라는 하나의 세계에 속하지만 도시국가의 다양성이 존재하고, 그래서 서로 항상 경쟁할 수밖에 없는 구조는 이후 그리스를 넘어 유럽의 역사에서 중요한 특징이 된다. 거대한 제국에서 지방은 상명하복의 수동적 존재였지만, 다원적 문명에 속하는 도시국가는 창의력을 발휘하며 경쟁하는 주체가 되어야 했다.

도시국가의 또 다른 특징은 위계적 제국과는 달리 시민 사이에 상당한 평등이 존재했다는 점이다. 상시적인 전쟁의 위협에서 도시국가의 독립성을 유지하기 위해서는 거의 모든 시민이 군인으로서 목숨을 걸고 싸워야 했다. 시민을 군인으로 동원하자면 도시국가의 지배계급은 일반 시민과 권력을 나눠 가질 수밖에 없었다. 도시의

아레오파고스(Areopagos)에 있는 고대 아고라의 전경
민회가 열리는 도시의 광장 아고라에서 국가의 중대사를 시민들 스스로 결정하는 직접민주주의의 모델이 만들어졌다.

광장 아고라에서 열리는 민회에서 국가의 중대사를 결정하는 직접민주주의의 모델이 만들어진 배경이다.

도시국가는 외부적으로는 전쟁 위협에 시달렸지만, 내부적으로는 시민들이 모여 공동으로 결정한 법체계를 갖고 있었다. 고대 그리스는 시민이 직접 만든 법을 통해 평등한 지배체제를 구축했다는 점에서 제도의 안정성을 확보할 수 있었고, 이는 경제활동에 무척 유리한 환경을 조성했다.

그리스문명은 기본적으로 바다의 문명이다. 바빌로니아제국이나 페르시아제국은 육지를 중심으로 세력을 밖으로 확장해나갔다. 반면 페니키아와 그리스는 내륙을 향하지 않고, 바다를 통해 외부로 세력을 넓혀갔다. 그리스의 도시국가들은 바다를 통해 외부와 거래했고, 배를 타고 나가 먼 지역에 식민도시를 건설했다.

지중해의 기축통화로 쓰인 그리스 은화

미국의 역사학자 존 헤일(John Hale)은 『완전한 승리, 바다의 지배자: 최초의 해상 제국과 민주주의의 탄생Lords of The Sea: The Epic Story of the Athenian Navy and the Birth of Democracy』이라는 역작에서 그리스문명의 황금기를 수놓은 아테네의 이야기를 들려준다. 그에 따르면 아테네가 그리스의 중심 국가로 부상할 수 있었던 결정적인 요인은 해군력이었다.

고대의 해전에서는 원래 배를 서로 옆에 대고 갑판에서 벌이는 백병전이 중심 역할을 했다. 그러나 기원전 7세기부터는 삼단노선(trireme)이라는 쾌속정이 등장해 상대 배에 충돌해 박살 내는 전술이 중요해졌다. 삼단노선이란 노를 젓는 노잡이가 200명 정도 타는 배인데, 조타와 노 젓는 실력이 전투에서 승패를 갈랐다. 삼단노선은 날씨가 좋으면 하루에 100킬로미터 정도를 운항할 수 있는 무척 빠른 배였다.

아테네는 그 어느 경쟁 도시보다 견고한 배를 만들었고 도시의 시민들을 해군, 즉 노잡이로 동원했다. 고대 그리스문명에서 전쟁이란 도시 공동체의 독립과 명예를 위한 숭고한 활동이었다. 따라서 시민만이 노잡이로 승선할 수 있었고, 이들은 커다란 자부심을 느꼈다. 원정을 나갔다가 아테네의 피레우스(Piraeus) 항구로 돌아올 때면 멋들어지게 노를 저어 폼 나게 접안했다. 그리스에서는 어떤 일을 정확하게 할 때 "아테네인이 항구로 진입하듯"이라는 표현을 쓸 정도였다.

이러한 해군력을 바탕으로 아테네는 페르시아제국의 해군을 물리치는 것은 물론, 경쟁 도시국가들보다 더 많은 해외 식민지를 개척하고 유지할 수 있었다. 그리고 식민지가 매년 바치는 공물은 아테네의 경제를 풍요롭게 하는 중요한 부의 근원이었다. 게다가 해군력의 필수 요소였던 시민들이 강하게 권리를 주장하며 민주주의를 탄생시키는 계기를 이루었다.

기원전 6세기에 정치와 경제의 전성기를 맞았던 신바빌로니아제국은 은화를 대량 사용해 '시장경제'의 원형을 형성했다. 바빌로니아인들은 아나톨리아에서 은을 공물로 받거나 수입해서 사용해야 했다. 반면 그리스는 아테네 남동쪽으로 불과 60킬로미터 정도 떨어진 라우리움(Laurium)이라는 곳에 거대한 은광을 보유함으로써 화폐 공급이 훨씬 수월했다.

바빌로니아제국은 국가가 나서서 은화의 무게와 순도를 규정하기는 했지만, 기본적으로는 민간에서 만들어 사용했다. 그리스는 여기서 한발 더 나아가 국가가 화폐를 직접 주조하는 단계로 발전했다. 기원전 7세기 후반에는 소아시아의 그리스 도시국가에서 처음으로 금과 은을 섞은 일렉트럼(electrum)이라는 화폐를 주조했다. 기원전 6세기 전반에는 도시국가들이 순금이나 순은 화폐를 주조했고, 5세기 후반에는 소액 은화나 동전을 만들기 시작했다.

기원전 6세기 초 리디아에서 사용한 일렉트럼
기원전 7세기 후반부터 소아시아의 그리스 도시국가들은 금과 은을 섞어 화폐를 만들었다.

　도시국가가 직접 화폐 주조를 주도함으로써 비로소 정치와 경제는 떼어놓을 수 없는 관계로 발전했다. 이때부터 법정화폐라는 개념이 등장하기 시작했으며 그리스 화폐는 국제적으로 통용되는 '기축통화'로 부상했다. 고대 지중해 경제는 이제 그리스의 다양한 도시국가가 발행하는 화폐를 통해 교역과 자본의 축적이 가능하게 되었다.

　이 화폐의 기본이 되는 은을 생산하는 것은 라우리움의 노예노동이었다. 광산의 열악한 환경에서 은을 캐는 작업은 노예의 강제노동이 아니었다면 불가능했을 것이다. 이들 노예는 시민으로 구성된 아테네 해군이 다른 주변 지역을 침략해 사로잡거나, 라우리움의 은으로 국제시장에서 산 사람들이었다. 결국 그리스와 아테네를 중심으로 하는 고대 지중해의 경제체제는 강력한 군사력과 천연자원이 선사한 선물이었다.

고부가가치 작물로 부를 쌓다

바빌로니아제국의 경제발전에 이바지했던 결정적인 요인 가운데 하나는 야자대추라는 고부가가치 작물이었다. 마찬가지로 그리스에서는 포도와 올리브농사를 지음으로써 한정된 농경지에서 고열량 식품을 생산해 경제가치를 높였다. 야자대추나무를 심고 과실을 얻으려면 수년을 기다려야 하듯이, 포도나 올리브도 곧바로 수확할 수 없는 장기투자 상품이다.

또 과실을 얻어 바로 소비할 수도 있지만, 건포도를 만들거나 포도주를 담그고, 올리브기름을 짜내는 일은 그만큼 농작물의 부가가치를 높이는 고급 경제활동이다. 그리스의 농장은 밀과 같은 곡식을 생산하기보다는 포도와 올리브농사를 통해 고가의 수출품을 만드는 데 집중했다.

기원전 4세기 후반 아테네는 소비하는 곡물의 3분의 2에서 4분의 3을 수입에 의존했다. 이런 상황은 아테네뿐 아니라 그리스 남부나 에게해 대부분 도시국가에서 반복되었다. 곡식은 이집트나 이탈리아 남부, 시칠리아 등지에서 수입했다. 그리스는 수입품의 값을 은화로 치르고, 올리브기름, 포도주, 수공업 제품, 사치품 등을 수출함으로써 국제적 분업체계의 중심으로 활약했다.

그리스 이전 시기에도 장거리 국제무역은 존재했다. 바빌로니아제국은 농지를 제외하면 광석이나 석재, 목재 등이 부족했기 때문에 주변에서 필요한 물품을 찾아 수입해야 했다. 먼 거리에 있는 지역과의 교역은 금이나 은, 보석 같은 고가의 사치품에 한정되었다. 반면 그리스는 해운을 통해 처음으로 곡식과 같은 상품을 대량 수입하는 최초의 국제무역 체계를 형성했다.

또한 앞서 언급한 곡식이나 올리브기름, 포도주 외에도 도자기, 가구, 무기, 의류, 향수, 도서 등 다양한 상품이 지중해를 오가게 되었다. 특히 올리브기름과 포도주를 중심으로 하는 식문화는 오늘날에도 유럽의 남부와 북부를 가르는 중요한 기준이다. 예컨대 북해 연안에서는 주로 버터로 요리를 하고 맥주를 마시지만, 지중해 연안에서는 올리브기름에 빵을 찍어 먹으면서 포도주를 마시는 문화적 차이를 보인다.

일부 정치경제학자들은 중심부와 주변부로 구성되는 최초의 '세계경제(world economy)'가 고대 그리스에서 생겨났다고 본다. 이는 중심부가 주변부를 착취하고 수탈하면서 부를 축적하는 체제를 말하는 것이다. 이런 관계는 보통 중심부가 압도적 군사력을 유지해야 한다는 점에서 지속 가능성이라는 숙제를 떠안게 된다.

부자 나라 그리스의 비결은 강한 군사력과 이를 통한 노예의 공급 그리고 국제무역을 통한 부의 축적이었다. 『고대 경제*The Ancient Economy*』나 『고대 그리스의 경제와 사회*Economy and Society in Ancient Greece*』 등의 역작으로 유명한 모지스 핀리(Moses Finley)는 그리스문명은 노예제도가 없었다면 불가능했다고 단언했다. 하지만 군사력과 강제노동만으로 그리스의 경제와 문명이 만개했던 것은 아니었다. 그리스는 고대 지중해 세계의 부러움과 존경을 받는 정치와 문화의 중심이었다.

특히 아테네의 민주주의는 지중해 전역에서 모든 사람이 부러위하는 제도였다. 신분이나 빈부의 격차와 상관없이 시민이라면 누구나 국가의 일에 동참한다는 점에서 아테네의 시민권은 은보다 높은 가치를 지닌 것으로 여겨졌다. 아테네의 시민권은 부모가 모두 아테네 시민일 경우에만 이어받을 수 있는 권리였다. 물론 훌륭한 업적을 이룬 경우, 예외적으로 외지인이라도 시민권을 부여했다. 또 펠로폰네소스전쟁 말기인 기원전 406년처럼 해군으로 징집할 시민이 부족한 경우, 외국인과 노예에게 해군에 복무하는 조건으로 시민권을 예외적으로 제공하기도 했다.

도시국가에서 제국으로

민주주의는 자유롭게 자기 생각을 말하고 토론하는 문화를 발전시켰고, 이는 다시 학문의 발전에 결정적으로 이바지했다. 그리스의 합리적 사고와 비판적 문화는 철학이나 문학은 물론 의학, 역사학, 지리학 등 서구문명의 골격을 세웠다. 사람들 간의 생각의 차이를 당연하게 여기면서 토론을 통해 합리적으로 결론을 도출하는 태도는 그리스 사회의 개방적 분위기를 형성했고 변화를 주도하는 원동력이 되었다.

  전통적으로 학계에서는 고대 그리스가 노예제 사회였기 때문에 기술의 혁신이나 발전이 더뎠다는 시각이 지배적이었다. 하지만 최근의 연구는 이런 편견을 여지없이 깨뜨렸다. 사실 그리스 사회는 도시국가 내부에 아고라라는 시장을 보유하고 있었고, 동시에 국제적으로 경쟁하는 무역망도 갖추고 있었다. 이처럼 서로 경쟁해야 하는 상황에서는 노예의 노동력과 기술 혁신을 적절히 혼합하는 전략이 더 유효했을 것이다. 노예로서도 광산이나 농장에서 단순한 노동에 종사하기보다는, 수공업이나 도시의 다양한 직업에 종사해 혁신적인 기술을 익혀 해방을 살 만큼의 돈을 하루라도 빨리 마련하는 게 더 이득이었다.

실제 고대 그리스는 물레방아를 활용하기 시작했고, 올리브나 포도를 짜기 위한 스크루, 광산에서 물을 빼기 위한 스크루 등을 개발해서 사용했다. 또 항구에서 배의 짐을 싣고 내리는 크레인을 고안하기도 했다. 이런 기술들은 근대 유럽까지 이어지는 경제활동의 장기적 기반을 제공했다.

신바빌로니아제국을 멸망시키고 합병한 페르시아제국도 그리스를 차지하지는 못했다. 통일된 페르시아제국과 분산된 그리스문명은 에게해를 가운데 놓고 기원전 5세기부터 200여 년간 대립했다. 페르시아제국은 소아시아의 그리스문명권 도시들과 남쪽 페니키아문명권의 도시들을 차지했지만, 바다 건너 그리스 본토를 점령하기에는 역부족이었다.

이 대립과 긴장의 시기에 그리스는 전성기를 맞아 부흥했다. 고전 시기의 그리스란 바로 이 기원전 5세기부터 기원전 4세기까지를 말하는 것이다. 이후 그리스 북부 마케도니아에서 출발한 알렉산더대왕의 신흥 군대는 그리스와 페르시아제국을 모두 집어삼킨 뒤, 부유한 이집트와 인도까지 세력을 넓혔다. 막강한 군사력을 바탕으로 바빌로니아제국, 페르시아제국, 페니키아, 그리스, 이집트,

사모트라케(Samothrace)의 날개 달린 니케
고대 그리스의 조각상으로 기원전 220년에서 기원전 190년 사이에 제작되었다. 헬레니즘 시기를 대표하는 위대한 걸작으로 평가받는다.

인도 등 고대 문명을 총망라하는 제국을 건설했다.

이렇게 헬레니즘 시기가 도래했다. 이 시기에 고대 그리스문명은 경제발전의 전성기를 맞았다. 다만 앞의 인구 상황에서 보았듯이 헬레니즘 시기부터는 부의 무게 중심이 그리스 본토에서 소아시아나 에게해로 옮겨가지만 말이다. 그것은 마치 도시국가의 시대가 저물고 다시 거대한 제국의 시대가 등장하는 것과 같다. 같은 시기, 지중해의 중심인 이탈리아반도에서는 새로운 세력이 떠오르기 시작했다. 그것은 바로 그리스문명을 계승하면서 동시에 흡수해간 이탈리아 세력이었다.

베네치아

바다에서 태어난 천년의 도시

역사적으로 이탈리아는 서로마제국이 멸망한 뒤 롬바르드 (Lombard)족이나 고트족 등 게르만 민족의 침략을 받았고, 이슬람 세력이나 노르만(Norman)족 등의 공격에도 노출되었다. 이런 정치 적·군사적 불안 속에서 경제 분야도 혼란의 시기를 거쳤다.

그러다가 10세기 무렵부터 중·북부를 중심으로 고대 그리스처 럼 다수의 도시국가가 번창하면서 번영과 확장의 시대를 열어갔다. 이 도시국가 중에서도 가장 성공한 사례로는 베네치아, 제노바, 피 렌체, 밀라노 등을 꼽을 수 있다. 베네치아는 국가, 제노바는 자본, 피렌체는 금융과 산업을 주축으로 저마다 다른 특징을 앞세우면서 근현대 자본주의의 요람을 만들어갔다.

프랑스의 역사학자 페르낭 브로델은 중세 이탈리아의 자본주의를 연구하며 "베네치아에서는 국가가 전부였다면 제노바에서는 자본이 사회 전체를 지배했다"라고 분석한 바 있다. 베네치아와 제노바는 이탈리아 북부를 중심으로 해양제국을 형성했다. 지리적으로 베네치아는 자연스럽게 아드리아(Adria)해를 끼고 지중해 동부를 지배한 반면, 제노바는 티레니아(Tyrrhenia)해를 품고 지중해 서부를 호령하는 세력이었다. 바다를 삶의 터전으로 삼고 해외무역을 통해 거대한 제국을 형성한 두 도시국가와는 달리 피렌체는 로마 북쪽의 내륙에 있는 금융과 산업의 중심이었다.

중세 이탈리아의 세 도시국가가 열었던 서구 자본주의의 길은 16~17세기에 스페인이나 포르투갈, 네덜란드가 전 세계의 대양을 누비며 자본주의 세상을 만들어나간 대항해시대로 연결된다. 예컨대 스페인 왕실의 후원을 받고 아메리카 신대륙을 발견한 크리스토퍼 콜럼버스는 제노바 출신이었고, 포르투갈을 대표해 아메리카 신대륙에 이름을 남긴 아메리고 베스푸치는 피렌체 사람이었다. 또 이들 모두에게 동양의 풍요를 꿈꾸게 한 것은 베네치아 상인 마르코 폴로였다.

영국의 대문호 윌리엄 셰익스피어의 명작 『베니스의 상인』, 전 세계 영화인의 이목이 쏠리는 '베니스국제영화제', 아름답고 다양한 가면과 복장으로 거리를 가득 메우는 '베네치아 카니발' 등 바다 위 낭만의 도시 베네치아의 빛나는 명성은 현재진행형이다. 도시가 점차 물속으로 가라앉고 있다는 비극조차 지구촌의 관심과 열정을 자극할 정도다.

현대 자본주의 세계의 기원

현대 자본주의의 조국인 영국과 미국은 대항해시대의 기치를 이어받은 뒤, 산업혁명으로 한 단계 더 발전시켰다. 이처럼 이탈리아 도시국가의 자본주의는 이베리아반도와 네덜란드를 통해 영국과 미국으로까지 확장되면서 현대 자본주의 세계를 만든 기원이라고 할 수 있다.

이탈리아 지도를 놓고 베네치아를 보면 반도의 동북부에 있는 항구도시로 보인다. 하지만 베네치아는 바닷가에 있는 일반적인 항구도시가 아니다. 정확히 말해 베네치아는 육지에 가깝게 형성된 석호(潟湖, laguna)에서 솟아난 도시국가다. 중세 이탈리아를 휩쓴 침략자인 롬바르드족을 피해 바다로 이주한 사람들이 만든 도시국가가 베네치아다.

베네치아인을 대표하는 강인한 성격은 바로 이런 자연적 조건에서 비롯되었다. 육지에 성곽을 쌓아 만들어진 대부분의 이탈리아 도시와 달리 베네치아는 바닷가의 모래와 늪 위에 널빤지를 깔아 물을 제거한 뒤, 흙과 돌을 쌓아 광장을 만들고 건물을 지어야 했다. 성곽 밖의 시골에서 식량을 공급받는 일반적인 도시와 달리 베네치아는 공동의 삶에 필요한 모든 것을 바다 넘어 육지에서 가져와야 했다. 심지어 석호 지역은 식수조차 부족해 집마다, 또는 동네마다 물탱크를 만들어 저장해야만 했다.

이런 이유로 초기부터 베네치아인들은 서로 협력하지 않고선 생존이 불가능했다. 파벌을 타파하고 분열을 용납하지 않는 공화국제도를 만든 이유가 여기서 발견된다. 베네치아는 유럽에서는 보기 드문, 국가가 정책을 주도하는 국가자본주의의 모델을 만들었다. 개간사업부터 도시 개발, 해외 팽창, 무역 관리, 식민지 운영 등 거의 모든 부분에서 베네치아는 공권력을 집중해 사회를 발전시키는 정책을 택했다.

강인한 시민, 주도적 국가를 바탕으로 베네치아는 선민의식을 고취하는 이념을 완성했다. 828년 일군의 선단(船團)이 이슬람제국의 지배에 들어간 이집트 알렉산드리아에서 「마르코복음」을 저술한 성자 마르코의 유해를 가져와 베네치아를 상징하는 수호성인으로 삼았다는 전설이 있다. 베네치아인들은 이슬람 항구 관리인들을 속이려고 돼지고기 밑에 유해를 숨겨 몰래 빼내는 지혜를 발휘했다. 성인의 이름을 딴 산마르코대성당에 유해를 안치했고 이후 마르코는 베네치아 정체성의 핵심이 되었다. 마르코의 상징인 날개 달린 사자 또한 베네치아 해군의 표식으로 자리 잡았다.

당시 비잔틴제국은 베네치아에 대한 주권을 주장하고 있었다. 이런 상황에서 마르코 유해의 이전은 큰 상징성을 지닌다. 비잔틴제국이 이슬람제국에 밀려 잃어버린 알렉산드리아에서 베네치아인들이 기독교 성인의 유해를 지혜롭게 구출해 다시 기독교권의 땅으로 가져온 까닭이다. 또한 베네치아인들은 마르코가 원래 알렉산드리아에 오기에 앞서 이탈리아 북부에서 복음을 전파했기에 그의 유해를 베네치아에 모시는 것이 당연하다는 논리를 폈다. 이처럼 마르코를 통해 베네치아는 지중해 기독교권의 정통성을 확보하게 되었고, 마르코의 사자는 용맹스럽게 제국을 확장하는 기운을 제공

산마르코대성당을 장식한 조형물들
베네치아를 상징하는 날개 달린 사자의 형
상이 보인다. 산마르코대성당은 828년 지
어졌으나, 976년 전소되었고, 1163년 대대
적으로 다시 지어졌다.

했다.

베네치아인들이 종교적 측면에서만 도시국가의 정체성을 찾은
건 아니다. 고대 로마의 전설에서 사랑의 신 비너스가 바다에서 태
어났듯 베네치아도 바다에서 솟아오른 신적인 존재라는 믿음을 가
지고 있었다. 이처럼 바다와 베네치아는 운명적으로 얽힌 존재가
되었고, 베네치아인들은 운명을 따라 바다를 향해 나아가는 일에
몰두했다.

군주제, 과두제, 민주제의 안정적인 결합

베네치아를 성공한 도시국가로 만든 1등 공신은 안정적인 정치체

제다. 베네치아는 서서히 도시국가로 부상한 8세기부터 프랑스의 침략으로 무너진 18세기 말까지 1,000년 동안 유럽을 대표하는 공화국 모델이었다. 제노바가 정변으로 불안하고 피렌체가 공화국에서 군주국가로 탈바꿈할 때도 베네치아는 탄탄한 공화국의 전통을 유지하며 지중해와 이탈리아 북부를 지배하는 맹주로 군림했다.

현대적 시각으로 보면 베네치아는 공화국이었지만 민주주의 국가는 아니었다. 고대 그리스의 도시국가와 마찬가지로 베네치아는 엄격한 차별적 계급에 기초한 사회였기 때문이다. 계급사회의 가장 기층민으로는 노예가 있었는데, 이들은 대부분 가사노동에 종사했다. 그 위에는 주변 지역이나 외국에서 이주한 이민자들이 있었다. 예를 들어 독일계 이민자들은 대부분 베네치아의 모직 작업장에서 일했다.

이민자 위에는 다양한 상공업에 종사하는 보통 사람들이, 또 그 위에는 관료로 선출될 수 있는 시민권자(cittadini)가 존재했다. 16세기 말 베네치아의 인구 가운데 시민권자는 7퍼센트 정도였다.

계급사회 피라미드의 맨 위에는 베네치아의 핵심 가문들이 모여 만든 대평의회(maggior consiglio)가 있었다. 이들이 사실상 공화국의 핵심이었다. 대평의회에 참여할 수 있는 권리는 13세기부터 일부 가문에만 상속되었는데, 이들은 전체 인구의 3퍼센트 정도로 소수였다. 따라서 베네치아는 국정 운영에서 전형적인 과두제의 모습을 갖추게 되었다.

중세 이탈리아를 21세기의 시각으로 재단해선 곤란하다. 베네치아는 봉건주의 군주가 지배하던 유럽에서 수천 명 규모의 대평의

도제의 궁전
베네치아를 다스리던 지도자 도제의 거처로, 국가 권력이 집중된 대표적인 곳이다. 고딕 양식으로 지어졌다.

회 의원이 자유롭게 토론하고 결정하는 집단적 지배체제를 만든 선진적인 나라였다. 특히 베네치아처럼 국경이 확정되지 않은 채 계속해서 해외로 확장하는 국가에서 개방적으로 누구에게나 시민권을 주었다면, 정치는 오히려 혼란에 빠졌을 가능성이 크다.

대평의회와는 별도로 실질적으로 베네치아의 정치를 이끄는 기구는 수백 명 정도 규모의 소평의회(minor consiglio)였다. 소평의회는 상원(signoria)이라고 불리기도 했으며 사실상 의회의 역할을 담당했다.

마지막으로 베네치아를 대외적으로 대표하고 상징하는 인물은 종신직 도제(doge)였다. 13세기에 만들어진 도제 선출방식은 무척 복잡한데, 일부 가문이 연합해 선거 결과를 조작하거나 파벌을 형성하는 부작용을 차단하는 장치가 존재했다. 구체적인 방법은 우선 소수의 선거인단을 선출한 뒤 그중에서 제비뽑기를 통해 일부를 추린다. 이 과정을 서너 번 더 반복한다. 이런 과정을 통해 선출된 도제는 어떤 파벌이나 집단이 지원하는 후보가 아니라 누가 보더라도 베네치아의 국익을 대표할 수 있는 중립적이고 통합적인 인물일 거라는 계산이었다.

베네치아의 정치는 이처럼 고대 그리스 철학자들이 규정한 세 원칙을 결합한 것이었다. 즉 도제는 1인 지배의 군주제를, 소평의회는 소수 지배의 과두제를, 대평의회는 다수 지배의 민주제를 상징한다. 이 공화국 모델은 유럽에서 다양한 정치제도의 장점을 추려 만든 균형과 화합의 이상적 장치로 인식되었고, 실제 500년 넘게 효율적으로 작동했다.

중세의 모든 길은 베네치아로 통했다

베네치아의 자본주의는 시민의 일상생활부터 도시 개발까지 그리고 해외 진출부터 무역까지 국가가 주도하는 형식을 갖추고 있었다. 애초에 석호의 늪을 개간하며 국가가 복잡하게 얽히고설킨 물길과 운하를 계획적으로 만들었기 때문이다. 도시의 중심에 광장을 만들고 성당을 배치하는 것은 물론이고, 동네마다 아름다운 경관을

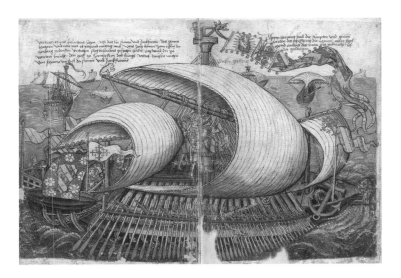

콘라트 그뤼넨베르크, 「순례자들을 예루살렘으로 데려가는 세 개의 돛이 달린 베네치아의 거대한 갤리선」, 1486~1487년
거대한 갤리선의 모습이 인상적인 그림으로, 베네치아의 선단은 중세 지중해무역을 독점한 패권자였다.

만들기 위해 특정한 건축 양식을 강요하기도 했다. 귀족들은 정부가 정한 건축 양식을 자의 반 타의 반 따를 수밖에 없었다.

고대 그리스 아테네의 삼단노선이 지중해를 누비면서 전쟁과 무역을 지배했듯이, 삼단노선에 큰 돛을 단 베네치아의 갤리선(galley)은 지중해무역의 주역 역할을 해냈다. 베네치아의 조선산업도 국가가 관리하는 조선소(arsenale)가 주도하고, 민간업자들이 부수적 역할을 담당하는 구조였다. 해외에 무역기지와 식민지를 건설할 때도 중앙정부가 관료를 파견해 관리하는 중앙집권 방식이었다.

알렉산드리아에서 마르코의 유해를 가져온 9세기부터 15세기까지 베네치아는 지중해무역을 지배하는 세력으로 성장했다. 원래 비잔틴제국은 이슬람제국과의 무역을 금지했지만, 베네치아나 제노바의 상인들은 이를 무시하고 이익을 찾아 서아시아나 북아프리카로 활발히 이동했다. 시간이 지나면서 베네치아, 제노바, 피사 등의 해군력이 점차 강화되자, 비잔틴제국은 이슬람제국에서 스스로를 보호하기 위해 오히려 이들에게 의존할 수밖에 없는 상황에 놓이게 되었다.

결국 비잔틴제국은 1082년 황제의 금인칙서(金印勅書, Golden Bull)를 통해 베네치아인들에게 해군 역할을 도맡게 했고, 그 대가로 그들이 무역을 독점할 수 있게 했다. 이로써 베네치아인들은 비잔틴제국의 수도 콘스탄티노플에 자신들의 구역을 할당받았고, 그리스 지역의 비잔틴제국 영토인 크레타섬과 로도스섬 등 요지에도 기지와 식민지를 만들 수 있었다. 또 십자군이 서아시아에 세운 국가와도 무역을 독점하는 계약을 성사해 동방과 유럽을 잇는 중개무역에서도 주도적인 역할을 담당했다. 13세기가 되자 베네치아인들은 흑해까지 진출해 크림반도, 카파(Caffa, 오늘날의 페오도시야) 등지에서 몽골제국과의 무역로를 열기도 했다.

중세 유럽의 바다는 질서가 없는 무법천지였다. 해군과 해적의 차이가 존재하지 않았다고 할 정도로 바다에서 무력을 통한 약탈 행위가 빈번했다. 이런 상황에서 베네치아의 국가자본주의는 효력을 백분 발휘했다. 15세기 초 베네치아는 선박 3,000척을 보유했는데, 주요 무역노선을 국가가 운영하는 함대를 통해 관리했다. 함대의 핵심은 갤리선이었고, 상인들에게는 경매를 통해 무역에 참여하는 공평한 기회가 주어졌다. 또 소규모 민간 갤리선이 공식 함대와 함께 움직일 수도 있었다. 거대한 함대를 통한 안전한 무역은 베네치아 상인집단에는 공공재에 해당한 셈이다.

더욱 놀라운 점은 베네치아가 자국을 무역 중심지로 만들고자 모든 상품은 일단 베네치아를 거치도록 강제했다는 사실이다. 그 결과 서아시아에서 온 중국의 비단과 인도의 면직물, 아프리카의 상아와 흑해의 노예는 베네치아에서 일단 관세를 낸 다음에야 플랑드르(Flandre) 함대를 통해 북유럽으로 이동할 수 있었다. 또 네덜란드와 영국, 독일 등에서 온 말린 생선이나 양모도 베네치아를 거친 다음에야 다른 지중해 지역으로 재수출이 가능했다. 이렇게 거둬들인 관세는 베네치아 국가자본주의의 밑천이 되었다.

베네치아가 이탈리아의 도시국가 중에서도 가장 성공적인 해양제국으로 성장한 또 다른 이유는 이탈리아의 최북단에 있어 유럽대륙으로 가는 육로도 가장 짧았다는 점이다. 육로 이동은 비용 측면에서는 바닷길보다 비싸지만, 거리는 훨씬 가깝다는 장점이 있다. 예를 들어 베네치아와 뮌헨의 거리는 육로로 300킬로미터에 불과하다. 이렇다 보니 당시 베네치아에는 독일과 오스트리아에서 알프스산맥을 넘어온 상인들이 공동체를 형성하고 있을 정도였다.

이탈리아 르네상스를 대표하다

국가가 모든 것을 관리하는 경향이 강했던 베네치아는 혁신의 측면에서 제노바나 피렌체에 뒤졌다. 아무래도 권력이 집중되는 국가 운영은 민간보다는 보수적 성격이 훨씬 강하기 마련이다. 특히 자본주의 발전에 공헌한 혁신적 제도라고 할 수 있는 보험이나 금융 회사가 베네치아보다는 제노바와 피렌체에서 만들어졌다. 해외무역과 관련해서 보험의 개념을 발전시킨 것은 베네치아가 아니고 제노바였다. 또 금융과 관련된 최초의 거대 회사를 출범시킨 것도 베네치아가 아닌 피렌체였다.

하지만 국가자본주의의 베네치아는 공공재 제공의 기준을 정하고 이를 엄격하게 관리하는 데서 그 어느 국가보다 앞섰다. 국가가 측량 단위를 통일하고 항구에서 사고파는 상품을 측정하는 일을 관리함으로써 상거래의 질서도 정착되었다. 또 14세기 중반에는 금화 두카토(ducato)를 발행했는데, 24캐럿(karat)의 금 3.5그램이라는 기준을 공화국 말기까지 꾸준하게 유지했다. 안정적인 통화가치 덕분에 베네치아의 두카토는 100여 년 전에 출시된 피렌체의 플로린(florin)을 누르고 지중해의 국제통화로 활용되었다.

1500년을 전후로 유럽의 중심으로 우뚝 선 베네치아는 가장 풍요로운 선진 사회의 모델이 된다. 이때쯤 바다 위에 인간의 강한 의지와 오랜 노력으로 만든 도시국가의 외형이 거의 완성되었다. 이 도시국가는 공화국 정부가 주도하는 계획에 따라 아름다운 스타일의 운하, 거리와 건물, 공공기관과 기념물들로 채워져 르네상스 이탈리아를 대표하는 명소로 떠올랐다.

베네치아는 지중해를 통해 서아시아와 북아프리카, 남유럽을 연결하는 거점 도시국가였다. 게다가 발칸반도의 슬라브족이나 알

베네치아 전경
베네치아는 지중해를 통해 서아시아와 북아프리카, 남유럽을 연결하는 거점 도시국가였다. 지리적 이점 때문에 당시로는 찾아보기 어려운 코스모폴리탄 문화의 중심으로 떠오를 수 있었다.

프스산맥 너머 게르만 민족도 베네치아로 와서 물건을 사고팔았기 때문에 당시로서는 찾아보기 어려운 코스모폴리탄 문화의 중심이 되었다. 19세기 런던이나 20세기 뉴욕이 도맡았던 세계 자본주의의 중심 역할을 16세기의 베네치아가 수백 년을 앞질러 이미 완성했던 셈이다.

바빌로니아제국부터 부국굴기에 성공한 나라들의 공통된 특징 가운데 하나가 시민들의 교육수준이 상대적으로 높다는 사실이다. 농업 중심 사회와 비교했을 때 상업이 번성한 도시 지역은 대개 문맹률이 낮았다. 도시에서는 거래가 많았고 중요한 거래는 기록을 통해 이뤄져야 했기 때문이다.

이탈리아의 도시국가들도 글을 읽고 쓸 줄 아는 사람들이 상대적으로 많았다. 게다가 수많은 법관과 공증인이 모든 거래에 필요한 서류를 작성하고 공인하는 작업에 참여했다. 유럽문명권에서 제일 먼저 대학이 들어선 곳이 11세기 이탈리아의 볼로냐라는 사실은 이를 잘 증명해준다.

또 베네치아에는 수공업에 종사하는 사람들이 길드를 형성했는데, 13세기 10여 개에 불과하던 길드는 이후 142개까지 늘어나게 되었다. 특히 보석, 수예품, 향수, 장식품, 모자, 거울, 신발, 도기 등 다양한 분야에 종사하는 수공업자들은 도시의 세련된 삶에 동반되는 사치품을 생산하는 일에 몰두했다.

일례로 베네치아의 유리산업은 유럽에서 명성이 자자했다. 유리란 건물 곳곳에 설치되어 자연의 빛을 마음껏 받아들이게 해주는 중요한 소재였고, 등이나 식기 등에 쓰여 문화적인 도시 생활을 영위하게 해주는 사치품이었다. 당시 베네치아를 방문하는 외국인들에게 무라노(Murano)섬의 유리공장과 상점 방문은 필수 코스로 여겨졌다.

오토만제국의 발흥과 베네치아의 쇠락

베네치아를 대표하는 또 다른 산업은 유럽이 지식사회로 발전하는 데 결정적으로 이바지한 인쇄업이었다. 금속활자를 이용하는 인쇄술을 발명한 것은 독일의 요하네스 구텐베르크였지만 이를 산업 차원으로 끌어올린 것은 베네치아였다고 해도 과언이 아니다. 베네치아에서는 이미 15세기에 수백 개의 인쇄소에서 활발히 책을 찍어내고 있었다. 책에 그림을 넣어 독자의 이해를 도왔고, 박리다매 전략을 활용했다. 1480년부터 1500년까지 20년간 베네치아는 100만 권 이상의 책을 인쇄해 유럽에 유통했다. 이외에도 베네치아는 이탤릭 활자체를 발명했고, 라틴 알파벳이 아닌 그리스 알파벳으로도 책을 찍기 시작했으며, 음악 악보를 인쇄하고 판매하는 등 지식산업을 개혁하는 선두주자의 역할을 맡았다.

17세기에 접어들어 베네치아는 오페라를 대중화하는 데 성공하며, 현대 문화의 산실이 되었다. 원래 오페라는 왕족의 결혼식이나 귀족의 축제에나 등장하는 고급 예술이었다. 이처럼 초대받은 소수의 사람만 즐길 수 있던 오페라를 누구라도 표만 사면 향유할 수 있는 대중문화로 탈바꿈한 것이다. 베네치아 상인들이 연극과 오페라를 즐기고, 극장을 건설하는 데 서슴지 않고 자본을 투자한 덕분이었다.

베네치아의 1,000년 역사 가운데 9세기부터 15세기까지는 힘찬 상승기라고 할 수 있다. 이 시기에는 베네치아뿐 아니라 제노바, 피렌체 등 이탈리아의 주요 도시국가들이 유럽의 부흥을 이끄는 기관차 역할을 담당했다. 인구가 늘어나고 무역이 활성화되어 도시가 성장함으로써, 결국 전체 유럽이 이슬람제국이나 인도, 중국 등의 경제수준을 따라가는 시기였다.

이탈리아의 도시국가들이 주도한 성장 패턴은 15세기부터 점

16세기 초의 베네치아와 주변국 지도
베네치아는 서아시아와 북아프리카, 남유럽과 발칸반도를 누볐다.

차 포르투갈, 스페인, 네덜란드, 영국 등으로 전파되며 현대까지 지속되었다. 다만 이때부터 이탈리아의 도시국가들은 서서히 세계경제의 주도권을 놓치기 시작한다. 높은 경제수준과 도시문화를 바탕으로 이탈리아의 명성은 계속되었지만, 선두에 서서 세계경제를 이끌어가는 능력은 조금씩 상실했다는 의미다.

베네치아에 치명적이었다고 할 수 있는 역사적 변화는 서아시아에서 오토만제국의 부상이다. 베네치아는 유럽과 이슬람 지역을 연결하는 무역으로 부를 축적하며 제국으로 발전했다. 13~15세기 제노바가 베네치아의 앞마당이었던 지중해 동부로 들어와 경쟁을 벌이긴 했지만, 흑해부터 소아시아, 서아시아, 북아프리카까지는 베네치아의 식민지와 무역기지로 가득 찬 영역이었다.

영토국가들의 득세

1453년 오토만제국의 콘스탄티노플 점령과 비잔틴제국의 몰락은 베네치아의 쇠락을 알리는 사건이다. 이후 지중해에서 베네치아는 점차 오토만제국의 세력을 감당하지 못하고 밀려나는 처지가 되었기 때문이다. 흑해는 물론 에게해에 갖고 있던 식민지마저 오토만제국에 빼앗기면서 베네치아는 좁은 아드리아해로 몰렸고, 해양제국은 점차 위축되기에 이르렀다.

이와 동시에 베네치아는 한동안 이탈리아반도 내부로 세력을 확장하는 모습을 보이기도 했다. 15세기 베네치아는 상비군을 만들고 많은 군비를 지출하면서 이탈리아 북부에 '해양국가(stato di mare)'와는 다른 '육지국가(stato di terra)'를 건설했다. 베네치아 상원에서는 해양 진출을 주장하는 세력과 육지 진출을 주장하는 세력이 다투기도 했는데, 공교롭게도 이 시기는 바다에서의 영향력 감소와 육지에서의 영토 확장이 맞물린 때이기도 하다. 베네치아는 17세기에 그리스 남부의 크레타섬을 잃었고, 18세기에는 그리스 동부의 로도스섬이나 키클라데스군도에 있는 식민지들마저 유지할 수 없게 되었다.

16세기부터 포르투갈과 스페인이 대항해시대의 문을 열면서 유럽인들은 베네치아가 수행했던 중개무역 대신 남·동아시아까지 진출해 귀한 상품을 실어 와서 판매하는 직접무역의 시대를 맞이한다. 베네치아가 지중해에서 오토만제국과 힘겹게 경쟁하는 동안 포르투갈은 망망대해를 휘젓고 다니며 인도의 화려한 면직물, 인도네시아의 후추, 중국의 비단과 도자기를 가져와서 팔기 시작한 것이다.

초기 베네치아는 도시국가였기 때문에 부국으로 성장하기가 수월했다. 중세 이탈리아에서 성장한 베네치아, 피렌체, 제노바 등의 인구는 10만 명을 넘는 규모였다. 당시 런던이나 쾰른 등 북유럽의 도시들이 3~4만 명에 불과했다는 사실을 감안하면 이탈리아의 인구가 얼마나 많았는지를 짐작할 수 있다. 베네치아는 또 공화국이라는 정치체제를 통해 경쟁력을 높일 수 있었고, 이는 지중해를 지배하는 데 결정적인 역할을 했다.

하지만 16세기부터 유럽에서는 스페인, 포르투갈, 프랑스, 영국, 오스트리아 등 더 큰 규모의 영토국가들이 득세하기 시작했다. 자본주의는 인구가 많은 도시국가에서 발전하기 쉽지만, 민족주의는 영토에 기초한 왕국에서 융성하기 때문이다. 영토국가들이 벌이는 전쟁의 규모는 무기의 발전과 함께 점점 커졌고, 이런 복잡한 대규모의 경쟁체제에서 베네치아와 같은 도시국가의 한계가 명확하게 드러나기 시작했다. 도시국가의 집합체였던 이탈리아 중·북부가 중세와 르네상스 시대의 유럽을 주도하는 중심이었다면, 16세기부터는 강한 군대를 가진 영토국가들이 득세하는 시대였다. 그 결과 1797년, 베네치아의 1,000년 역사는 제노바의 식민지였던 코르시카섬 출신의 보나파르트 나폴레옹이 프랑스혁명군을 이끌고 침공해 들어오면서 마침내 막을 내렸다.

8

제노바

상인에 의한, 상인을 위한, 상인의 정부

중세에 베네치아와 함께 지중해를 지배했던 제노바의 존재를 아는 사람은 드물다. 심지어 이탈리아의 제노바와 스위스의 제네바를 혼동하거나 착각하는 경우도 많다. 제노바는 영어로 제노아(Genoa)라 불리는데, 인구가 100만 명이 넘는 현대 이탈리아의 6대 도시 중 하나다. 제노바는 12세기 독립을 쟁취한 시점부터 18세기 프랑스에 병합될 때까지 700여 년 동안 지중해를 무대로 활동했으며 한때 거대한 제국을 형성하기도 했다.

제노바와 베네치아는 여러 면에서 닮았다. 둘 다 이탈리아 북부의 항구를 끼고 있는 도시국가인 데다가 군사력과 무역을 통해 유럽, 북아프리카, 서아시아를 묶는 제국을 형성했다. 또한 개척자 정신으로 먼 지역을 서로 연결하는 상업적 네트워크를 만들었고 이는 두 도시국가를 살찌우는 밑천이었다.

그러나 제노바와 베네치아는 일란성 쌍둥이는 아니었던 것 같다. 베네치아가 국가의 역할을 강조하는 자본주의를 대표했다면, 제노바는 민간이 주도적인 역할을 담당하는 자유시장 자본주의의 유형에 가까웠다. 이처럼 제노바와 베네치아는 서로 경쟁하고 자극하면서 발전했고, 때로는 전쟁까지 치르면서 대립했다. 제노바의 '상업자본주의'와 베네치아의 '국가자본주의' 모델은 이후 역사에서 전개될 자본주의의 다양성을 미리 알리는 전조였다.

제노바와 베네치아는 지리도 무척 닮았다. 이탈리아반도는 지중해 한가운데 장화처럼 불쑥 튀어나와 있다. 인도가 인도양의 중심에 혹처럼 튀어나와 무역과 교류를 지배했듯이 이탈리아도 지중해의 심장이 될 수밖에 없는 이점을 타고났다. 베네치아와 제노바는 이탈리아 북부에서 각각 동쪽과 서쪽을 차지하고 성장했다.

산으로 둘러싸인 항구도시

19세기 산업혁명 이전에는 육지보다 바다에서 이동하는 것이 상대적으로 수월했다. 이런 이유로 베네치아와 제노바 두 항구도시가 발달했다. 그렇다고 육로가 필요 없지는 않았기에, 이탈리아에서 마지막 승자가 될 도시는 반도 중간이나 남부보다는 가장 북부에 있었다. 북부에 자리 잡아야 유럽대륙과 육로로 가장 쉽게 연결될 수 있었기 때문이다.

베네치아는 오스트리아 및 독일 남부와 가까이 있었고 육로로 발칸반도 및 폴란드와 연결되었다. 제노바도 스위스와 프랑스 인근에 있어, 지중해 각지에서 가져온 상품을 12~13세기 유럽대륙의 무역 중심지였던 프랑스 샹파뉴에 공급하기에 수월했다. 제노바의 함선이 흑해나 서아시아에서 가져온 상품들을 제노바항에 풀면 이탈리아 각지에서 온 상인들이 이를 구매해 육로로 알프스산맥을 넘어 샹파뉴까지 가서 판매했던 것이다.

이처럼 닮은꼴의 베네치아와 제노바였지만, 한 걸음 더 들어가 살펴보면 차이도 상당했다. 베네치아는 해변에서 어느 정도 떨어진 석호를 메워 건설된 도시국가다. 반면 제노바는 이런 노력 없이 항구를 끼고 자연스레 발달한 도시국가다. 베네치아는 육지와 거리를 둠으로써 내륙의 혼란에서 벗어날 수 있었지만, 제노바는 산으로 둘러싸인 덕분에 천혜의 방어벽을 가진 모양새였다.

물론 이런 지리적 차이는 제노바의 단점으로 작용하기도 했다. 왜냐하면 베네치아는 여러 강의 하류에 있어 바다에서 세력을 키운 다음, 강을 따라 내륙으로 세력을 확장하기가 수월했다. 하지만 제노바는 아펜니노(Apennino)산맥을 넘어야 했기에 내륙 진출이 훨씬 어려웠다. 베네치아가 해양국가와 동시에 육지국가의 면모를 발전시켰던 것과는 달리 제노바는 해양 확장에만 의존해야 하는 지리적 한계가 존재했던 것이다.

이탈리아의 관점에서 베네치아가 동유럽을 향한 전진기지였다면, 제노바는 서유럽으로 뻗어나가는 길목이었다. 이런 지리적 지

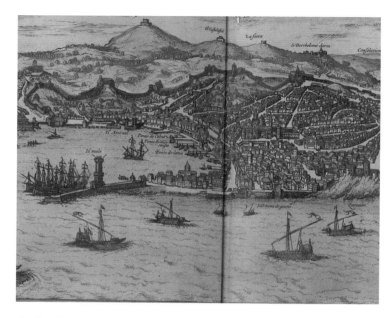

제노바 전경(부분)
산으로 둘러싸인 지형과 온갖 상품을 운송하는 범선들이 눈에 띈다.

향은 두 도시국가의 역사에 강한 영향을 미칠 수밖에 없었다. 베네치아가 독일이나 비잔틴제국과의 관계에 민감했다면 제노바는 프랑스, 스페인 등과 직접 연결되었고 이들 역사의 파도와 함께 출렁거릴 수밖에 없는 운명이었다.

아펜니노산맥을 등에 업고 이탈리아반도의 서쪽 바다인 티레니아해를 바라보는 리구리아(Liguria) 지역의 제노바는 동양에서 말하는 배산임수형 도시국가다. 제노바를 묘사한 그림들은 하나같이 산과 바다 사이에 있는 항구와 그곳을 오가는 수많은 배를 그려 무역으로 먹고사는 나라임을 암시한다.

　제노바는 아펜니노산맥 덕분에 육지의 혼란과 어느 정도 거리를 둘 수 있었지만, 바다에서 위력을 떨치는 바이킹, 노르만족, 아랍 세력에게서 스스로를 보호해야 했다. 따라서 강력한 해군을 키우는 것은 제노바의 생존전략에서 가장 중요한 발판이었다. 11세기 이탈리아 서쪽 연안에서 이런 전략으로 성공한 사례가 바로 제노바와 피사였다.

티레니아해의 타고난 상인

제노바는 11~12세기에 힘을 키워 아랍 세력을 티레니아해에서 물리치면서 코르시카섬과 사르데냐(Sardegna)섬 등을 정복했고, 이어 북아프리카까지 진출해 무역기지를 설립하는 데 성공했다. 아프리카와 교역의 장을 열었다는 것은 사하라사막을 넘어오는 금을 확보했다는 의미다. 이 금은 서아시아에 가서 필요한 상품을 구매해 유럽으로 가져올 수 있는 자금이 되었다.

　1099년부터 제노바는 신성로마제국에서 자치권을 인정받았고, 1162년에는 완전히 독립했다. 베네치아가 비잔틴제국에서 독립했듯이, 제노바는 신성로마제국의 황제에게서 독립함으로써 새로운 정치적 주체로 등장했다. '제노바 시민은 타고난 상인(civis Ianuensis, ergo mercator)'이라는 속담처럼 독립한 제노바는 이제 바다를 통해 활발한 무역의 시대를 여는 개척자로 변모했다.

아랍 세력을 누르고 지중해 서부에서 부상한 제노바는 십자군 원정에 함선을 제공함으로써 지중해 동부로 진출하는 데 성공했다. 제노바는 십자군이 서아시아에 수립한 왕국과의 무역을 독점했고, 베네치아와 경쟁적으로 비잔틴제국에 해군력을 제공하면서 무역에서 또 다른 특혜를 누렸다. 물론 제노바의 부상이 순탄한 것만은 아니었다. 지중해 서부에는 제노바 말고도 해양 세력이 되려고 경쟁하는 국가들이 있었기 때문이다. 중부 이탈리아의 피사는 티레니아해에서 제노바와 충돌했고, 이베리아반도에서 카탈루냐를 중심으로 하는 아라곤(Aragón)왕국도 제노바의 패권에 도전해왔다.

제노바는 1284년 피사를 해전에서 물리치면서 티레니아해를 장악하는 데 성공했지만, 베네치아와의 경쟁에서는 쉽게 승부를 가를 수 없었다. 그 결과 제노바와 베네치아는 13~14세기의 100년이 넘는 기간 동안 네 차례의 전쟁을 치러야 했다.

하지만 어느 한 편이 결정적인 승리를 거두지 못했고, 지중해무역은 두 세력이 균형을 이루며 공존하는 형식으로 고착되었다. 베네치아가 서아시아와 이집트와의 교역에서 우위를 점했다면, 제노바는 흑해와 비잔틴제국과의 무역에서 우세를 유지했다.

역사학자 로버트 로페즈(Robert Lopez)는 『중세의 상업혁명, 950~1350 *The Commercial Revolution of the Middle Ages, 950-1350*』에서 18~19세기 산업혁명 이전에 이미 일련의 혁명적 변화가 중세 유럽에서 발생했고, 향후 자본주의 발전에 결정적으로 이바지했다는 주장을 폈다. 그의 분석에 따르면 상업혁명의 전형적 사례가 바로 제노바인데, 말 그대로 '상인에 의한, 상인을 위한, 상인의 정부'였기

14세기 이탈리아 지도

수많은 세력이 이탈리아반도를 나눠 다스렸음을 알 수 있다.

때문에 가능했다는 것이다.

인류 역사에서 정치권력을 가진 세력은 두 가지 기능을 동시에 추구했다. 한편으로는 무력과 폭력을 사용해 통치하면서, 다른 한편으로는 도덕적으로, 또는 종교적으로 지배를 정당화했다. 무력은 지배의 가장 노골적인 수단이었지만, 그것만으로 소수가 다수를 지배하려면 너무 큰 비용을 치러야 했다. 반면 도덕이나 종교적 정통성으로 지배를 정당화하면 자발적 복종을 끌어낼 수 있기 때문에, 비용도 절감하고 통치도 수월해졌다.

정치사에서 이탈리아 도시국가들은 새로운 모델을 제시했다. 경제적 부를 정치권력의 기반에서 핵심으로 끌어올렸던 것이다. 물론 고대 그리스의 도시국가들도 무역을 통해 세력을 넓히고 부를 획득하면서 번성했다. 하지만 고대 그리스에서 상업은 비천한 활동이라는 인식이 강했고, 여전히 전쟁에서 얻은 명예의 가치가 사회를 지배했다.

그러나 제노바나 베네치아 같은 중세 이탈리아 도시국가는 귀족이 국제무역에 직접 뛰어들어 활동했을 뿐 아니라, 도시국가의 정치와 정책도 상업적 이익을 추구하는 데 집중되었다. 제노바와 베네치아의 반복되는 전쟁에서 종교적 차이나 왕위 계승과 같은 정치적 명분은 전무했다. 대신 상업 이익을 추구하는 두 세력이 지중해무역을 둘러싼 이권을 차지하고자 치열하게 다퉜을 뿐이다.

앞선 분석에서 베네치아의 경우 자본주의적 발전의 원동력을 제시한 주체가 국가였다는 사실을 확인했다. 제노바는 이런 점에서는 베네치아와 대립각을 세운다. 베네치아는 국가가 함선을 제작하는 조선소를 운영했고, 주요 무역노선의 관리도 국가가 했지만, 제노바는 이 모든 기능을 민간에서 담당했다.

일례로 1150년부터 제노바 정부는 화폐를 주조하는 일이나 소금사업, 은행업 등의 사업권을 민간에 일임하는 정책을 펴기 시작했다. 심지어 세금을 징수하는 권한도 사업가집단에 일정 기간 양도하는 정책을 채택했다. 바빌로니아제국에서도 세금을 거두는 사업을 민간에 맡겼던 사례가 있었다. 당시에는 조세징수도급(租稅徵收都給, tax farming)이라 불리는 세금사업이 그리 충격적인 일은 아니었지만, 모든 것을 국가 기관에서 관리했던 베네치아와 비교해보면 제노바의 선택은 대조적이었다.

식민도시나 무역거점을 관리하는 방법도 달랐다. 베네치아는 정부가 식민도시를 직접 관리하면서 도시마다 대표와 무장조직을 파견했다. 반면 제노바는 각각의 식민도시에 체류하는 민간 상인들이 자율적 조직을 만들어 운영하는 형식을 택했다. 전자가 피라미드식 위계조직이었다면, 후자는 자율적인 네트워크였다.

제노바의 정치는 주요 상인가문들이 정쟁을 벌여 혼란스러운 상황이 지속되었다. 권력을 획득하고자 치열하게 다투는 일이 일상이었다. 폭력을 통한 정부의 전복도 제노바 정치에서는 빈번하게 일어났다. 1257년부터 1528년까지 제노바에는 81차례의 반란과 정권 교체가 있었던 것으로 조사되었다. 이런 상황에서 놀라운 점은 오히려 제노바가 급격하게 몰락하지 않고 나름의 영향력을 유지하는 데 성공했다는 사실이다.

명반무역에 집중하다

광물의 일종인 명반(明礬)은 제노바의 국운을 좌우했던 핵심적인
전략상품이라 해도 과언이 아니었다. 이화여자대학교 남종국 교수
는『이탈리아 상인의 위대한 도전: 근대 자본주의와 혁신의 기원』
에서 제노바와 명반의 운명적 관계를 조망했다. 명반은 수공업의
재료나 약재 등 다양한 용도로 쓰이지만, 특히 섬유산업에 필수적
인 재료다. 직물이나 옷감을 염색하기 위해 반드시 필요한 매염제
이기 때문이다.

제노바의 자카리아(Zaccaria)가문은 13세기 중반 비잔틴제국 황
실과의 정략결혼을 통해 소아시아 지역에서 명반을 채굴하고 무역
할 수 있는 권리를 획득했다. 당시 소아시아는 지중해 최고 품질의
명반을 생산하는 지역이었기 때문에, 이는 제노바 상인들이 섬유산
업을 좌우하는 힘을 획득하게 되었음을 의미했다. 14~15세기가 되
면서 명반은 에게해의 키오스(Chios)섬에서 주로 생산되었지만, 여
전히 제노바 상인조합이 이를 독점적으로 관리했다. 이런 상황을
빗대 베네치아인들은 키오스섬을 제노바의 '오른쪽 눈'이라고 불
렀다.

지중해 동부에서 생산된 명반을 가장 필요로 하는 지역은 모직
산업의 중심지라고 할 수 있는 대서양 지역의 영국과 네덜란드였
다. 13세기까지 지중해무역에 치중하던 제노바 상인들은 1278년부
터 지브롤터해협을 넘어 대서양으로 진입한 뒤 영국과 네덜란드까
지 가는 항로를 개발해 정기무역 노선으로 삼았다. 일명 플랑드르

함대를 운영하기 시작한 것이다. 육지를 통해 이뤄지던 유럽의 남북무역이 이제 플랑드르 함대를 통해 바다로도 연결된 셈이었다. 제노바에 이어 베네치아와 카탈루냐, 피렌체가 같은 노선에 뛰어들면서 경쟁은 날로 심해졌다.

명반무역은 기존의 사치품 중심의 무역과는 차원이 달랐다. 우선 명반 자체가 무거운 광물이었기 때문에 기존의 갤리선보다 더 커다란 범선이 필요했다. 15세기 베네치아의 대형 갤리선들이 250~330톤 정도의 규모였다면, 제노바가 보유한 원형 범선은 1,000톤 이상의 짐을 실을 수 있을 정도로 거대했다.

이런 이유로 플랑드르 함대는 런던까지 들어가지 못하고 사우샘프턴(Southampton)에 정박해야 했다. 무거운 명반을 싣고 북유럽에 간 거대한 함선들은 돌아오는 길에도 다른 많은 상품을 실어 나를 수 있었다. 하여 북유럽에서 마른 생선이나 양모를 가득 싣고 올 수 있게 되면서 상품의 범위는 사치품에서 생활용품이나 원자재로 확산했다. 덕분에 피렌체 등의 도시에서는 북유럽의 양모를 수입해 모직산업을 발전시킬 수 있었다.

명반사업은 제노바와 베네치아의 차이를 극명하게 드러낸다. 베네치아는 무역이 국가 재정에 이바지하도록 지중해의 모든 상품이 일단 베네치아를 통과하도록 강요했다. 하지만 민간 중심으로 운영된 플랑드르 함대는 명반 생산지인 에게해에서 곧바로 수요지인 북유럽으로 향할 수 있었다. 따라서 상인들은 독점무역의 엄청난 이윤을 확보할 수 있었지만, 국가 자체에는 별 도움이 되지 못했다. 이러한 독점무역은 자본이 집중되고 성장하는 데 이바지했다.

제노바 출신 자본가들이 유럽 무대에서 급격하게 성장할 수 있었던 배경이다.

제노바의 자본주의는 분명 새로운 단계에 돌입했다고 말할 수 있을 정도로 특이한 형태였다. 제노바 사람들은 새로운 시장을 개척하는 데 그 누구보다 앞장서서 모험심을 발휘함으로써 혁신의 선두주자로 달려 나갔다. 산맥을 등지고 있어 바다로 향할 수밖에 없었던 절박함 때문이었을까.

제노바는 티레니아해에 만족하지 않고 베네치아의 영역이었던 지중해 동부나 흑해를 비집고 들어갔고, 몽골제국을 통해 중국이나 인도에 이를 정도로 열심히 뻗어나갔다. 14세기 중엽의 선교사 조반니 데이 마리뇰리(Giovanni dei Marignolli)에 따르면 중국 남부의 항구도시 천주에는 프란체스코 수도회가 운영하는 세 개의 교회와 목욕탕은 물론이고 제노바 상인들의 상관(商館)도 있었다고 한다.

지중해를 넘어 대서양으로 나아가 북유럽 항로를 개척한 것도 제노바인들이고, 1290년 투철한 모험 정신으로 무장한 채 아시아로 가는 항로를 찾고자 아프리카 해안을 따라 내려간 것도 제노바인들이다. 아쉽게도 이들은 유럽으로 돌아오지 못했지만, 제노바인들은 15세기 포르투갈 왕실에서 추진한 아프리카 해안 탐사에 다시 한번 동원되었다. 이 개척 정신의 유전자가 1490년대 세계에서 가장 유명한 제노바인인 콜럼버스에게까지 전달된 셈이다.

제노바를 상업자본주의의 전형이라고 볼 수 있는 또 다른 이유는 상업 정신이 모든 사람에게 광범위하게 퍼진 대중자본주의를 연상시키기 때문이다. 제노바가 남긴 사료를 분석해보면 자산가나 귀

산조르지오은행
국채를 관리하고 정부와 협상을 벌이기 위해 만들어진 채권자집단이 여러 개 있었는데, 15세기에 산조르지오은행으로 전부 통합되었다.

족계급의 상인만이 무역에 참여했던 것이 아니라, 요즘 표현으로 '개미 투자자'들도 모험적 무역에 돈을 댔다는 사실을 알 수 있다. 무역 관련 소식을 귀동냥했던 공증인이나 잡화상, 빵집 주인이나 수공업자와 같은 다양한 일반인들도 투자에 동참했던 것이다.

베네치아에서는 국가가 자본주의를 조직하면서 공공재를 생산하는 역할을 담당했다. 하지만 제노바에서는 국가가 정쟁으로 혼란한 상황이었기 때문에 민간의 협력만이 공공재를 생산하는 중요한 장치가 될 수 있었다.

그 대표적인 기관이 1407년 만들어진 산조르지오은행(Casa di San Giorgio)이다. 사실 이 은행은 제노바 정부에 자금을 빌려준 자본가집단이다. 베네치아의 보호성인이 마르코이듯, 조르지오는 제노바의 상징이다. 예를 들어 제노바의 깃발에는 조르지오를 상징하는 붉은 십자가가 그려져 있다. 결국 산조르지오은행이라는 명칭은 제노바은행이라는 말과 다를 바가 없다. 원래 국채를 관리하고 정부와 협상을 벌이기 위해 만들어진 채권자집단이 여러 개 있었는데, 이를 15세기 들어 통합한 결과가 바로 이 은행이다. 나중에 국가 재정을 관리하는 중앙은행의 모태를 여기서 어느 정도 엿볼 수 있다.

제노바의 금융 혁신은 최초의 해상보험을 발명했다는 사실에서도 찾을 수 있다. 베네치아는 국가가 함대를 조직해 운영했기에 보험을 만들 동기가 상대적으로 적었다. 이에 비해 모든 것을 민간의 협력에 의존했던 제노바가 해적이 날뛰는 지중해무역을 보호하기 위해 해상보험을 개발한 것은 자연스러워 보인다.

국경을 초월한 금융가집단

명반사업의 사례에서 극명하게 볼 수 있듯이 제노바 상인들은 거대한 자본가가 되었지만, 도시국가 제노바는 쇠퇴의 길로 접어들었다. 제노바의 자본가들은 이제 새로운 모험과 사업에 투자하는 일에 뛰어들기 시작했다. 해당 사업이 제노바인들이 독자적으로 추진하거나 제노바 정부가 중심이 되는 일이 아니더라도, 이익만 보장 된다면 투자에 나선 것이다. 16세기에 세계를 향한 미래지향적 사 업의 중심은 이베리아반도였다.

대항해시대를 열었던 이베리아반도의 스페인과 포르투갈에 자 금을 대고 이익을 챙겼던 세력은 그 나라의 자본가들이 아니라 바 로 제노바의 자본가들이었다. 또한 제노바는 자본뿐 아니라 지중해 와 유럽에서 수백 년간 축적한 제국 운영과 무역의 노하우를 이베 리아반도에 전파했다.

브로델은 1557년부터 1627년까지를 '제노바인들의 시대'라고 부른다. 이 시기는 1559년부터 1659년까지인 스페인의 황금세기 (Siglo de Oro)와 겹친다. 당시 스페인은 대서양과 태평양을 아우르 는 역사상 최초의 진정한 세계제국을 형성했다. 하지만 이 시기가 동시에 제노바인들의 시대로 불리는 이유는 이들이 스페인의 배후 에서 세계 자본주의를 하나로 묶는 역할을 담당했기 때문이다.

합스부르크가문의 왕 카를 5세(Karl V)는 유럽에서 오스트리아, 스페인, 네덜란드 등 주요 국가를 계승한 인물이었다. 그는 1522년 팽창하던 프랑스의 위협에 직면한 제노바의 독립을 앞장서서 지지 했고, 1528년부터 제노바 은행가들은 카를 5세에게 자금을 융통해 주기 시작했다. 마침내 제노바인들은 세계 최강대국으로 성장하는 스페인의 은행가로 첫발을 내디뎠던 것이다.

그때까지 스페인 왕실의 재정을 지원했던 것은 독일의 금융자 본을 꽉 쥔 푸거(Fugger)가문이었다. 합스부르크가문이 오래전부터 게르만 민족의 자본과 관계를 맺어왔기 때문이다. 이후 카를 5세의 아들 펠리페 2세(Felipe II)가 1557년 파산을 선언함으로써, 오스트리아 및 스페인 왕실에 자금을 제공했던 푸거가문은 쇠퇴했다. 대신 제노바인들이 스페인의 핵심 금융가 역할을 맡게 되었다.

부국은 사라지고 부자만 남다

이런 관점에서 스페인의 세계 지배는 사실상 그들의 무력과 제노바의 자본이 결합한 결과라고 봐야 한다. 제노바 자본가들은 스페인이 아메리카에서 들여오는 막대한 은을 유럽 전역에 공급하면서 다시 부를 축적할 수 있었다. 특히 스페인은 독립을 꾀한 네덜란드와 80년전쟁(1568~1648)을 치르며 막대한 자금을 네덜란드 주둔군에 쏟아부어야 했다. 스페인, 이탈리아, 네덜란드는 물론 유럽 전역에 지점을 갖고 있던 제노바 자본가들은 쉽게 자금을 이전할 능력을 갖춘 금융 중개업자였던 것이다. 16~17세기 스페인과 함께 세계의 바다를 누비며 해양제국을 건설했던 포르투갈도 제노바 자본에 의존하고 있었다. 포르투갈 왕실의 재정을 담당했던 것이 제노바의 로멜리니(Lomellini)가문이었기 때문이다.

조반니 아리기(Giovanni Arrighi)라는 학자는 『장기 20세기: 화폐, 권력, 그리고 우리 시대의 기원*The Long Twentieth Century: Money, Power and the Origins of Our Times*』이라는 저서에서 매우 흥미로운 이론을 제시했다. 자본주의 발전의 경로를 걷는 국가들은 처음에는 무역이나 생산활동에 집중하다가 자본이 많이 축적되면 금융업으

외젠 들라크루아, 「크리스토퍼 콜럼버스의 귀환」, 1839년
1493년 스페인의 왕과 왕비에게 인도를 발견했다고 보고하는 제노바 출신의 콜럼버스. 이 그림은 당시 스페인과 제노바의 끈끈한 관계를 보여준다.

로 전환한다는 설명이다. 열심히 일해서 재산을 모은 다음에는 '돈놀이'만으로 소득이 생기는 개인과 비슷한 셈이다.

제노바는 이런 자본주의 발전의 경로를 제일 처음 개척한 사례다. 제노바는 일단 무역을 통해 유럽을 하나의 망으로 통합하면서 자본을 축적했다. 그렇게 쌓은 자본을 스페인이나 포르투갈의 해외 사업에 투자하거나, 이들의 자금을 관리함으로써 금융업만으로 계속해서 부를 쌓았으니 말이다. 제노바 이후 네덜란드나 영국, 미국 등이 모두 무역과 생산활동에서 금융업으로 발전하는 경로를 똑같이 밟았다.

문제는 국제적인 금융업에 국력을 집중하다 보면 국내의 생산이나 경제는 상대적으로 뒷전으로 물러나게 마련이라는 점이다. 제노바는 이런 점에서도 '선구자' 역할을 담당했다. 특히 제노바의 정치는 분열을 거듭했고 처음부터 세력이나 권한이 약했던 국가는 더어려운 지경에 빠지게 되었다.

그 결과 제노바인들, 정확히 말하자면 제노바의 자본가들이 국제적으로 활약하던 시기에 도시국가 제노바는 고난과 멸망의 시기로 접어들고 있었다. 제노바는 프랑스와 스페인, 오스트리아 등 강대국의 잦은 침략에 풍전등화의 상황에 놓이는데, 18세기 말 프랑스혁명군이 제노바를 점령하면서 급기야 프랑스에 병합되었다. 부국은 사라지고 부자만 남게 된 것이다.

9

피렌체
금융자본이 낳은 르네상스의 밀알

베네치아는 바다에서 솟아오른 세력을 상징한다. 제노바는 배산임수의 항구도시 국가다. 그리고 피렌체는 이탈리아반도의 심장에 자리 잡은 전형적인 내륙 도시국가다. 중세 중·북부 이탈리아에서 발전한 도시국가들의 자본주의를 언급할 때 가장 많이 꼽는 사례가 베네치아와 제노바다. 두 도시국가의 상인들은 지중해를 따라 아시아와 아프리카, 유럽을 연결하는 교역망을 구성하며 해양자본주의를 대표했다.

반면 피렌체는 이탈리아 내륙에서 꽃피운 자본주의를 상징한다. 사실 이탈리아 중·북부에는 수많은 도시국가가 존재했다. 이들은 바다 건너에서 베네치아나 제노바, 또는 피사를 통해 들여온 물건들을 알프스산맥을 넘어 샹파뉴 등의 유럽대륙 곳곳으로 운반, 판매하는 역할을 담당했다.

12세기 말 중부 이탈리아 아시시(Assisi)에서 태어난 프란체스코 성인의 이름은 그 뜻이 '프랑스인'이다. 아버지가 프랑스와 실크 무역을 하는 상인이어서 붙게 된 이름이다. 프랑스에서 출발해 로마까지 가는 길은 '프랑스 길'이라는 의미로 '비아 프란치제나(Via Francigena)'라 불렸고, 이 지역에서 밀라노, 피렌체, 시에나(Siena) 등의 내륙 도시 상인들이 활발하게 교역했다. 원래 내륙무역은 프란체스코의 아버지처럼 상인들이 이동하며 수행했지만, 점차 특정 지역에 머무는 정주(定住) 형태로 발전하면서 다수의 지점을 가진 회사가 등장했다.

내륙자본주의와 메디치가문의 부상

'내륙자본주의'는 해양교역에 비해 두 가지 특징을 갖는다. 우선 특정 지역에 정주하는 상인들의 네트워크에 의존함으로써 신뢰에 기초한 회사들의 네트워크를 발전시켜 금융자본주의를 낳았다는 사실이다. 당시에는 강이나 육지에서 이동할 때 통과하는 지역의 군주나 강도에게 공격받을 가능성이 컸다. 바다를 항해하는 것보다 더 위험했다. 자연히 금은으로 만든 화폐를 직접 가지고 다니기보다는 신뢰에 기초해 거래하는 것이 필요해졌다.

또 다른 특징은 무역에 주로 의존했던 해양자본주의와 달리 내

피렌체의 랜드마크인 두오모성당
이탈리아반도의 심장에 자리 잡은 피렌체는 내륙자본주의를 꽃피운 도시국가였다. 직물이나 무기 등 수출할 수 있는 상품을 만들면서 상업과 산업을 동시에 발전시켰다.

륙에서 산업을 발전시켰다는 점이다. 베네치아, 제노바 그리고 피사는 바다를 제패한 뒤 서로 치열하게 경쟁했어도 무역만으로 충분히 많은 돈을 벌 수 있었다. 반면 수많은 도시가 경쟁하는 내륙에서는 상업만으로 생존하기가 어려웠기에 직물이나 무기 등 수출할 수 있는 상품을 만드는 일이 중요한 과제가 되었다.

피렌체는 위의 두 가지 특징을 모두 결합해 이탈리아 금융 및 산업자본주의의 대표주자 역할을 했다. 피렌체보다 먼저 내륙에서 금융자본주의를 발전시킨 도시국가로는 피아첸차(Piacenza)와 시에나를 들 수 있다. 피아첸차와 시에나는 각각 이탈리아 북부와 중부에서 주요 교역로들이 교차하는 지점에 있었기 때문이다. 또 산업자본주의의 발전을 이야기하며 북부의 밀라노도 빼놓을 수 없다.

반면 피렌체는 금융과 산업을 절묘하게 결합했다. 피렌체는 금융업을 통해 막대한 재력을 쌓은 뒤 이를 바탕으로 최고의 영향력을 행세했던 메디치가문과 운명을 함께하면서 자본주의의 핵심 요소를 발전시킨 대표적인 도시국가가 되었다.

유럽 최고의 천을 생산하는 산업자본주의

이탈리아 금융자본주의의 시대를 연 것은 11~12세기 피아첸차의 상인들이었다. 피아첸차는 이탈리아 북부를 관통하는 포(Po)강과 유럽을 남북으로 연결하는 비아 프란치제나가 교차하는 곳이라 이 도시의 상인들은 일찍이 자본을 축적할 수 있었다. 이들은 특히 제노바가 동방에서 가져온 상품을 유통했다. 동시에 어음이나 교환증서 등을 활용해 금융업을 발전시키는 데 선구자 역할을 했다. 보리니, 카포니, 스코티 등 피아첸차 금융업자들은 파리에 정주하면서 프랑스 왕실과 거래를 튼 후 귀화까지 해 프랑스 자본의 모태가 되었다. 실제 13세기 말 프랑스 최고의 부자는 피아첸차 출신의 간돌포 델리 아르첼리(Gandolfo degli Arcelli)였다.

13세기가 되면 서서히 시에나의 상인과 금융업자들이 부상한다. 시에나는 비아 프란체지나의 가장 남쪽에 있어 가톨릭교회의 중심인 로마와 가장 가까웠다. 시에나 상인들은 북유럽 플랑드르의 직물을 수입해 이탈리아에 유통했다. 동시에 로마 가톨릭교회 재정을 담당함으로써 엄청난 부를 축적할 수 있었다. 시에나는 피아첸차보다 금융자본주의의 시작은 늦었지만, 그곳의 톨로메이(Tolomei)가문이나 부온시뇨리(Buonsignori)가문은 유럽에서 가장 거대한 금융회사를 일궜다.

피렌체는 13세기부터 서서히 피아첸차나 시에나와 경쟁하면서 금융산업을 발전시켰다. 피렌체의 금융회사들은 엄청난 규모의 자본을 바탕으로 유럽 전역에서 활동을 벌였다. 무역을 동반하는 금융가들은 당시 전쟁 벌이기를 좋아했던 군주들에게 자금을 빌려주고 높은 이자를 챙겼다.

14세기 피렌체의 페루치(Ferrucci)회사는 10만 플로린의 자본금을 자랑하는 금융산업의 공룡이었다. 이 회사는 페루치가문이 중심을 이루기는 했지만, 다른 동업자들도 참여했다. 이들은 투자한 자금의 규모에 따라 이익을 분배받거나, 아니면 연 8퍼센트 정도의 고정 이자를 받을 수 있었다. 페루치회사는 베네치아, 제노바, 나폴리 등 이탈리아 전역에 지점을 두고 있었다. 해외에는 아비뇽, 런던, 브루게(Brugge), 튀니스(Tunis), 마요르카(Majorca)섬, 키프로스(Kypros)섬 등에도 지점을 열었다.

초기 금융자본주의의 맹점은 한 지점에서 문제가 발생하면 전체 회사가 파산을 면치 못했다는 것이다. 페루치회사는 런던 지점과 나폴리 지점이 각각 영국과 나폴리의 왕에게 빌려준 자금을 회수하지 못하자 파산하고 말았다. 역시 피렌체에 뿌리를 둔 바르디(Bardi)회사, 보나코르시(Bonacorsi)회사, 아치아올리(Acciaioli)회사 등

코시모 데 메디치
아버지에게 은행 업무에 대한 전문 지식
을 물려받은 그는 메디치은행을 세웠으
며, 르네상스 시대에 활약한 예술가, 학
자, 건축가 등을 적극적으로 후원했다.

도 비슷한 이유로 14세기에 파산했다.

메디치가문과 회사가 부상한 데는 피렌체의 경쟁 회사들이 파
산한 게 결정적으로 작용했다. 메디치은행은 1397년부터 17세기까
지 유럽을 대표하는 금융회사로 운영되었다. 특히 시에나의 금융회
사에 이어 로마 가톨릭교회의 재정까지 담당하면서 메디치은행의
영향력은 하늘을 찌르는 수준으로 커졌다. 메디치은행은 피렌체를
중심으로 로마, 밀라노, 베네치아, 브루게, 아비뇽 등에 지점을 두고
활동했다.

또 메디치은행은 자본주의 발전에 오래 이바지할 혁신을 도입
했다. 주요 지점 사이에 정기 우편 시스템을 두어 정보의 유통이 자
본주의의 발달을 촉진하도록 했다. 피렌체에서 완성된 복식기장법
(複式記帳法, double entry bookkeeping)은 메디치은행을 통해 베네치아

와 제노바 그리고 유럽 전역으로 퍼져나갔다.

메디치은행은 또 교환증서의 보편화에도 이바지했다. 특히 메디치회사는 유럽 경제사에서도 드물게 꼼꼼한 자료를 남긴 것으로 유명하다. 당장 돈을 버는 일뿐 아니라 기록을 통해 미래를 구상하고 준비하는 온고지신의 길을 밟았다는 의미다.

메디치가문, 나아가 피렌체가 성공한 비결은 금융업과 산업에 동시에 투자했다는 것이다. 피아첸차나 시에나는 상업과 금융에서 유럽을 지배할 만한 능력을 축적했지만, 사업의 다변화에는 발 빠르게 대처하지 못했다. 따라서 일부 금융회사가 파산을 선고하면 회복하거나 만회할 길이 없었다. 반면 피렌체는 금융자본주의와 동시에 산업을 키우는 일을 게을리하지 않았다. 대표적인 예로 메디치가문은 은행뿐 아니라 직물산업을 동시에 벌였다.

중세에 가장 중요한 산업은 다양한 직물을 생산하는 섬유산업이었다. 유럽의 남북을 연결하는 교역의 핵심은 이탈리아 상인들이 동방에서 가져온 사치품과 북유럽 플랑드르에서 생산한 최고의 모직물을 교환하는 것이었다. 영국이나 네덜란드의 양모로 짠 모직은 유럽에서 가장 훌륭한 상품이었다. 따뜻한 이불과 옷을 만드는 데 필수적이었기 때문이다. 아시아의 향신료나 아프리카의 금과 상아를 팔아 북유럽의 모직을 수입하는 일이 이탈리아 상업자본주의의 주요 내용이었다.

하지만 내륙 도시국가가 중개무역만으로 생존하기는 어려운 일이었다. 피렌체에서는 자체적인 직물산업을 육성하면서 자본주의의 차원을 한 단계 높였다. 피렌체 상인들은 당시 최고 품질인 프랑스와 플랑드르에서 수입한 모직을 아시아에서 들여온 재료로 붉고 푸르고 노랗게 염색해 화려한 천을 만들어냈다. 제노바 상인들이 즐겨 거래하던 명반은 이처럼 다양한 색상으로 염색이 잘되게 하는 데 필수적인 요소였다. 피렌체에서 화려하게 염색한 프랑스와 플랑드르의 모직은 유럽 최고의 천이 되었다.

중세 시대에 의류 유행이 바뀐 것도 피렌체로서는 행운이었다. 전통적으로 귀족이나 부자들은 가죽과 털옷을 즐겨 입었는데, 이 산업은 피렌체에서 가까운 피사가 전문이었다. 그런데 중세 후기부터는 사회 지도층이 가죽이나 털보다는 천으로 만든 옷을 선호하기 시작했고, 피렌체의 섬유산업은 그 혜택을 마음껏 누릴 수 있었다.

최초의 노동혁명

피렌체에서는 다양한 직능을 조직한 길드를 '아르테(arte)'라고 불렀는데, 1206년에는 환전상들의 모임인 '아르테 메르카티(Arte Mercati)'가, 1212년에는 모직길드인 '아르테 델라 라나(Arte della Lana)'가 구성되었다. 또 금융과 모직산업 말고도 의료, 수예품, 식품점, 모피 등 다양한 직종의 아르테가 비슷한 시기에 만들어졌다.

이탈리아의 다양한 도시국가를 비교하다 보면 피렌체와 유사한 사례로 밀라노를 꼽을 수 있다. 밀라노는 포강 유역의 평야와 알프스산맥을 연결하는 위치에 있다. 지리적으로 베네치아와 제노바의 중간에 있다. 밀라노는 내륙자본주의를 발전시키면서 피렌체 못

아르테 델라 라나의 문장
1212년 조직되어 피렌체를 대표한
모직길드다.

지않게 섬유산업을 키웠다. 밀라노의 모직물과 마직물, 의류와 실
크산업은 중세에 크게 성장했고 철로 만든 무기 또한 유럽에서 명
성을 떨쳤다. 그러나 밀라노는 피렌체와는 달리 금융업은 부수적인
위치에 머물렀다.

  이탈리아 도시국가의 정치체제는 일반적으로 상인의 이익을 중
심으로 운영되었다. 하지만 다양성도 존재했다. 베네치아의 경우
귀족과 상인계급이 서로 융합해 강력한 집단 지도체제를 수 세기
동안 운영했다. 반면 제노바는 주요 가문이 서로 견제하고 권력투
쟁을 벌이느라 정치체제가 무척 취약했다. 내륙국가 밀라노의 경우
전쟁 귀족인 비스콘티(Visconti)가문이 왕국과 유사한 세습체제를
만들어 지배했다.

  13세기 피렌체가 이탈리아에서 성장하기 시작할 무렵의 정치
체제는 특수했다. 피렌체에서는 말을 타고 무기를 다루는 귀족들을

도시의 정치에서 배제하고 부유한 상인 중심의 체제를 만들었다. 위에서 살펴본 직능조직인 아르테가 대표를 뽑아 집단 지도체제를 구성한다는 점에서 베네치아의 체제와 상당히 유사했다. 금융이나 산업자본 등의 주요한 아르테 대표들이 번갈아들며 도시국가의 정치를 주도했다.

　문제는 시민사회의 다수를 점하는 소규모 아르테에서 불만이 누적되기 시작했다는 점이다. 주요 아르테와 달리 국정에 아무런 영향을 미칠 수 없어 불이익을 당할 수밖에 없었기 때문이다. 1378년 7월에는 자본주의 역사에서 기록할 만한 노동혁명이 일어난다. 일명 '치옴피(Ciompi)의 난'인데, 치옴피란 모직공장에서 양의 털을 빗질하는 단순 노동자들을 지칭하는 단어다. 노동자들은 도시국가의 정부청사를 점령한 뒤 민중정부를 세웠다. 물론 이 혁명이 성공한 것은 치옴피뿐 아니라 도시의 서민층을 형성하는 시민들이 대거 동참했기 때문이다. 푸줏간, 구둣가게, 철물점, 벽돌공, 목수 등 국정에서 제외된 중소 상인과 수공업자들이 대거 참여했다.

　하지만 민중정부는 오래 가지 못했다. 일단 정권을 잡았지만, 내부적으로 시민계층과 노동자들이 분열했기 때문이다. 게다가 자본가들이 도시를 떠나고 공장 문을 닫아 노동자들은 먹고살 길이 막막해졌다. 결국 같은 해 9월 강경파와 온건파가 거리에서 충돌했고, 결국 노동자들로 구성된 강경파가 패배함으로써 각자 원래의 자리로 돌아갈 수밖에 없었다. 주요 노동자 지도자들은 처형당했고 점진적으로 피렌체 정치는 대자본 중심으로 운영되는 과두제의 성격이 강화되었다.

15세기 전반에는 알비치(Albizzi)가문이 강력한 정권을 형성했고, 그 뒤에는 메디치가문이 서서히 등장하면서 권력을 독점하기 시작했다. 메디치가문은 치옴피의 난에서 노동자와 소시민의 편에 섰던 '민주적 정통성'을 내세워 인기가 많았고, 1434년에는 코시모 데 메디치(Cosimo de' Medici)가 권력을 잡음으로써 피렌체의 정치를 통제하기 시작했다.

초기의 메디치가문은 결코 전면에 나서지 않았다. 공화국과 시민의 자유를 존중한다며 정부의 공식 직함을 갖는 것도 피했다. 하지만 피렌체를 지배하는 것이 메디치가문이라는 사실은 누구나 알고 있었다. 우여곡절은 있었지만, 16세기에 메디치가문은 토스카나 공작으로 인정받아 피렌체의 세습군주가 되어 1723년까지 피렌체를 지배했다. 메디치가문은 여러 명의 교황을 배출하고 프랑스 왕실로 두 명을 시집보내는 등 유럽 정치의 핵심 가문으로 부상했다.

베네치아와 제노바는 바다로 나가 대륙 규모를 뛰어넘는 해양제국을 건설했다. 이와 달리 내륙의 도시국가들은 주변 도시국가들을 흡수하는 경향이 더 일반적이었다. 특히 이탈리아 북부의 밀라노와 중부의 피렌체는 점차 주변 도시국가들을 지배하면서 도시국가에서 지역국가(Regional State)로 발전하는 양상을 띠었다.

후발주자의 반란

피렌체는 14세기에 토스카나 지방에 있는 주변 도시국가로 영향력을 넓혀나가기 시작했다. 피스토이아(Pistoia), 프라토(Prato), 산지미냐노(San Gimignano), 산미니아토(San Miniato), 볼테라(Volterra), 아레초(Arezzo), 코르토나(Cortona) 등 독립적으로 운영되던 도시국가들이 하나둘씩 피렌체의 지배 아래 편입되었다. 토스카나에서 독립을 유지한 것은 루카(Lucca)와 시에나였는데, 둘 다 비아 프란치제나에 있는 상업도시들이었다. 시에나는 사실 이미 비스콘티가문의 지배 하에 놓여 있었기 때문에 피렌체에서의 독립은 큰 의미가 없었다.

15세기 초가 되면 피렌체는 오랜 염원이었던 바다로 진출하게 된다. 1406년 피사를 점령함으로써 항구를 통해 티레니아해로 나가는 길을 열었던 것이다. 하지만 기쁨도 잠시, 피사의 항구는 모래가 쌓이면서 점차 사용하기가 어려워졌다. 결국 피렌체는 이웃 제노바에 10만 플로린을 주고 리보르노(Livorno)항을 사야만 했다. 피사의 조선산업과 해양술을 이어받은 피렌체는 이제 바다로 나가 베네치아나 제노바와 경쟁할 수 있게 되었다.

피렌체는 베네치아나 제노바보다 후발주자였지만 해상무역을 활발하게 진행했다. 그 결과 이베리아반도의 세비야(Sevilla)와 리스본에 거점을 두면서 북해까지 진출, 플랑드르 지역에서 시장과 항로를 운영했다. 일례로 콜럼버스만큼 유명하지는 않지만, 1520년대에 프랑스 왕의 이름으로 플로리다부터 뉴욕까지 항해함으로써 지금의 미국을 탐험한 항해사가 바로 피렌체 출신의 조반니 다 베라차노(Giovanni da Verrazzano)였다.

마침내 피렌체는 자본주의의 황금기를 일군 금융과 산업자본주의에 더불어 해상무역의 힘까지 갖추게 되었으니, 한마디로 금상

첨화였다. 프랑스와 플랜더스의 모직에 이어 영국의 양털까지 직접 수입하면서 산업능력은 더욱 강화되었다. 16세기에는 영국 대신 이베리아반도에서 양털을 수입했다. 또 15세기에는 실크산업을 발전시켜 견직 분야에서도 명성을 드날리기 시작했다.

피렌체는 자본주의 역사에서 자유무역항이라는 개념도 처음 도입했다. 1675년 피렌체는 리보르노항에 관세 없이 상품을 수입하고 수출하는 획기적인 제도를 도입했다. 후발주자가 제도를 혁신해 앞으로 치고 나간 셈이다. 리보르노항이 중개무역항으로 막대한 이익을 챙기기 시작하자 트리에스테(Trieste), 안코나(Ancona), 치비타베키아(Civitavecchia), 메시나(Messina) 등의 항구들이 앞다퉈 자유무역항이 되었다. 심지어 베네치아조차 이들과 경쟁하려고 관세를 낮추는 변화를 시도했다.

내륙 도시국가로 출발한 피렌체는 금융이 뛰어났지만, 산업 개발도 게을리하지 않았다. 금융과 산업의 두 마리 말을 균형 있게 몰았으며, 나중에는 베네치아나 제노바와 경쟁할 수 있도록 해양무역에도 진출했다. 정치체제의 경우 피렌체는 공화제에서 서서히 군주제에 가까운 권력 집중을 이뤄냈다. 베네치아처럼 결집력이 강한 공화국이라면 괜찮겠지만 만일 제노바처럼 내분이 잦았다면 피렌체는 정치적 독립을 유지하기 어려웠을 것이다.

중세 이탈리아의 부유한 도시국가에 뿌리를 내리고 성장한 문화적 거목이 르네상스였다. 그 가운데 제일 높이 솟은 가지를 하나 꼽으라면 의심할 나위 없이 피렌체다. 물론 교황의 도시 로마도 수많은 르네상스 건축물과 예술품을 갖고 있다. 하지만 르네상스를

피렌체 전경(부분)
도시를 휘감은 두꺼운 성벽이 눈에 띈다. 금융과 산업, 해상무역까지 차지하게 된 피렌체인 만큼, 지킬 부가 많았을 것이다.

이끈 원동력은 로마가 아닌 피렌체였고, 피렌체의 정신과 문화가 로마를 비롯한 이탈리아 전역으로 확산한 결과 르네상스가 만개할 수 있었다.

'르네상스형 사람'은 한 가지 전문 분야에 전념하는 사람이 아니라 전반적인 지식과 능력과 문화를 두루 갖춘 사람을 말한다. 중세의 기사들은 전쟁은 잘할지 몰라도 문화적으로는 무지했다. 고대 그리스나 로마제국의 정치인들은 상인을 무시했다. 하지만 중세 피렌체에서는 사업과 정치와 문화에 모두 뛰어난 인재들이 무수히 등장하기 시작한다. 은행업과 직물산업에 기반을 두고 정계에 진출한 메디치가문이야말로 이런 현상을 대표한다.

피렌체 출신의 예술가들

엄청난 재산과 정치권력까지 독점한 메디치가문은 메세나, 즉 문화를 후원하는 일에 심혈을 기울였다. 원래 로마제국에서는 '빵과 서커스'라고 해서 부호들이 서민들에게 음식과 오락을 제공하는 전통이 존재했다. 중세 이탈리아에서는 이런 전통이 예술 분야로 계승되었다고 할 수 있다. 메디치가문은 당대 최고의 문인과 예술가들을 초빙해 자유로이 활동하도록 지원했다. 도시국가들이 경쟁하는 이탈리아에서 다른 도시국가와 군주들도 이런 움직임에 동참하다 보니 자연스럽게 문화가 꽃피는 토양이 형성된 것이다.

당대를 대표하는 문학가인 단테 알리기에리나 조반니 보카치오는 모두 피렌체 사람이었다. 그들은 라틴어에서 이탈리아어로의 문화적 전환을 통해 잠재적 민족의식을 생성하는 데 이바지했다. 미술과 건축에서 뛰어난 업적을 남긴 조토 디본도네(Giotto di Bondone) 또한 피렌체 출신으로 르네상스의 대표주자다. 그의 뒤를 이어 필리포 브루넬레스키(Filippo Brunelleschi), 도나텔로(Donatello), 산드로 보티첼리(Sandro Botticelli) 등이 피렌체파를 형성했다. 미켈란젤로, 라파엘로 산치오, 레오나르도 다빈치 등 당대 최고의 천재 예술가들도 모두 피렌체의 아이들이다.

산드로 보티첼리, 「비너스의 탄생」, 1484~1486년
피렌체 우피치미술관에 소장된 그림으로, 당대에 천재로 칭송받으며 재능을 꽃피운 수많은 예술가는
모두 피렌체 출신이었다.

피렌체에서 이탈리아로 퍼져나간 르네상스와 메세나의 관습은
점차 유럽으로 확산되었다. 17세기 프랑스의 루이 14세는 베르사
유궁을 짓고 그곳에 유럽 전역의 예술가들을 끌어모았다. 이 '태양
왕'의 음악을 담당했고, 프랑스 바로크음악의 대가로 통한 장 바티
스트 륄리(Jean Baptiste Lully)도 피렌체에서 태어난 재원이다.

21세기에도 피렌체를 방문하는 사람들은 피렌체대성당의 거대
함과 아름다움을 감상할 수 있다. 또한 우피치(Uffizi)박물관에서 르
네상스의 보물을 확인할 수 있다. 우피치란 사무실이라는 뜻이다.
말하자면 정부청사가 그대로 박물관으로 재탄생한 셈이다.

이처럼 풍요로운 경제와 화려한 예술을 자랑하던 피렌체는 왜

쇠락하게 된 것일까. 바빌로니아제국부터 로마제국까지 여러 차례 확인할 수 있었듯이 풍요로운 삶은 종종 무력을 키운 이웃 나라에 치명적인 유혹이 된다. 이탈리아도 15세기 말부터 프랑스, 스페인, 오스트리아 등 강력한 군사 강국들의 각축장으로 돌변한다.

쇠락하는 피렌체

분열된 이탈리아의 도시국가들은 외부의 힘을 빌려 경쟁에서 우세를 점하려 했다. 그때마다 프랑스나 오스트리아 군대가 알프스 산맥을 넘어오거나, 스페인 함대가 바다를 건너 침략해 들어왔다. 15세기 중반부터 17세기 초까지 이탈리아의 인구는 900만 명에서 1,300만 명으로 늘어났지만, 밀라노나 피렌체, 로마의 인구는 오히려 줄어들었다.

17세기 피렌체를 지배했던 메디치가문의 군주들은 정치보다는 문화에 더 관심이 많았다. 또 정치를 담당하는 군주가 은행업과 같은 비천한 일을 한다는 것은 적합하지 않다며 수백 년을 이어온 메디치은행의 문을 닫았다. 게다가 메디치가문의 마지막 군주 코시모 3세는 신부들의 영향 아래 유대인을 박해하거나 종교재판을 즐겼다. 결국 1723년 코시모 3세가 후계자 없이 사망하자 프랑스, 스페인, 오스트리아, 네덜란드 등 강대국들은 피렌체를 스페인의 왕 펠리페 5세에게 주기로 결정했다.

17~18세기가 되면 피렌체뿐 아니라 이탈리아 중·북부 일대는

유럽의 낙후 지역으로 추락한다. 잦은 외세 침입과 도시 약탈, 그로 인한 인구 감소 등은 경제의 쇠락을 심화했다.

하지만 이탈리아 사회 내부에도 몰락의 원인은 많았다. 과거에 기술을 개발하고 교육하던 다양한 아르테는 이제 특권을 보호하고 유지하는 보수적 장치로 변질되어 있었다. 메디치은행이 문을 닫은 것은 그 가문이 군주를 배출했으니 그랬다 치더라도, 평범한 상인이나 자본가들도 예전에 가졌던 도전 정신은 잃어버린 채 토지를 구매하며 귀족 행세를 하려고 했다. 진취적으로 밖으로 나가 개척하고 모험을 벌이기보다는 풍요로운 삶을 즐기는 데 더 익숙해졌기 때문이다. 따라서 풍파가 잦은 사업가보다는 도시국가의 고관이 되기를 선호했다.

게다가 영국이나 네덜란드의 사업가들이 이탈리아의 뒤를 이어 국제시장을 지배하기 시작했다. 고급 섬유제품을 활발하게 수출하던 이탈리아는 18세기가 되면 오히려 올리브나 포도 등 농산품이나 견사와 같은 원자재를 수출하고 제조업 상품을 수입하는 후진 경제로 바뀌었다. 그 결과, 유럽, 더 나아가 세계경제의 중심이 이탈리아반도에서 서서히 이베리아반도를 거쳐 북해로 옮겨가는 거대한 이동이 시작되었다.

4장

혁신

자본주의 모형을 완성시킨
세 나라의 황금기

16세기의 스페인과 17세기의 네덜란드, 18세기의 영국은
각 시대를 대표하며 풍요의 길을 개척한 나라들이다.
스페인은 기존 지중해 중심의 지리적 틀을 깨고 세계를 누비는 해양제국을 건설했고,
네덜란드는 도시 중심 국가연합을 바탕으로 무역과 금융의 제도적 혁신을 이끌었다.
영국은 강한 국가 스페인과 풍요로운 네덜란드의 도시문화를 융합한 신흥 세력으로 떠올랐으며
산업혁명을 통해 현대 자본주의를 잉태했다

❧ IO ❧

스페인

과감한 투자로 새로운 영토를 개척하다

언어만큼 과거 스페인의 영향력을 가장 잘 보여주는 증거도 없을 것이다. 스페인어는 브라질을 제외한 거의 모든 중남미 국가의 공식 언어다. 실제 스페인어를 모국어로 사용하는 사람들은 4억 명이 넘는데, 이 수치는 중국어 다음으로 많다. 영어는 외국어로 배워서 활용하는 사람이 많지만, 모국어 인구에서는 스페인어가 앞선다. 유럽의 마드리드나 바르셀로나는 물론 아메리카에서는 멕시코부터 페루 리마(Lima)를 거쳐 칠레의 산티아고나 아르헨티나의 부에노스아이레스까지 모두 스페인어 하나로 통한다.

유럽의 변방에 머물던 스페인은 15세기 말부터 해외로 진출하면서 세계제국을 형성하는 데 성공했다. 그 시기에 이베리아반도에 있는 포르투갈과 스페인은 경쟁적으로 대서양으로 진출하기 시작했다. 포르투갈은 남쪽으로 전진해 아프리카를 돌아 인도와 동남아시아에 진출했다. 스페인은 대서양을 건너 아메리카 대부분을 점령한 뒤 태평양을 건너 필리핀까지 지배하는 세력으로 성장했다. 스페인과 포르투갈은 특정 지역에 한정된 제국을 넘어 역사상 처음으로 진정한 의미의 세계제국을 만들었다. 특히 1580년부터 1640년까지 이어진 펠리페 2세 치하에서 스페인과 포르투갈 두 왕국이 통합됨으로써 명실상부한 세계제국이 탄생했다.

스페인제국은 아메리카에서 약탈한 금은으로 중국과 인도의 비단과 향신료를 구매함으로써 세계를 하나의 시장으로 묶었다. 또 이탈리아나 네덜란드, 지중해 등지에서 다양한 전쟁을 일으켜 군비로 금은을 지출했고, 아프리카에서 흑인 노예를 강제로 데려왔다. 이들을 아메리카 식민지의 대농장 노동에 투입, 세계적으로 유통되는 최초의 소비상품인 사탕수수, 담배, 커피, 면화 등을 생산했다. 또 관료와 군인, 이민자를 세계 곳곳에 파견하는 등 유럽식 문화와 사고를 식민지들에 이식하고 전파하는 데 힘썼다. 전 세계적 범위에서 화폐와 상품, 노동과 문화가 교환되는 틀을 인류 역사상 처음 만들었다는 점에서 스페인제국은 흥미로운 존재다.

제국의 조건

스페인이 세계제국을 만들 수 있었던 것은 막강한 군사력 덕분이다. 이베리아반도는 당초 로마제국의 영토였다. 기독교 세계에 편입되었다가 8세기 이슬람 세력에 점령당하기도 했다. 유럽을 두고 벌이는 기독교와 이슬람 문명권의 각축 구도에서 스페인이 경계 지역이 된 것이다. 스페인의 기독교 세력은 1492년 그라나다를 함락시켜 이베리아반도의 모든 영토를 회복할 때까지 이슬람 세력과 700년간 전쟁을 벌였다. 그만큼 전쟁을 수행하는 능력을 장기간 갈고닦았던 셈이다. 그 결과 스페인은 유럽에서 가장 용맹하고 싸움을 잘하는 군대, 명예를 위해 목숨을 아끼지 않는 전사로 맹위를 떨쳤다.

오늘날의 관점에서 살펴보면 스페인 역사에서 가장 중요한 사건으로 15세기 아메리카 진출을 꼽을 수 있다. 하지만 당시 시각으로 본다면 스페인이 직면했던 더 화급한 과제는 반도의 통합이었다. 중세 이베리아반도에서는 카스티야(Castilla), 갈리시아(Galicia), 레온(León), 나바라(Navarra), 아라곤, 포르투갈 등 여러 지역의 군주들이 각각 이슬람 세력과 전쟁을 벌이면서 성장해왔다. 15세기부터 17세기까지 카스티야와 아라곤, 포르투갈은 저마다 자신의 주도하에 반도를 통합하기 위해 복잡한 정략결혼을 성사시키고 끊임없이 전쟁을 벌였다.

1469년 카스티야의 이사벨 1세(Isabel I)와 아라곤의 페르난도 2세(Fernando II)가 결혼하며 스페인이라는 거대한 세력이 등장했다. 특히 오스트리아와 북유럽, 이탈리아 등지에서 많은 영토를 계승한 합스부르크가문의 카를로스 1세(Carlos I, 신성로마제국의 카를 5세와 동일인)가 1516년 통합왕국을 물려받음으로써 로마제국 이후 유럽

카를로스 1세와 그의 부인 이사벨라 황후

1516년 카를로스 1세가 통합왕국을 물려받으면서 유럽이 하나가 될 수 있는 환경이 조성되었다. 두 사람은 스페인과 포르투갈의 통합을 상징한다.

이 하나가 될 수 있는 절호의 기회가 만들어졌다. 카를로스 1세는 1519년 신성로마제국의 황제로 선출되면서 영향력을 더욱 키워갔다. 이제 이베리아반도의 통합을 넘어 유럽을 하나로 묶기 위해서 더 많은 전쟁이 필요해졌다.

카를로스 1세의 유럽제국이 확장하는 시기에 지중해 동쪽에서 오토만제국이 부상했다. 오토만제국은 이슬람을 믿는 투르크 민족의 제국이었지만, 1453년 비잔틴제국의 콘스탄티노플을 점령한 뒤 자신들이야말로 로마제국의 영광을 계승하는 세력이라고 주장했다. 말하자면 각각 마드리드와 이스탄불에 중심을 둔 두 제국이 유럽을 놓고 자웅을 겨루는 형국이었다. 이런 상황에서 기독교권 유럽의 대표주자를 자임하기 위해 스페인은 오토만제국과의 전쟁에 앞장설 수밖에 없었다.

이베리아반도의 통합이나 유럽 세력과의 경쟁, 오토만제국과의 전쟁 같은 중차대한 일에 비하면 해외 진출은 오히려 부차적인 일에 불과했다. 아메리카 원주민들의 제국인 아스테카와 잉카를 각각 1521년과 1532년 붕괴시킨 스페인 군대는 불과 수백 명에 불과했다. 이처럼 스페인은 너무나 쉽고 신속하게 거대한 해외제국을 만들어갔다.

이 사례는 유럽 내에서 '일확천금의 신화'처럼 퍼져나갔다. 1540년대 들어 볼리비아 포토시에서 은광이 발견되면서 스페인의 해외제국은 진가를 발휘하기 시작했다. 1550년대가 되자 스페인이 엄청난 횡재를 했다는 사실이 명확해졌다. 아직도 스페인에서는 포토시 은광의 횡재를 빗댄 '포토시만 하다(vale un Potosi)'라는 말이 '매우 가치가 높다'라는 의미로 사용된다.

황금세기를 열다

스페인 역사에서 16세기 중반부터 17세기 중반까지를 '시글로 데 오로(Siglo de Oro)', 즉 '황금세기'라 부른다. 카를로스 1세는 거대한 제국을 둘로 나누어 오스트리아와 독일 지역 영토는 동생에게 위임했고, 스페인, 네덜란드, 이탈리아 남부 그리고 해외제국은 아들 펠리페 2세에게 줬다. 스페인의 황금세기는 일반적으로 펠리페 2세가 즉위하는 1556년부터 펠리페 4세가 프랑스의 루이 14세와 피레네 (Pyrénées)조약을 맺은 1659년까지를 지칭한다.

혹자는 중부 유럽이 제국에서 떨어져 나갔는데 왜 황금세기라 부르는지 의아해할 수 있다. 하지만 이 시기는 앞에서 짧게 지적했 듯이 펠리페 2세가 1580년부터 1640년까지 스페인과 포르투갈의 왕위를 통합함으로써 60여 년간 양국의 세계제국이 하나가 되었던 때다. 즉 유럽의 작은 조각이 하나 떨어져 나간 대신 거대한 세계제 국을 품었던 셈이다.

펠리페 2세가 통합한 스페인과 포르투갈의 쌍두제국은 세계의 모든 바다를 지배했다. 대서양을 가로질러 아프리카와 아메리카가 연결되었으며 포르투갈 고유의 함선 카라벨라(carabela)는 희망봉을 넘어 인도양으로 거슬러 올라갔다. 스페인의 갤리선은 태평양을 건 너 필리핀에 닿았다. 또한 필리핀 마닐라와 마카오를 오가는 선박 들은 쌍두제국이 지구 반대편에서 맹위를 떨치는 데 연결고리 역할 을 했다.

스페인이 지배하는 포토시에서 캐낸 은은 중국이나 인도에서 태평양을 건너온 상품을 사는 데 사용되었다. 1493년과 1800년 사 이 세계 은의 85퍼센트와 금의 70퍼센트는 아메리카에서 생산되었 다. 16~17세기 스페인제국의 은이 세계경제의 윤활유 역할을 담당 했다면, 18세기에는 포르투갈령 브라질의 금이 유사한 역할을 담당 했다.

특히 은은 유럽과 아시아의 교역에서 중요한 역할을 담당했다.

금과 은의 교환 비율을 살펴보면 은은 유럽보다 아시아에서 더 높은 가치로 거래되었다. 유럽 상인들은 중국이나 인도와의 교역에서 은을 사용하는 경향을 보였고, 은화는 세계 자본주의 체제의 화폐 질서를 떠받치는 역할을 했다.

거대한 중남미 지역을 지배하고자 스페인은 본토에서 많은 인력을 송출했다. 스페인에서 아메리카로 이주한 정착민은 1570년대까지 12만 명 정도였고, 1650년대에 이르러서는 40만 명을 웃돌았다. 스페인의 대규모 이주는 인구가 적었던 포르투갈로서는 할 수 없었던 일이다. 특히 스페인은 중남미의 관료나 군인들을 카스티야 출신들로 채움으로써 신세계의 소유권이 카스티야에 있다는 점을 명확히 했다.

당시 스페인제국의 부는 이베리아반도의 지정된 항구들을 거쳐서만 움직였다. 포르투갈에서는 리스본이, 스페인에서는 시기에 따라 카디스(Cadiz), 또는 세비야가 그 항구들이었다. 특히 금은은 이들 항구에서 20퍼센트의 관세를 왕실에 상납해야 했다. 과거 베네치아가 지중해무역을 지배할 때 모든 선박은 베네치아를 거치게 한 것과 유사한 정책이다.

이처럼 지구 각지에서 온 보물이 스페인 왕실을 살찌우고, 문화를 융성하게 하는 데 이바지했다. 예컨대 펠리페 2세는 마드리드 근교에 엘에스코리알(El Escorial)이라고 하는 왕궁과 성당 및 수도원을 겸한 거대한 복합 건축물을 건설했다. 종교개혁의 바람이 세차던 16세기 유럽에서 스페인 왕실이 가톨릭을 수호하는 데 으뜸이라는 사실을 강조하고 싶었던 것이다. 엘에스코리알은 다음 세기에 건축

마드리드 근교의 엘에스코리알
스페인 건축의 화려함을 엿볼 수 있는 이 건축물은 프랑스의 베르사유궁에도 영향을 미쳤다.

된 프랑스 베르사유궁의 모델이 되었고, 유럽에서 왕실마다 거대하고 화려한 왕궁을 건설하는 데 불을 붙였다.

스페인의 군사력과 제노바의 자본력

"스페인은 암소를 길렀고 유럽은 그 우유를 마셨다." 이는 독일 계몽주의의 선각자로 평가받는 17세기의 법학자 겸 철학자인 사무엘 폰 푸펜도르프(Samuel von Pufendorf)의 말이다. 여기서 암소란 아메리카를 칭하며 우유란 은을 가리킨다. 한 학자의 계산에 따르면 1545년부터 1800년까지 아메리카의 은 생산량은 13만 톤에 이르렀는데, 그 가운데 10만 톤이 유럽으로 건너왔다. 나머지 3만 톤은 아메리카에 남아 있거나 태평양을 건너 아시아로 갔을 것으로 추정된다. 또한 유럽에 온 은의 30~40퍼센트는 다시 대(對)아시아 무역에 사용되었다는 분석이다.

요약하자면 아메리카에서 원주민과 흑인 노예들이 생산한 은을 유럽, 그중에서도 특히 스페인이 독점해 사치와 전쟁과 무역에 사용했다. 그 시기 스페인의 씀씀이는 유럽을 먹여 살리는 동력으로 작용했다. 왜냐하면 스페인이 가져온 은이 없었다면 유럽은 중국의 도자기나 인도의 면직물, 동남아시아의 향신료와 같은 상품들을 살 수 없었을 것이기 때문이다.

스페인의 정책은 자국민을 우선시하고 카스티야 출신에게 특혜를 제공하는 독점적 성격을 띠었지만, 그와 동시에 상당히 개방적인 성격도 가지고 있었다. 물론 이 개방성은 귀족 중심의 편협한 사고가 빚어낸 결과였다. 군사 강국 스페인의 귀족들은 전통적으로 상업이나 금융을 멸시했고, 이 분야는 외국인들에게 의존할 수밖에 없었기 때문이다.

일례로 스페인 왕실의 자금을 관리한 주체는 바르셀로나의 상인들이 아니라 독일의 푸거가문이나 제노바의 자본가들이었다. 다음 장에서 자세히 살펴보겠지만 스페인은 네덜란드의 독립을 막기 위해 원거리 전쟁을 치렀고, 푸거가문이나 제노바 자본가들은 전비(戰費)를 책임졌다. 방점을 군사력에 두든, 자본에 두든 스페인제국은 스페인과 제노바의 협력체제였음이 틀림없다.

아리기의 『장기 20세기』를 보면, 18세기 초 스페인제국의 항구

볼리비아의 포토시 광산

스페인 사람들은 아메리카에서 원주민과 흑인 노예들이 생산한 은을 독점해 사치와 전쟁, 무역 등에 사용했다.

카디스에는 제노바, 네덜란드, 프랑스, 영국, 함부르크 등에서 온 다양한 외국인과 외국 회사가 스페인 상인들과 어울려 활동하고 있었다고 한다. 스페인제국의 우유를 유럽의 여러 국가가 나눠 마시는 다양한 통로가 존재했음을 알 수 있다.

　아메리카에서 급격하게 대량 유입된 은은 유럽 전체에 인플레이션을 가져왔다. 1500년부터 1630년까지 식량 가격은 세 배 그리고 다른 상품들의 가격은 다섯 배나 뛰었다. 물론 인플레이션이 화폐량 증가에만 기인했다고 보기는 어렵다. 왜냐하면 14세기 중반

흑사병이 유럽 인구를 크게 줄인 뒤 인구가 서서히 증가했고, 자연스레 생필품 수요도 늘면서 인플레이션이 초래된 측면도 있기 때문이다.

전쟁으로 국부를 탕진한 스페인

유럽의 인플레이션에 덧붙여 스페인은 막대한 비용을 전쟁을 치르는 데 사용했다. 카를로스 1세 시대에 스페인의 영토는 북유럽 플랑드르에서 남유럽 이탈리아까지, 동쪽의 비엔나부터 서쪽의 마드리드까지 광범위한 지역에 분산되어 있었다. 펠리페 2세 때 오스트리아와 독일 지역의 영토가 분리된 뒤에도 스페인은 여전히 이탈리아와 북유럽 영토를 지키기 위해 잦은 전쟁을 벌여야 했다.

『강대국의 흥망: 경제 변화와 군사적 혼란, 1500~2000 *The Rise and Fall of the Great Powers: Economic Change and Military Conflict from 1500 to 2000*』에서 군사력과 경제력의 상호관계를 거시적으로 연구한 폴 케네디(Paul Kennedy)는 스페인이 유럽은 물론 세계를 지배하는 핵심 강대국으로 떠올랐지만, 그 과정에서 경제력이 뒷받침되지 않아 몰락할 수밖에 없었다고 설명한다.

특히 플랑드르의 프로테스탄트들이 네덜란드의 독립을 쟁취하기 위해 벌인 80년전쟁은 스페인의 국력을 소모하는 데 결정타를 날렸다. 스페인은 아메리카에서 엄청난 양의 은을 채굴해 관세 수입을 확보했지만, 그보다 훨씬 많은 자금을 네덜란드와의 전쟁에 지출했다. 실제 전쟁 직전인 1566년과 직후인 1654년 사이 스페인이 네덜란드에 보낸 자금은 2억 두카토가 넘었는데, 식민지에서 거둬들인 수입은 1억 두카토 정도에 불과했다.

자금의 규모도 문제였지만, 스페인의 카디스나 세비야에서 전쟁이 벌어지는 네덜란드로 자금을 보내는 일 또한 당시로서는 큰 골칫거리였다. 해로는 영국이 가로막고 있었고 육로는 통행세를 요구하는 프랑스를 통과하거나, 알프스산맥을 넘어야 했다.

전쟁이 발발한 지역으로 자금을 보내는 문제는 스페인이 의도한 바는 아니지만, 유럽 금융의 발전을 가져왔다. 이탈리아, 플랑드르, 독일 등의 자본가들은 어음을 사용해 은의 이동을 최소화함으로써 비용을 절감했다. 예를 들어 자본가들은 네덜란드에서 스페인의 군자금을 대는 조건으로, 그 가치만큼의 은을 스페인에서 받아 자신들이 필요한 곳으로 수출하는 권리를 얻는 식이었다.

스페인은 전쟁으로 인한 지출 때문에 80년전쟁 기간 잦은 파산을 선고했다. 1576년, 1596년, 1607년, 1627년, 1647년, 1653년 등에 벌어진 스페인 정부의 파산은 자금을 빌려줬던 푸거가문이나 제노바 은행가들의 연쇄 파산으로 이어졌다.

일부 정치경제학자들은 17~18세기 스페인의 쇠퇴와 영국, 네덜란드의 부상을 금융제도의 차이에서 찾기도 한다. 식민지의 은에 대한 징세에 의존한 스페인보다 선진적인 국채 금융시장을 통해 국내 자본가들에게서 성공적으로 자금을 확보한 영국이나 네덜란드가 장기전에서 우세할 수밖에 없었다고 분석한 것이다.

스페인이 실패하고 영국이 성공한 이유

스페인과 영국 두 나라는 세계경제의 중심이 지중해에서 북해로 이동하는 16세기에 맞붙은 양대 세력이었다. 영국은 개방적이었고 시장을 중시하는 전통을 가졌던 데 반해, 스페인은 폐쇄적 사회로 국가가 경제에 개입하는 성향이 짙었다. 또한 영국은 독립적 사법부가 소유권을 강력하게 보호했던 반면, 스페인은 파산이 잦았던 중앙집권적 정부가 과도하게 세금을 올리곤 했다.

경제발전에서 제도의 중요성을 강조한 더글러스 노스(Douglass North)는 그의 저서 『제도, 제도변화, 경제적 성과*Institutions, Institutional Change and Economic Performance*』에서 거래비용으로 두 나라의 차이를 설명한다. 영국처럼 개방성과 민간, 즉 개인의 권리가 잘 보장되면 시장에서 거래하는 사람들의 비용이 줄어든다. 반면 스페인처럼 국가나 정부의 임의적 개입이 빈번하고 사회의 강한 계급의식으로 상업에 대한 멸시가 심각하면 거래비용은 늘 것이다. 노스는 이런 차이가 단기적으로는 작을 수 있지만, 장기간에 걸쳐 누적되면 성과에서 커다란 불균형으로 표출된다고 주장한다.

영국은 자신의 식민지인 미국에도 비슷한 제도를 이식했고, 스페인도 중남미에 폐쇄적이고 관료적인 사회 모델을 수출했다. 어떤 사회가 한번 특정 궤도에 올라가 전통과 관습이 뿌리내리게 되면 궤도 수정이 어렵다는 게 경로 의존성 개념이다. 신세계에서는 새로운 제도를 실험할 수 있었는데도 스페인과 영국은 경로 의존성 때문에 기존에 하던 방식을 결국 단순하게 반복했다는 말이다.

스페인 경제에 부정적 영향을 미친 또 다른 요소로는 종교의 극단적 배타성을 들 수 있다. 상대적으로 건조한 스페인에 이슬람 세력의 관개농업은 식량 생산을 늘리는 데 크게 이바지했다. 하지만 기독교 세력이 영토를 회복한 이후 스페인은 이슬람교도들을 추방하거나 억압함으로써 그들을 국가 경제발전에서 배제하는 결과를 낳았다. 유대인들도 수공업, 금융업, 상업 등에서 스페인의 경제발전에 이바지할 수 있는 중요한 인적 자원이었으나, 순수한 가톨릭 국가를 표방하는 스페인은 이들을 추방하거나 강제로 개종시켰다. 이에 덧붙여 펠리페 2세는 종교재판 제도를 도입해 그렇지 않아도 보수적인 사회에 더욱 강한 종교적 경직성을 부과했다.

1648년 베스트팔렌조약으로 스페인은 네덜란드의 독립을 공식 인정했다. 중세 이탈리아 도시국가에서 만들어진 자본주의 전통은 스페인과 포르투갈의 활동 덕분에 처음으로 세계로 확산했다. 과거 로마제국의 변방에서 탄생한 기독교가 제국 전체로 쉽게 확산되었듯이, 스페인과 포르투갈은 제노바 상인과 자본가들 덕분에 자본주의가 확산하는 틀로 작동했다. 스페인 함대와 기마 부대가 이탈리아 제노바의 자금력을 동원해 세계를 지배한 셈이다.

이런 자본주의적 틀은 다시 스페인 왕조의 지배에 저항해 독립을 주창한 북유럽의 네덜란드로 전파되었다. 스페인과 네덜란드는 80년이라는 긴 세월을 전쟁하며 대립했지만, 동시에 서로 간에 긴밀한 네트워크가 존재했다.

스페인에서 네덜란드로 흐르는 부

이베리아반도에서 추방된 유대인들은 대부분 네덜란드와 영국 등 북유럽으로 떠났다. 개방적인 네덜란드와 영국은 종교로 인한 박해가 상대적으로 적었고, 소수자들도 활동할 수 있는 자유가 더 많이 보장되었기 때문이다. 이들은 개종해 이베리아반도에 남은 친척들과 긴밀한 관계를 유지하며 유럽의 무역 및 금융 네트워크를 형성하는 데 이바지했다.

1640년대가 되면 스페인 항구에 들어오는 상품 가운데 75퍼센트가 네덜란드 배에 실려 올 정도로 네덜란드는 신흥 해상 세력으로 떠오른다. 또한 이런 사실은 네덜란드와 스페인의 긴밀한 관계를 드러낸다. 17세기 이후 스페인이 줄기차게 쇠퇴의 길을 걸어간 것만은 아니다. 18세기가 되면 스페인은 동부 카탈루냐와 북부 바스크(Basque) 등을 중심으로 잠시 상업과 제조업을 부흥시켰다. 또 프랑스에서 계몽주의 사상이 전파되어 개방적 사고가 유행하기도 했다.

하지만 프랑스대혁명과 19세기 초 유럽을 뒤흔든 전쟁의 와중에 스페인의 중남미 식민지들이 1820년대까지 반란을 일으키면서 마침내 스페인제국은 붕괴하기 시작했다. 이후 스페인은 19세기와 20세기 내내 유럽 안에 있으면서도, 유럽이 주도한 산업혁명과 자본주의 발전을 뒤에서 간신히 따라가는 처지로 전락했다.

스페인은 역사상 최초의 세계제국을 성공적으로 건설했지만 이를 유지할 수 있는 심장, 즉 튼튼한 국내의 정치적·경제적 시스템을 갖추지 못했다. 다시 말해 스페인제국은 용감한 전사들을 활용해 영토를 확장하기는 했어도, 그 넓은 지역을 오랜 기간 지배할 수 있도록 부를 창출하는 경제구조를 만들어내지 못했다. 하지만 스페인제국의 은은 세계 각지의 다양한 자본가와 사업가들이 자본주의 네트워크를 형성하는 재료로 기능했고, 신용을 바탕으로 하는 금융 시스템 발전의 토대를 닦았다.

네덜란드
근대 금융자본주의의 출발지

'네덜란드(Netherlands)'는 저지대, 즉 '낮은 나라'라는 뜻이다. 네덜
란드는 스위스처럼 높은 산이나 고원에 자리 잡은 것이 아니라 바
닷가의 평평한 지대, 심지어 바다보다도 낮은 땅에 터전을 마련한
나라다. 이처럼 국명으로 호칭될 만한 제대로 된 고유명사 하나 갖
지 못한 이 지역이 어떻게 하나의 나라가 될 수 있었던 것일까. 또
어떻게 세계를 지배하는 최강의 세력이자 부유한 국가로 부상할 수
있었던 것일까.

 바빌로니아제국부터 차례차례 살펴본 결과, 부국은 어느 날 갑
자기 솟아오르거나 떨어지지 않았다는 사실을 알 수 있었다. 부국
은 대개 그 전의 다른 부국의 젖을 먹고 영향받으며 성장하다가 이

를 극복한 뒤 새로운 모습을 띤 부국으로 다시 탄생하곤 했다. 예컨 대 그리스는 바빌로니아제국의 영양을 섭취하며 성장했다. 로마제 국 또한 그리스를 통해 배우다가 결국 그리스를 누르고 떠올랐다. 이런 점에서 네덜란드가 인류 역사상 최초의 세계제국을 건설했던 스페인의 지배를 받다가 16~17세기 스페인을 물리치고 신흥 부국 으로 등장했다는 점은 의미심장하다.

부국들은 지리적으로 여러 문화가 교차하는 지역에 자리 잡아 다양한 장점을 취사선택하고 흡수, 개발하면서 성장했다. 강이나 바다 같은 물길이 있는 지역이 큰 이득을 봤다. 네덜란드가 자리 잡 은 저지대는 강대국 및 부국으로 황금기를 경험할 17세기 이전부 터 북해의 대표적인 교역 중심지 역할을 했다. 실제로 플랑드르의 브루게는 북구의 베네치아라 할 정도로 무역 허브의 역할을 담당했 다. 중세 후기에는 안트베르펜(Antwerpen)이 브루게를 대체하면서 북해 무역의 중심이 되었다.

부국들의 또 다른 공통점은 강한 군사력을 바탕으로 스스로를 보호하는 것은 물론 주변 지역이나 해외 멀리까지 세력을 확장하는 능력을 보유했다는 사실이다. 특히 유럽의 경우, 그리스 아테네나 로마제국의 예에서 보듯 지배적 군사력을 통해 주변 지역을 약탈하 는 '정치적 자본주의'가 하나의 전통을 이뤘다고 해도 과언이 아니 다. 포르투갈이나 스페인도 군사력을 세계에 투영해 제국을 형성했 고, 이를 교역의 틀로 발전시킨 전형적인 경우다.

강인한 정신으로 무장하다

네덜란드는 이러한 부국의 특징들을 계승하고 있지만, 그와 동시에 무척 근대적인 특징을 드러낸다는 점에서 흥미롭다. 네덜란드의 첫 번째 근대성은 강인한 정신으로 무장한 '민족'을 유럽에서 처음으로 만들었다는 점이다. 어떤 의미에서 보면 네덜란드는 프랑스대혁명보다 200여 년 앞선 16세기 중반에 이미 근대적 민족의 모델을 형성했다.

지대가 낮은 네덜란드는 고대부터 육지와 바다의 경계를 이루는 지역이었다. 바다의 움직임에 따라 육지의 범위가 크게 좌우되었다. 폭풍으로 바다가 조금만 높아져도 경작지를 단숨에 집어삼킬 정도로 지형이 낮았다. 이런 자연환경에 맞춰 농토를 안전하게 보호하려고 바다에 둑을 쌓아 비상시에 대비했다. 평야에 씨를 뿌린 뒤, 가을에 수확하는 유럽의 다른 지역과 비교했을 때 네덜란드인들은 부지런할 수밖에 없었다.

네덜란드를 상징하는 풍차와 튤립도 이런 역사의 산물이다. 풍차란 둑을 쌓은 뒤 바닷물을 빼내기 위한 장치다. 여행객이 낭만적으로 바라보는 풍차는 사실 네덜란드 사람들이 생존하기 위해 얼마나 피눈물 나는 노력을 했는지를 보여주는 상징이다. 그들은 힘을 합쳐 둑을 쌓은 뒤 풍차로 물을 빼고, 그 자리를 흙으로 메워 새로운 영토를 확보했다. 현대 네덜란드 영토 면적의 절반은 이처럼 바다를 땅으로 만든 결과다.

엄혹한 자연환경이 네덜란드에 부정적 영향만 끼친 것은 아니

네덜란드 왕궁
17세기 전성기에 지은 건물로, 당시에는 암스테르담 시청이었다. 이 화려한 건물을 통해 네덜란드가 세계를 지배한 최강의 세력이자 부유한 국가였음을 알 수 있다.

다. 오히려 이를 극복하려는 의지와 공동체 구성원들의 협력 정신은 네덜란드에서 근대적 민족이 탄생하는 데 결정적 요인으로 작용했다. 유럽의 다른 지역에서 무력을 통해 지배하는 귀족 세력이 봉건적 질서를 앞세워 착취와 수탈의 사회제도를 유지했다면, 네덜란드는 상대적으로 자유로운 사회질서가 형성되어 있었다. 거대한 규모의 개간사업을 추진하기 위해서는 보통 사람들의 적극적인 참여가 필요했다. 이런 현실을 토대로 네덜란드는 타 지역보다 훨씬 평등하고 자유로운 사회로 나아갔다.

네덜란드에 근대적 민족을 탄생시킨 결정적 계기는 1568년부터 1648년까지 스페인을 대상으로 치른 독립전쟁이다. 원래 '낮은 나라'라 불리던 지역은 대략 현대의 벨기에, 네덜란드, 룩셈부르크 3국에 해당한다. 하지만 이후 독립에 성공한 북부 지역은 네덜란드라는 명칭을 갖게 되었고, 계속 스페인의 지배를 받다가 1830년 독립한 남부는 벨기에로 불리게 되었다.

앞서 설명했듯이 네덜란드와의 긴 전쟁으로 스페인은 국력을 탕진할 수밖에 없었고, 결국 쇠퇴의 길로 접어들었다. 반면 당시 해가 지지 않는 세계제국을 대상으로 독립을 쟁취한 네덜란드는 최고의 전성기를 누리게 되었다.

주식회사, 세계를 지배하다

세계 자본주의 역사에서 동인도주식회사는 최초의 근대적 회사로 유명하다. 17세기 초에 네덜란드와 영국에서 이름이 동인도주식회사로 똑같은 새로운 형식의 사업체가 탄생했다. 영국의 사업체는 EIC(East Indies Company), 네덜란드의 사업체는 VOC(Vereenigde Oostindische Compagnie)라는 약자로 잘 알려졌다. 네덜란드의 동인도주식회사는 1602년 만들어졌는데, 아시아와의 무역을 독점하는 회사로 구상되었다.

지금은 우리가 자연스럽게 생각하는 자본주의 사업체를 동인도주식회사는 처음으로 실현했다. 우선 주식이라는 제도를 통해 하나의 특정 사업을 위한 엄청난 규모의 자금을 동원할 수 있었다. 예컨대 VOC의 자본금은 640만 플로린이었는데, 당시 네덜란드 도시민의 일반적인 주택 가격이 1,000플로린 정도였다는 사실을 고려하면, 얼마나 큰 액수인지 짐작할 수 있다. 게다가 이 주식은 매매가 가능해 투자자가 필요할 때 사고팔 수 있다는 중요한 기능을 가지고 있었다.

동인도주식회사는 또 소유와 경영을 확실하게 구분해 회사 운영의 전문성을 높였다. 중세 이탈리아 도시국가의 회사는 주로 자본을 투자하는 사람과 선박을 운영하는 사람이 합작하는 방식이었다. 이에 비해 네덜란드에서는 회사의 사업이나 경영과 상관없는 사람들까지 투자할 기회를 얻었다. 현대 자본주의의 핵심이라고 할 수 있는 주주의 유한책임 제도가 확고하게 뿌리내리게 된 것이다.

물론 초기의 주식회사가 현대적 모습만 띠고 있었던 건 아니다. 네덜란드나 영국의 동인도주식회사는 둘 다 국가를 대표해 무역의 독점권을 행사하는 회사였다. 이런 점에서 오늘날의 국영기관이나 공기업의 성격을 지닌다. VOC는 아시아의 향신료나 도자기, 직물 등의 수입에 독점권을 인정받았으니 손쉽게 돈을 벌 수 있는 특권을 지닌 셈이었다.

당시 네덜란드와 영국의 동인도주식회사는 아시아 무역을 놓고 치열하게 경쟁하는 사이였고, 이들 사이에는 심심치 않게 해전이 벌어지곤 했다. 달리 말해 이들이 가진 독점권이란 같은 국적의 경쟁자를 배제한다는 의미일 뿐, 다른 나라의 회사와는 무기까지 동원해 싸워야 했다. VOC는 80~100여 척의 선박을 운영하면서 매년 3,000~4,000명의 선원을 새로 고용했다. 이들 가운데 상당수는 선원 겸 전쟁을 수행하는 군인이었다.

　네덜란드는 스페인에서 독립을 쟁취한 것은 물론 스페인과 포르투갈이 지배했던 세계제국에도 도전해 이들의 무역 독점을 깨나갔다. 아시아에서는 향신료의 원산지인 인도네시아의 섬들을 지배하면서 말라카, 스리랑카, 타이완, 나가사키 등의 무역기지를 차지했다. 아프리카 남단에 식민지를 건설하는 것은 물론, 남아메리카의 포르투갈령 브라질에도 진입해 경쟁을 벌였다. 또 북아메리카의 뉴욕 지역이 처음에는 네덜란드령 뉴암스테르담이었다는 사실까지 고려하면 17세기 황금기에 네덜란드가 얼마나 성공적으로 광범위한 세계제국을 건설했는지 짐작할 수 있다.

브루게에서 암스테르담까지 확대되는 시장

네덜란드에서 동인도주식회사와 같은 제도적 혁신이 성공한 것은 우연이 아니다. '낮은 나라'라 불리던 베네룩스(오늘날의 벨기에, 네덜란드, 룩셈부르크) 지역은 중세만 하더라도 하나의 느슨한 집합체를 형성하고 있었다. 자신만의 정체성은 없었지만, 동부와 북부의 독일 세력, 남부의 프랑스 세력 그리고 바다 건너 영국 세력의 사이에 자리 잡은 경계 지역이었기 때문이다.

　17세기 네덜란드가 독립하면서 세계제국을 형성한 데는 중세부터 쌓아온 무역과 시장의 전통이 큰 힘이 되었다. 중세 베네룩스 지역의 발전은 브루게라는 무역도시의 번영으로 요약된다. 브루게는 북해를 둘러싼 유럽 북부의 무역 허브로 한자동맹의 서부를 지배하는 역할을 담당했다. 이 도시는 남유럽에서 육로나 해로를 통해 올라오는 비단과 향신료, 주변 국가인 영국, 프랑스, 독일의 직물 그리고 스칸디나비아반도나 러시아 같은 다소 먼 지역에서 온 밀, 동(銅)제품, 밍크 등을 사고파는 중심이 되었다.

중세 브루게의 위상을 이어받아 15세기 말 부상한 도시가 안트베르펜이다. 이곳은 위치상 라인강을 통해 게르만 세력과 교역하기에 유리했다. 브루게와 비교했을 때, 무역을 넘어 금융 기능까지도 추가한 경제 중심지로 빛나는 역할을 했다. '낮은 나라'로 불리는 지역에서는 11세기에 이미 토지와 같은 부동산을 담보로 하는 금융 거래가 이뤄졌다. 13세기에는 최초의 공적 연금제도가 만들어질 정도로 금융 혁신을 선도하고 있었다. 특정 도시에서 발행한 연금이 제대로 지급되지 않을 경우, 그 도시 사람 아무나 체포할 수 있을 정도로 제도에 대한 신뢰를 중시했다. 또한 안트베르펜에서는 금융증서를 이서(裏書)해 유통할 수 있는 제도를 강력한 규정을 두어 관리함으로써 금융 발전에 이바지했다.

16세기가 되자 네덜란드는 독립전쟁을 치르는 과정에서 저지대가 남북으로 분리되었다. 이 과정에서 스페인령인 남부에 있던 안트베르펜의 전성기는 막을 내렸다. 경제와 시장의 중심은 독립국이 된 북부 지역, 즉 네덜란드의 수도 암스테르담으로 이동했다. 네덜란드 독립 이전에는 베네룩스 지역 전부를 '낮은 나라'로 불렀지만, 독립 이후에는 독립된 지역이 그 명칭을 독차지했다. 그중에서도 특히 해변에 있는 홀란트(Holland)와 제일란트(Zeeland)가 네덜란

렘브란트, 「암스테르담 직물길드의 감독위원들」, 1662년
직물길드의 회원들을 그린 그림으로, 당시 해상무역과 금융 거래로 큰돈을 번 상인들은 건물이나 집을 자신의 초상화로 장식하곤 했다.

드를 대표하는 지역으로 각인되었다.

　1648년 베스트팔렌조약으로 네덜란드의 독립이 국제적으로 승인받게 되자 유럽의 금융 중심은 암스테르담으로 급격하게 이동했다. 1609년 교환은행이라는 의미의 비슬방크(Wisselbank)의 설립은 암스테르담의 부상을 미리 준비한 셈이다. 이 공적 은행은 경제 주체들이 금이나 은을 예치하면 증서를 발행해줬고, 증서가 자유롭게 유통되도록 함으로써 국가가 보장한다는 신뢰성과 시장의 유연성을 동시에 갖춘 근대적 화폐제도의 근간을 마련했다.

　여유 자금을 가진 자본가들은 암스테르담에서 쉽게 돈을 굴릴 수 있었다. 유동성이 필요한 사업가들은 싼 가격에 자금을 빌릴 수 있었다. 동유럽의 거대한 평야에서 밀농사를 짓는 베를린 출신의 귀족들, 브뤼셀에서 면직사업을 하는 자본가들이 모두 암스테르담에 와서 자금을 융통하곤 했다. 또 이런 부호 귀족이나 사업가뿐 아니라, 선원이나 군인과 같은 서민들에게도 미래의 월급을 담보로 돈을 끌어 쓸 수 있는 차용증이 널리 유통되었다. 21세기 뉴욕이나 런던에서 볼 수 있는 혁신적인 금융상품의 원조는 암스테르담이라고 해도 과언이 아니다.

네덜란드에서 시장이라는 제도의 발전은 경제가 융성하는 데 크게 이바지했다. 스페인이나 포르투갈처럼 봉건주의적 사고방식이 지배하는 사회는 상인이나 사업가를 경시하면서 신분에 기초한 경직된 사회질서를 유지하느라 경제발전의 가능성이 차단된다. 하지만 네덜란드는 영토가 부족해 귀족 세력은 약했던 반면, 도시는 발달해 이탈리아처럼 도시민, 특히 상인들의 목소리가 국가와 사회에 강력하게 반영되었다. 시장이 발전할 수 있었던 배경이다.

튤립에 열광하는 사람들

시장이란 제도의 특징이자 장점은 유연성에 있다. 유연성이 있는 사회에서는 누군가의 명령에 따라 움직이는 것이 아니라 각자 자신의 선택에 따라 행동한다. 시장의 문제는 유연성이 너무 강한 나머지 때때로 가격이 폭등하거나 폭락하는 불균형과 위기의 상황이 빈번하게 일어난다는 점이다. 이전의 그 어느 문명보다도 시장의 메커니즘을 적극적으로 활용했던 네덜란드는 거대한 시장에서 거품이 형성되고, 붕괴하는 전형적인 과정을 보여줬다.

소동의 중심에는 튤립이 있었다. 이 꽃은 17세기 오토만제국에서 전해진 아름다운 꽃이다. 원래 튤립은 소수의 귀족이나 부자를 위한 사치품이었는데, 점차 그 유행이 일반 사람들에게도 널리 퍼져나갔다. 튤립은 종 간의 교배를 통해 매우 다양한 색상과 특징을 가진 수많은 종류의 아름다운 '상품'을 시장에 내놓을 수 있는 꽃이었다. 그 덕분에 전 국민의 투기 대상이 될 수 있었다. 부자들이 최고의 품종에 투기하는 동안, 노동자들은 가장 저렴한 품종에 돈을 쏟아부을 수 있었기 때문이다.

튤립에 대한 투자 붐이 최고조에 달한 1637년 '셈페르 아우구스투스(Semper Augustus)'라는 품종의 경우 양파처럼 생긴 뿌리 하나 가격이 6,000플로린까지 폭등했다. 이 금액은 당시 중산층이 사는 집 여섯 채 값에 해당했다. 손쉬운 이득을 갈망하는 사람들은 수단과 방법을 가리지 않고 투기에 동참했다. 그러나 그해에 거품이 순식간에 꺼지면서 그들 모두가 채무와 빈곤의 나락으로 떨어질 수밖에 없었다. 자본주의 시장의 단맛을 본 만큼 지독하게 쓴맛도 경험하게 된 셈이다. 하지만 누구 탓을 하겠는가. 자본주의 사회란 스스로 선택해 결정하고 행동하는 자기 책임의 세상이 아닌가.

『자본주의의 등장: 고대의 기원부터 1848년까지 *The Rise of Capitalism: From Ancient Origins to 1848*』에서 주요 부국의 1인당 국민소득을 추산해본 루치아노 페촐로(Luciano Pezzolo)의 연구에 따르면 1300년부터 1500년까지 가장 부유한 나라는 베네치아, 제노바, 피

튤립 정물화
17세기 오토만제국에서 전해진 튤립은 소수의
귀족이나 부자의 사치품이었다. 그러나 점차 다
양한 품종이 개발되며 투기하려는 사람들이 늘
어나자 가격이 폭등했다.

렌체 등 이탈리아 중·북부의 도시국가들이었다. 이후 1600년부터
1800년까지 가장 높은 1인당 국민소득을 자랑한 것은 네덜란드 지
역인 홀란트였다. 1600년의 수치를 보면 홀란트는 2,662달러였다.
이 수치를 다른 나라와 비교해보면 이탈리아 중·북부 도시국가들
이 1,350달러, 프랑스가 1,300달러, 영국이 1,054달러 등으로 홀란
트가 독보적 선두를 차지했다. 19세기가 시작되는 1800년에도 홀
란트는 가장 높은 2,408달러로, 두 번째였던 영국의 2,125달러보다
크게 높았다.

　17세기 네덜란드는 유럽의 가장 부자 나라로 알려졌고, 네덜란
드 사람들도 이 사실을 명확하게 인식하고 있었다. 암스테르담을
소개하는 책자들은 『성경』이 꿀과 젖이 흐르는 땅을 언급하듯이,

홀란트와 암스테르담은 젖과 치즈가 넘쳐나는 땅에 세워진 도시라고 선전하곤 했다. 그만큼 풍요로운 소비문화가 발달했다. 1638년 프랑스의 여왕 마리 드 메디치(Marie de Medici)가 암스테르담을 방문했을 때 상가를 돌며 쇼핑하면서 뛰어난 가격 흥정 실력을 발휘한 일화는 유명하다.

마르크스가 사용한 탓에 자본가를 부르는 용어로 '부르주아'라는 프랑스어 표현이 일상화되었다. 하지만 프랑스의 부르주아보다 먼저 소비의 시대를 열었던 것은 네덜란드의 '부르허레(burgerij)'였다. 당시 도시 목수의 1년 소득이 500플로린 정도였는데, 중산층 상인은 1,000플로린 정도의 집을 소유하면서 가구나 그림, 조각 등 실내 장식에 추가로 1,000플로린 정도를 썼다고 한다. 네덜란드를 방문하는 유럽 여행객들은 집마다 그림이 빼곡히 걸려 있는 것을 보고 놀랐다고 한다. 이처럼 네덜란드는 미술과 예술시장을 처음 발전시킨 고장이기도 하다. 더 잘사는 자본가의 경우라면, 도시에 거대한 저택을 지은 다음 시골에는 도시의 때를 벗을 수 있는 별장을 두는 것이 유행이었다. 주말농장의 선구자였던 셈이다.

젖과 치즈가 넘쳐나는 나라

네덜란드는 복권이라는 제도도 처음 만들었다. 상업이 활발한 도시는 세계 각지에서 온 휘황찬란한 사치품들로 가득했고, 시민들은 이런 보물을 소유하려는 욕망을 불태웠지만, 실현하기는 불가능했다. 하지만 17세기 초부터 유행한 복권인 톰볼라(Tombola)를 통해 행운을 거머쥐면 사치품을 살 수 있었다. 물론 복권을 팔아 모은 돈은 노인 요양원이나 정신병원 등을 짓는 등의 고귀한 목적에 사용된다는 형식도 갖췄다.

영국의 역사학자 사이먼 샤마(Simon Schama)는 『부의 당혹: 황금세기 홀란트의 문화*The Embarrassment of Riches: An Interpretation of Dutch Culture in the Golden Age*』라는 역작에서 네덜란드에 공존했던 금욕적 칼뱅주의 정신과 최초의 자본주의 사회 사이의 긴장을 훌륭하게 묘사했다. 샤마의 흥미로운 해석에 따르면 한편에는 넘쳐나는 자본과 부가 있었고, 다른 한편에는 황금 소를 비난하는 칼뱅주의 기독교가 있었다. '부의 당혹'이란 바로 이런 모순된 상황을 지칭하는 표현이다. 그래서 홀란트 사람들은 부를 모아 재산을 축적하기보다는 아예 소비해버리는 성향을 보였다. 그것이 역설적으로 자본주의의 발전을 크게 이끌었다는 지적이다. 20세기에 존 메이너드 케인스가 이론화한 소비와 수요가 이끄는 경제성장 모델이 이미 17세기 네덜란드에서 어느 정도 모습을 드러냈다는 의미다.

네덜란드는 부의 세계사에서 처음으로 근대적 경제체제를 완성한 사례다. 스페인이나 포르투갈은 세계 차원의 제국을 형성했지만, 이를 경제적으로 뒷받침할 수 있는 능력이 부족했다. 이탈리아 도시국가들은 지중해를 중심으로 무역과 산업을 발전시키는 자본주의적 모델을 형성했지만, 하나의 민족국가를 만들어내거나 세계적 시장을 개발하지는 못했다. 반면 네덜란드는 세계시장을 휘젓는 군사력과 이를 뒷받침하는 경제력을 동시에 보유한 명실상부한 근

렘브란트 하르먼스 판레인, 「풍차」, 1645~1648년
그림 속 낭만적인 풍경과는 달리, 네덜란드 사람들은 척박한 자연환경에 맞서 오랫동안 사투를 벌이며 생존해왔다.

대 자본주의 제국을 낳았다.

그렇다면 네덜란드에서 이런 근대 자본주의가 형성될 수 있었던 궁극적 비결은 무엇일까. 네덜란드는 어려운 지리적 조건을 극복하고자 끊임없이 노력해야 생존이 가능했다. 결과적으로 사회 구성원들이 불굴의 정신을 품게 되었다. 이런 상황은 베네치아가 바다 위에 흙을 메워 도시를 건설해야 했던 과거를 상기시킨다. 또 네덜란드의 지리적 조건이 비록 험했지만, 영국, 프랑스, 독일 등 다양한 세계를 연결하는 길목이었다는 사실도 항상 염두에 둬야 한다.

국제적 교역에서 지리적 중심지라는 장점은 이탈리아나 이베리아 반도의 발전에도 적용되는 요인이었다.

경쟁과 협력의 비결

여기에 덧붙이자면 네덜란드는 바다에 접한 '낮은 나라'이자 동시에 많은 강이 흘러 당시 기준으로는 역내 교통이 가장 발달한 지역이었다. 유럽을 대표하는 라인강은 북해 저지대와 게르만 세계를 긴밀하게 연결했고, 뫼즈(Meuse)강, 에스코(Escaut)강 등도 이 지역을 촘촘하게 가로질렀다. 게다가 저지대다 보니, 많은 운하를 통해 도시와 도시를 연결하는 운송망이 상대적으로 쉽게 마련되었다. 다시 말해 현대의 고속철도나 고속도로와 같은 효율적 교통 인프라인 운하가 도시와 도시를 긴밀하게 연결한 덕분에 당시로서는 유일한 교통 선진국이 될 수 있었다.

또한 저지대는 정치적·법적 자율성을 지닌 수많은 도시가 서로 영향을 미치며 경쟁하는 체제였다. 상업에 개방적이고 사업에 친화적인 도시는 발전하기 마련이고, 반대로 폐쇄적이거나 적대적인 도시는 외면받는 구조였다. 실물경제나 금융 양면에서 각 도시는 물동량을 확보하고 사업가들을 끌어들이기 위해 더 적합한 제도와 정책을 펴면서 경쟁했다. 그 결과 제도적·기술적·경제적 혁신이 한 도시에서 다른 도시로 빠르게, 또 넓게 전파되었다.

17세기 네덜란드의 독립과 황금기는 거시적인 관점에서 보면,

자본주의의 완성으로 향해가는 역사적인 과정이라고 표현할 수도 있다. 다만 '낮은 나라'로 불리던 지역의 북부만 오늘날의 네덜란드로 독립함으로써 결과적으로는 전통적 저지대가 남북으로 분단된 모양이 되었다. 18세기가 되면 산업혁명의 시작과 함께 석탄을 보유한 남부 지역이 발전하기 시작하지만, 정치적 분단으로 저지대 전체가 지녔던 상호 보완성은 제대로 발휘되지 못했다. 게다가 영국이나 프랑스 등이 국내 교통 인프라를 발전시키면서 보호주의적 발전전략을 채택하자 네덜란드와 같은 선두주자는 타격을 입을 수밖에 없었다. 이 탓에 네덜란드가 몰락의 길을 걸었다고 말할 수는 없지만, 자본주의의 선두 자리를 내놓게 된 것은 불가피했다.

영국

인류 최초의 산업국가

영국은 인류 최초로 자본주의 국가의 전형을 만들었다. 지금까지 살펴본 경제발전으로 부를 축적한 성공 사례의 특징들을 조합한 결정체와 같다. 예컨대 영국은 그리스의 도시국가들처럼 촘촘한 도시의 숲을 이뤘다. 또 바빌로니아제국이나 로마제국보다 더 강한 군사력을 해외에 펼치는 능력을 갖췄다. 경제력에서는 네덜란드의 수준을 앞질렀다. 대영제국의 영토는 포르투갈이나 스페인을 능가했다. 경제적인 힘과 통치 영역이 모두 최고조에 달했던 것이다.

영국은 이탈리아의 도시국가들처럼 상인의 이익을 위해 봉사하는 정부를 가졌다. 베네치아와 제노바, 피렌체가 상인의 이익을 위해 국가의 힘을 총동원했던 것처럼, 영국은 무역 증진을 위해 오대양을 누비는 함대를 운영했다. 또한 군주를 내세워 국가의 통일성을 강조했다. 동시에 의회를 발전시켜 산업의 이익을 위한 목소리를 대변했다. 경제를 위한 국가체제, 이것이야말로 영국이 1840년을 즈음해 완벽하게 이뤄낸 성취였다. 그리고 바로 이 자본주의 국가의 전형은 이후 전 세계 국가들의 모델로 부상하게 되었다.

영국이란 정확하게 어떤 나라, 어떤 민족을 말하는 것인가. 프린스턴대학교의 역사학자 린다 콜리(Linda Colley)는 『영국인: 민족의 형성, 1707~1837 Britons: Forging of a Nation 1707-1837』에서 '그레이트 브리튼(Great Britain)'이 만들어진 때는 스코틀랜드와 잉글랜드의 왕실이 합쳐진 1707년과 빅토리아 여왕이 즉위한 1837년 사이라고 설명했다. 콜리는 바로 이 시기에 잉글랜드, 스코틀랜드, 웨일스의 세 개 민족이 프로테스탄트란 종교와 의회민주주의라는 정치제도 그리고 세계를 지배하는 대영제국을 중심으로 통합되어 하나의 새로운 민족이 되었다고 분석한다.

네덜란드는 스페인을 상대로 독립전쟁을 치르고 하나의 근대적 민족으로 부상하면서 부국이 되었다. 영국 또한 브리튼이라는 하나의 새로운 민족을 형성하면서 세계의 중추적인 부국으로 떠올랐다. 다만 영국의 특징은 잉글랜드, 웨일스, 스코틀랜드, 아일랜드 등 기존의 오래된 민족들을 통합하면서 규모를 키워 성장했다는 점이다. 영국이라는 민족이 만들어지던 1776년, 스코틀랜드 출신의 '경제학의 아버지' 스미스는 『국부론』을 출간했다. 민족 형성과 경제발전의 공명(共鳴)관계를 상징적으로 보여준 것이다.

부의 본질은 민간의 생산능력

『국부론』의 원제는 'An Inquiry into the Nature and Causes of the Wealth of Nations'로, 직역하면『민족의 부의 본질과 원인에 관한 연구』다. 이때 스미스가 국가(states)가 아닌 민족(nations)을 강조한 것은 정부보다 민간사회에서 창출되는 부가 중요하다고 보았기 때문이다. 스미스는 부의 본질은 금은보화를 쌓아놓아 축적된 재산이 아니라 상품을 생산해낼 수 있는 민간사회의 능력이라고 역설했다. 왕실이나 정부의 곳간이 아니라 그 민족의 생산능력에 주목해야 한다는 말이다. 그는 또 부의 원인으로 분업을 꼽으면서, "시장이 클수록 분업이 촉진되고 경제는 발전할 것"이라고 설명했다.

　스미스는 네덜란드를 예로 들며 임해 저지대의 많은 강과 수로가 교통이 발달한 통합시장을 발전시키는 데 이바지했다고 지적했다. 도버해협 건너편에 있는 잉글랜드는 네덜란드보다 교통조건은 다소 열악했지만, 땅은 더 컸다. 게다가 영국은 잉글랜드를 넘어 웨일스, 스코틀랜드, 아일랜드 등을 하나하나 집어삼키면서 더 큰 규모의 새로운 민족을 만들어갔다. 영국의 형성은 이런 점에서 스페인의 통합 과정과 비교할 만하다. 카스티야, 아라곤 등의 왕국이 정략결혼을 통해 스페인이라는 통합왕국으로 발전했듯이, 영국도 잉글랜드와 스코틀랜드의 왕실이 결합함으로써 새로운 통합왕국을 형성하는 데 성공했다.

　스페인에서는 카스티야가 지배적 위치를 점한 채 다른 지역을 차별했다. 반면 영국은 잉글랜드를 중심으로 통합했지만, 다른 지

영국 의회민주주의의 상징인 웨스트민스터궁
영국은 군주를 내세워 국가의 통일성을 강조했다. 동시에 의회를 발전시켜 산업의 이익을 위한 목소리를 대변했다.

역을 차별하기보다는 적극적으로 끌어안았다. 새로운 민족 형성에 결정적으로 이바지한 또 하나의 접착제는 16세기부터 등장한 프로테스탄트라는 종교적 동질성이었다. 그 시기 영국은 네덜란드와 유사하게 종교적 선민사상이 강했다. 스스로 '제2의 예루살렘'이라고 할 정도로, 신의 선택을 받은 자유롭고 강한 민족이라는 생각을 폭넓게 공유하고 있었다.

영국 의회는 귀족과 상인의 이익을 대변하는 장이었는데, 1689년 명예혁명을 계기로 왕권을 통제할 수 있는 본격적인 권력 기반을 마련했다. 영국의 국왕은 반드시 프로테스탄트를 믿어야 한다는 원칙이 점차 확고하게 뿌리내렸다. 이 원칙을 지키기 위해

1714년에는 독일의 하노버 공국에서 조지 1세(George I)를 영국의 왕으로 '수입'하기까지 했다. 1648년 베스트팔렌조약에서 수립된 '국왕의 종교가 국민의 종교(cuius regio, eius religio)'가 된다는 원칙을 거꾸로 뒤집어 국민이 프로테스탄트이니 국왕도 프로테스탄트여야 한다는 민주적 원칙을 의회의 권력으로 강제한 셈이다. 이처럼 18세기가 되면서 영국은 가톨릭국가인 프랑스나 스페인에 대적할 수 있는 대표적인 프로테스탄트 민족으로 떠오르게 된다.

산업혁명으로 세계의 공장이 되다

18세기부터 1815년까지 영국과 프랑스는 끊임없이 전쟁을 치렀다고 해도 과언이 아니다. 14~15세기의 백년전쟁부터 따져보면, 수백 년을 경쟁하며 전쟁을 치른 악연이 있다. 두 나라는 각각 프로테스탄트와 가톨릭을 대표했을 뿐 아니라, 정치경제 제도도 아주 달랐다. 일례로 프랑스는 국가가 경제를 주도하는 관(官) 중심의 구조였던 반면, 영국은 사회와 시장이 활발하게 경제를 이끌어가는 형식이었다. 이 두 모델은 어떤 쪽이 반드시 우세하다고 보기 어렵다.

　인류의 경제구조를 획기적으로 바꿔놓은 산업혁명도 필연적으로 영국이 주도할 수밖에 없었다고 말하기는 어렵다. 왜냐하면 18~19세기에 두 나라는 모두 과학기술 분야에서 선두를 차지하려고 경쟁하는 관계였기 때문이다. 순수과학은 국가가 운영하는 전문학교나 기관에서 연구가 진행되는 프랑스가 좀 더 앞섰다. 하지만 기술과 응용 분야에서는 민간사회 특유의 창의력이 만개한 영국이 앞서나갔다.

유럽의 경제발전을 거시 역사적으로 설명한 에릭 존스(Eric Jones)는『유럽의 기적: 유럽과 아시아 역사 속 환경, 경제 그리고 지정학*The European Miracle: Environments, Economies and Geopolitics in the History of Europe and Asia*』에서 영국에서 산업혁명이 시작된 큰 이유로 두 가지를 주목한다. 산업혁명의 가장 기본적인 혁신은 증기기관을 경제활동에 활용한 것인데, 이 과정에서 에너지 자원인 석탄이 결정적 역할을 했다. 영국은 '석탄으로 이뤄진 섬'이라고 할 수 있을 정도로 땅만 파면 석탄을 캐낼 수 있는 천혜의 조건을 갖추고 있었다. 예를 들어 1870년 영국의 연간 석탄 생산량은 1억 1,000만 톤이었던 반면, 미국, 독일, 프랑스의 생산량은 다 합쳐도 7,000만 톤 이하에 불과했다. 영국은 철도와 증기기관차, 증기함선과 방직기계 등 산업혁명의 첨단 부문에 마음껏 석탄을 공급할 수 있었고, 이는 영국의 가장 큰 장점이었다.

영국에 주어졌던 두 번째 행운은 아메리카 식민지에서 밀을 비롯한 주요 식량을 대량 생산할 수 있었다는 사실이다. 석탄이나 철광석을 캐내는 일부터 공장에서 철강을 만들고 기계를 돌리는 작업까지 수많은 부문에 막대한 노동력이 필요했다. 영국이 농촌의 인구를 도시로 이동시켜 노동자집단으로 운영할 수 있었던 원동력은 식민지에서 저렴한 가격에 생산해서 수입한 식량이었다.

18세기 말부터 영국은 산업혁명이라 불리는 거대한 전환의 선두주자로 치고 나갔다. 기존에 바다와 강과 운하를 통해 촘촘히 연결되었던 시장은 이제 철도망으로 뒤덮였고, 그 결과 영국은 세계 최대 규모의, 또 매우 밀집된 시장을 자랑하게 되었다. 석탄과 철강, 철도와 운하, 모직과 면직 등 다양한 산업은 시너지를 일으키며 급격히 성장했다. 그 덕분에 영국은 '세계의 공장'으로 우뚝 설 수 있었다. 19세기 중반 다양한 산업의 통계를 살펴보면, 영국이라는 나라가 세계 생산량의 절반 정도를 차지하는 일이 빈번했다. 일례로 1860년 영국은 380만 톤의 선철(銑鐵)을 생산했다. 미국, 독일, 프랑스의 생산량을 다 합쳐도 230만 톤에 불과했다. 다양한 산업에 걸쳐 하나의 국가가 이처럼 독보적인 생산능력을 갖추게 된 것은 역사상 처음 있는 일이었다. 선두주자에 생산력이 집중되는 세계 자본주의의 현상은 이처럼 영국에서 시작되었다.

동아시아에 '천하태평'이라는 개념이 있었다면 유럽에는 '팍스 로마나', 즉 로마의 지배 아래 평화를 누린다는 개념이 있었다. 그리고 이제는 '팍스 브리타니카'의 시대였다. 산업혁명의 영국은 그 어떤 부국보다도 높은 생산성을 자랑했기 때문에, 전 세계를 대상으로 경제활동을 벌여야 했다. 영국은 아메리카의 밀이나 담배, 사탕수수를 수입해 식품과 기호품산업을 발전시켰다. 면화와 모를 수입해 직물과 의류산업을 성장시켰다. 더불어 과거 스페인제국이 그러했듯이 세계를 누비며 안전한 교역환경을 조성해야 했다.

스페인은 이슬람 세력을 상대로 전투능력을 키웠고, 네덜란드는 종주국 스페인과의 독립전쟁에서 군사 경험을 쌓을 수 있었다. 해양 세력 영국은 18세기 유럽대륙의 군사 강국 프랑스와의 전쟁을 통해 군사력을 키웠고 민족의식을 고취했다. 9년전쟁(1688~1697),

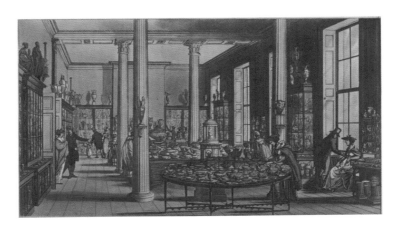

영국 웨지우드사의 런던 매장
산업혁명기 영국은 어떤 부국보다도 높은 생산성을 자랑했고, 전 세계를 대상으로 경제활동을 벌였다. 도자기 또한 중국을 압도할 정도로 많은 물량을 생산해냈다.

스페인 상속전쟁(1701~1714), 오스트리아 상속전쟁(1740~1748), 7년전쟁(1756~1763), 프랑스대혁명 및 나폴레옹전쟁(1792~1815) 등 유럽과 세계 각지에서 펼쳐지는 전쟁에서 영국은 프랑스나 스페인을 상대로 싸웠다.

그리고 영국은 이 모든 전쟁에서 승리를 거두고 승승장구하며 세계에 자신의 제국을 넓혀갔다. 이 시기에 영국이 패배한 유일한 전쟁은 미국의 독립전쟁(1775~1783)이었다. 이후 미국의 13개 주가 독립된 나라를 만들기는 했지만, 영국은 여전히 북아메리카에 캐나다라는 넓은 식민지를 유지했다. 비슷한 시기 오대양에 오스트레일리아와 뉴질랜드 같은 새로운 식민지를 만드는 데 성공했다. 게다가 미국은 영국에서 독립했으나, 여전히 앵글로 색슨이라는 문화적 정체성을 기반으로 긴밀한 관계를 유지했다.

팍스 브리타니카의 정점은 아편전쟁에서 중국을 상대로 거둔 1842년의 승리다. 중국은 중세 송나라 시기부터 인류의 가장 부유한 지역으로 떠올라 그 위상을 유지해왔다. 그러나 19세기에 이르러서는 유라시아대륙의 변방이었던 영국이 새로운 세계 정치경제의 중심으로 등장했다. 멀리 동아시아까지 진출하면서 유구한 역사와 전통을 자랑하는 거대한 제국인 중국을 무릎 꿇게 한 셈이다. 이보다 앞서 이미 17~18세기에 인도를 식민지로 차지한 바 있는 영국에 대항할 세력은 더는 없었다.

칼 폴라니(Karl Polanyi)는 『거대한 전환: 우리 시대의 정치·경제적 기원 *The Great Transformation: The Political and Economic Origins of Our Time*』에서 19세기 유럽의 질서를 '100년의 평화'라고 표현했다. 나폴레옹전쟁이 종결된 1815년부터 제1차 세계대전이 발발하는 1914년까지 100년 동안 영국이 주도하는 평화와 질서 덕분에 유럽에서 국제적 자본주의가 발전했다는 것이다. 물론 유럽대륙에서는 여전히 이탈리아와 독일의 통일전쟁이나 크림전쟁 등이 벌어졌지만, 무역이나 경제활동을 크게 저해할 만한 규모의 전쟁은 없었다. 영국은 특히 바다에서 막강한 해군력을 바탕으로 자유로운 교역을 보장하는 세력으로 군림했다. 당시 영국의 국가전략은 세계 최강의 해군력을 유지하는 것은 물론, 2위인 국가보다도 두 배 이상의 해군력을 보유해 항상 절대적 우위를 누린다는 것이었다.

유럽의 강대국이 세계를 무력으로 지배한다는 점에서 대영제국은 분명 과거 스페인, 포르투갈 그리고 네덜란드의 계보를 잇는다.

스페인과 포르투갈은 제국의 무역활동을 세비야나 리스본으로 집중시켜 이익을 취했다. 네덜란드도 동인도주식회사를 통해 독점권을 추구했다. 영국도 동인도주식회사를 포함한 다양한 무역회사가 기본적으로 독점무역의 형식을 취했다.

부국의 패러다임을 바꾸다

하지만 영국은 1840년대부터 자유무역이라는 새로운 패러다임을 들고나와 기존 제국주의의 틀을 바꿔버렸다. 그때까지 제국이란 무역에서 세금을 거둠으로써 이익을 취하는 형식이었지만, 영국은 자유무역 정책을 통해 세금을 거두기보다는 수출입사업 자체로 돈을 버는 방식으로 전환했다.

이 같은 패러다임의 변화에는 여러 이유가 있다. 무엇보다 영국은 무역을 통한 이윤보다 생산을 통해 부를 축적하는 모델로 이행하는 데 성공했다. 스미스의 구분을 다시 인용하자면, 세금을 거두면 정부가 부자가 되지만 민족이 부유해지려면 생산자들이 자유롭게 수입과 수출을 할 수 있어야 한다.

대영제국은 안정적으로 무역할 수 있는 틀을 제공했을 뿐 아니라 금본위제를 통해 사실상 세계경제를 하나의 화폐를 사용하는 단위로 묶었다. 영란은행(Bank of England)은 1694년 명예혁명 직후 세워진 근대적 중앙은행의 모델이라고 할 수 있다. 1844년에는 영란은행의 발행권을 영국에서 통용되는 유일한 법정 화폐로 지정하고,

이를 금으로 바꿀 수 있게 해주는 법이 통과되었다. 쉽게 말해 영란은행의 지폐는 금만큼 신뢰할 수 있는 화폐가 된 것이다. 이후 19세기 후반 다른 나라들도 금본위제를 택하면서 세계는 마치 금이라는 하나의 화폐를 사용하는 시장처럼 되었다.

19세기 영국이 만든 세계 자본주의에서는 사람들의 이동도 활발했다. 18세기까지는 소수의 본토 출신 군인이나 관료가 식민지를 지배하는 형식이었다면, 19세기에는 유럽인들이 아메리카나 오대양 등으로 대거 이주하는 양상을 띠었다. 물론 이 시기에 중국인들의 아메리카 이주나 인도인들의 아프리카 진출도 활발하게 이뤄졌다. 영국의 자유무역 정책으로 상품이 세계 곳곳을 드나들고 금과 동일한 가치를 지닌 파운드화로 어디서든 금융 거래가 이뤄지듯이, 사람들도 일자리가 있는 지역으로 자유롭게 이동했던 것이다.

최근 우리가 경험하고 있는 세계화에 앞서, 이미 19세기에 인류는 첫 번째 세계화를 경험했다. 영국은 또 시장을 중심으로 하는 세계질서를 만들면서 동시에 이를 뒷받침할 수 있는 경제학이라는 지적인 틀을 세상에 내놓았다. 스미스의 자유무역 이론은 데이비드 리카도의 비교우위 이론을 낳았고, 존 스튜어트 밀의 자유주의 사회관이나 앨프레드 마셜의 한계효용 이론 등은 실제로 영국의 런던과 케임브리지, 옥스퍼드라는 작은 지역에서 경제학이라는 새로운 학문을 탄생시켰다. 프랑스나 독일에서 발전한 경제학이 다른 사회과학과의 긴밀한 연관성을 강조한다면, 영국의 경제학은 시장이라는 독립적이고 자율적인 영역의 운영에 초점을 맞춘다. 이처럼 영국은 새로운 부국이 되었을 뿐 아니라 부국의 패러다임을 바꾸고 여기에 더해 경제학이라는 이론까지 한 번에 제시한 셈이다.

'요람에서 무덤까지'

1840년대가 영국에서 자본주의 정치경제의 전형이 만들어진 시기라면, 제1차 세계대전이 발발한 1914년은 영국의 모델이 세계로 전파되면서 단일한 자유주의 질서를 형성한 전성기라고 볼 수 있다. 19세기 중반 영국은 산업혁명을 통해 세계의 공장으로 부상했지만, 20세기 들어 미국이나 독일이 영국의 산업능력을 추월하면서 새로운 생산과 수출 대국으로 떠오르기 시작했다. 이런 변화에 발맞춰 영국은 처음에는 생산력으로 세계경제를 지배했다가, 시간이 흐르면서 자본과 금융으로 세계경제를 지배했다. 이로써 자본주의의 핵심으로 서서히 부상했다.

과거 18세기의 잦은 전쟁이 영국의 도약을 이끌었다면, 20세기 치러진 두 차례의 세계대전은 영국을 비롯한 유럽 국가들이 쇠퇴하고 미국이 새로운 패권국으로 떠오르는 계기였다. 두 세계대전의 사이 시기를 두고 미국의 정치경제학자 찰스 킨들버거(Charles Kindleberger)는 "영국은 세계를 이끌 능력이 없었고, 미국은 지도자의 의지가 없었다"라고 분석한 바 있다. 세계 정치경제의 지도력을 발휘하기에 영국은 이미 쇠퇴하기 시작한 세력이었다면, 미국은 자기 능력을 미처 깨닫지 못해 의지를 드러내지 못했다는 뜻이다.

19세기 후반부터 나타난 또 다른 중요한 변화는 노동 세력의 목

**대영제국의 영광을 의인화한 브리타
니아 여신상**
영국은 처음에는 생산력으로, 이후에는
자본과 금융으로 세계를 지배하는 자본
주의의 중심으로 변모했다.

소리가 점차 커지기 시작했다는 점이다. 영국에서 노동조합이 합법
적인 조직으로 인정받은 것은 1871년으로, 그 후 조합원이 지속해
서 늘었다. 석탄산업이 발달해 노동자가 집중된 도시의 노동조합은
강한 조직력과 행동력을 자랑했다. 특히 제1차 세계대전을 거치면
서 조합원의 수는 400만 명에서 800만 명 규모로 대폭 증가했다. 과
거 왕권을 상대로 귀족과 상인의 목소리가 커지면서 의회민주주의
를 낳았듯이, 이제 세계의 공장 영국에서는 노동자의 목소리가 커
지기 시작한 것이다.

영국에서 정치 세력으로 노동당이 출범한 것은 1900년의 일이
다. 정당이 노조를 지배하는 구조인 독일이나 정당과 노조가 따로
발달한 프랑스와 달리 영국에서는 노조운동이 정치를 지배하는 모

습을 갖추었다. 따라서 사회주의나 공산주의 등의 정치혁명을 추구
하는 유럽대륙과 달리 영국에서는 노동자의 실질적 삶의 질을 향상
하는 실용적 정치가 우세했다. 노동당은 1923년과 1929년 이미 두
차례에 걸쳐 집권하는 데 성공한 바 있으며, 영국 정치에서 자유당
을 대체하는 진보 세력으로 자리매김했다.

　　1840년대 영국에서 만들어진 자본주의의 전형은 노동자에게
가혹한 착취체제였다. 그러나 100여 년 뒤 제2차 세계대전이 끝나
면서 집권한 영국의 노동당은 '요람에서 무덤까지'라는 슬로건을
내걸고 노동자의 복지를 국가가 책임지는, 인간의 얼굴을 한 자본
주의 모델을 새롭게 제시했다. 또한 케인스라는 걸출한 경제학자를
통해 국가가 경제 운영에 적극적으로 참여하는 새로운 경제학 이론
도 함께 제시했다. 1940년대부터 1970년대까지 영국이 제시한 새
로운 자본주의의 전형은 혼합경제나 복지국가, 포디즘(Fordism)이
나 사회적 자본주의 등 다양한 이름으로 불렸다.

신자유주의와 브렉시트

주지하다시피 제2차 세계대전 이후 세계경제를 지배한 것은 더는
영국이 아니라 미국이라는 신대륙의 새로운 대국이었다. 그렇다고
세계 자본주의에서 영국의 역할을 경시할 만한 시대가 온 것은 아
니다. 영국은 1970~1980년대에도 여전히 자본주의의 새로운 방향
을 제시하는 개척자의 역할을 담당했다. 우리가 지금 신자유주의라

고 부르는 사상적 흐름을 처음으로 정책에 적극적으로 적용한 것은 바로 영국의 보수당과 마거릿 대처 총리였다.

신자유주의 정책 패러다임은 1979년 집권한 영국의 대처와 1980년 대통령으로 당선된 미국의 로널드 레이건이 주도했다. 국제적 영향력을 따지자면 미국이 앞서지만, 전통적으로 미국은 영국만큼 복지국가적 경향이나 노동운동이 강한 나라가 아니었다. 정책 변화의 적극성을 따져보면 미국은 영국을 따라갈 수 없다는 말이다. 대처는 노조의 역할을 대폭 축소했고, 철도, 전기, 가스, 항공 등의 분야에서 민영화 정책을 밀어붙였다. 특히 1986년 금융 부문에 적용한 탈규제 정책은 우주 탄생을 의미하는 '빅뱅'으로 불릴 정도로 획기적인 것이었다.

대처는 영국뿐 아니라 유럽 전체에 신자유주의 바람을 불게 하는 데도 영향을 미쳤다. 1986년 제시한 유럽 단일시장 계획은 자유시장과 경쟁을 통한 변화를 대륙 차원에서 실현하는 일이라 할 수 있었다. 1993년 단일시장이 출범할 때가 되자 유럽은 나라별로 칸막이를 친 시장에서 벗어나 하나의 통합된 시장으로 묶일 수 있었다. 영국에서 대처의 영향력은 워낙 강해 1997년 등장한 토니 블레어의 신노동당과 '제3의 길'도 대처의 개혁을 되돌려놓지 못했다.

역사의 역설은 신노동당 총리였던 블레어나 고든 브라운 (Gordon Brown) 총리가 아니라, 2016년 보수당 총리였던 데이비드 캐머런(David Cameron)이나 이후 총리직을 맡았던 테리사 메이 (Theresa May), 보리스 존슨(Boris Johnson)이 영국을 유럽연합에서 탈퇴시키는 브렉시트를 주도했다는 데서 드러난다. 신노동당이 대처

2017년 맨체스터에서 열린 브렉시트 반대 시위
브렉시트를 밀어붙인 보수당 하원의원 데이비드 데이비스(David Davis), 마이클 고브(Michael Gove), 보리스 존슨, 테리사 메이 등을 우스꽝스럽게 묘사했다.

의 유산을 이어받은 반면, 오히려 보수당이 국민의 민족주의적 열기에 편승해 유럽연합과의 결별을 이끌었다는 뜻이다.

물론 보수당은 브렉시트가 민족주의적 고립이 아니라 더 넓은 세상으로 나아가기 위한 전략이라고 주장한다. 하지만 이런 주장은 정치적 수사일 뿐, 먼 미국이나 중국과 친해지기 위해 가까운 유럽에서 벗어나야 한다는 주장은 누가 들어도 억지스럽다. 인류 역사상 최초의 세계제국을 만들고, 일방적 자유무역을 선포했던 나라가 이제 브렉시트라는 퇴행적 길목에 들어섰으니 격세지감을 느끼지 않을 수 없다. 영국은 세계를 자유주의의 길로 이끈 뒤, 복지국가 실현으로 균형추를 잡아주고, 다시 신자유주의적 방향을 제시했던 나라이지만, 이제 미래의 길을 여는 역할은 하지 못할 듯하다. 의회민주주의의 조국에서 의회는 제대로 작동하지 않고, 민족 통합에 성공한 나라였지만 이제 스코틀랜드는 그곳에서 탈출하겠다고 반발하고 있으니 말이다.

5장

학습

모방으로 이뤄낸 산업화로
부국의 계보를 잇다

늦은 경제발전이 항상 부정적인 것만은 아니다.
후발주자는 선두주자의 경험에 비추어 실수를 줄일 수도 있고
최첨단의 기술을 활용해 경쟁력을 확보할 수도 있다.
이처럼 한발 늦은 학습으로 부를 일군 산업화의 사례로
유럽에서는 독일, 아시아에서는 일본
그리고 라틴아메리카에서는 칠레를 꼽을 수 있다.

13

독일

전 세계를 뒤흔든 후발주자의 야망

21세기 독일은 유럽의 최강대국이다. 그러다 보니 독일처럼 강하고 부유한 나라는 오랜 세월에 걸쳐 차근차근 번영의 길을 걸어왔을 것으로 오해하는 사람이 많다. 고대에 로마제국을 멸망시킨 게르만 민족이 중세에 신성로마제국을 거쳐 현대의 독일로 발전했다고 생각하기도 한다.

하지만 '게르만'은 다양한 분야에서 사용되는 호칭이다. 우선 게르만어파는 언어학적으로 라틴어파, 슬라브어파와 함께 유럽의 3대 어파 가운데 하나다. 독일어는 물론 네덜란드어나 스칸디나비아 지역 국가들의 언어, 심지어 영어가 모두 게르만어파다. 당연히 게르만어파에 속하는 언어를 사용한다고 하나의 민족을 형성한다고 보기 어렵다.

다음으로 게르만 민족은 고대에 스칸디나비아와 독일 지역에 뿌리를 둔 부족들을 통칭하는 이름이었다. 이들은 로마제국을 무너뜨리면서 유럽의 남부와 서부로 대거 이동했고, 심지어 북아프리카나 중앙아시아 등으로도 침투했다. 프랑스 지역에 나라를 세운 프랑크족이나 영국에 정착한 앵글족과 색슨족은 모두 게르만 민족의 부류들이며, 유럽을 휩쓸고 지나간 고트족이나 바이킹도 모두 게르만계다.

끝으로 근대 독일어를 사용하는 모든 민족을 지칭하기도 한다. 예를 들어 일부 학자는 신성로마제국을 독일의 모태라고 보기도 하지만, 사실 이 제국은 베네룩스, 프랑스, 폴란드, 이탈리아 등을 포함하는 전형적인 다민족제국이었다. 게다가 당시에는 독일 지역도 수백 개의 정치 단위로 분열되어 있었다. 그중 근대 독일어를 사용하는 게르만 민족으로 구성되어 지금까지 이어지는 나라로는 독일과 오스트리아가 있다. 또 스위스나 룩셈부르크 국민의 다수도 게르만계다.

슬라브족이나 라틴족을 하나의 민족이라고 할 수 없듯이 게르만 민족을 독일 혼자 대표한다고 볼 수 없는 이유다. 독일이라는 국가를 제대로 이해하기 위해서는 19세기까지 중유럽 지역의 분열된 정치체제에 속했던 게르만 민족집단의 후진성과 콤플렉스를 알아야 한다. 그리고 이를 극복하려는 민족주의적 노력과 원동력을 명확하게 파악해야 한다. 독일의 근현대사가 보여주는 심각한 기복은 후발주자로서 후진성을 벗어나 강한 국가로 발돋움하기 위해 겪은 부침이었다.

게르만 민족의 분열과 통합

유럽에서 강대국이 된다는 것은 다양한 부족이나 민족을 하나의 정치 단위로 묶음으로써 더욱 크고 새로운 통합민족을 만드는 작업이다. 일례로 런던을 중심으로 형성된 잉글랜드 민족은 스코틀랜드와 웨일스, 아일랜드를 통합해 브리튼이라는 새로운 민족을 만들었다. 또 프랑크족이 파리를 중심으로 프랑스 민족을 만든 뒤 점차 주변을 통합해간 과정도 그렇다. 서유럽의 잉글랜드와 프랑스가 중세 말기에 대표적인 강대국으로 부상한 것은 이러한 민족 통합의 과정에서 놀라운 포용력을 발휘했기 때문이다.

　이에 비하면 게르만 민족은 너무 넓은 영토에 흩어져 있었을 뿐아니라 통합을 주도할 만한 마땅한 세력도 없었다. 실제 게르만계 합스부르크가문의 오스트리아는 게르만 민족의 나라를 만들기보다는 넓은 영토를 포괄하는 다민족제국의 형성에 더 관심을 보였다. 게르만 민족만의 나라를 만들기 위한 노력이 본격적으로 시작된 시기는 18세기 베를린을 중심으로 프로이센이 출범하면서부터다. 특히 프리드리히 2세(Friedrich II)는 영국이나 프랑스에 버금가는 독일을 만들기 위해 수많은 왕국과 공국, 교회령, 자유도시 등으로 분열된 게르만 민족을 통일하는 과업에 나섰다.

　프로이센은 군대를 보유한 국가가 아니라 국가를 가진 군대라

프랑크푸르트의 스카이라인
21세기 유럽 금융의 중심지인 프랑크푸르트는 강국 독일을 상징하는 대표적인 도시다.

고 불릴 정도로 군사력을 중시했다. 덕분에 영국이나 프랑스는 물론 오스트리아와 경쟁하는 과정에서 프로이센은 유럽의 강대국 반열에 오를 수 있었다. 하지만 18세기 말이 되어 대혁명을 거친 프랑스가 막강한 군사력을 갖춘, 한층 강화된 중앙집권적 국가로 등장하자 독일 서부 지역은 그 지배하에 놓이게 되었다. 역설적이게도 독일의 통합성을 크게 앞당긴 것은 강한 국가로 발돋움한 프로이센이 아니라 프랑스의 혁명 세력이었다. 1,000년 넘게 분열되었던 독일 지역은 대혁명과 나폴레옹의 등장으로 초강대국이 된 프랑스에 통치당하면서 처음으로 하나의 정치권력과 법체제 아래 놓이게 되었다.

외세가 닦아놓은 통일의 바탕 위에 프로이센은 19세기 내내 부국강병을 이루고자 노력했다. 1815년 영국, 러시아, 오스트리아 등과 연합해 나폴레옹이 이끄는 프랑스를 무릎 꿇게 했지만, 프로이센이 독일을 통일하기에는 역부족이었다. 따라서 1870년까지 수많은 전쟁을 치르며 군사력과 외교력을 발휘해 차츰 통일을 이뤄나가야 했다. 이 과정에서 프로이센의 철혈수상 오토 폰 비스마르크의 중대한 역할은 널리 알려져있다.

하지만 무력이 강대국의 유일한 조건일 순 없다. 프로이센 중심의 통일을 추진하기 위해선 경제력과 문화적 우수성을 인정받아야 했다. 1830년대부터 프로이센이 적극적으로 추진한 관세동맹인 촐페라인(Zollverein)은 통일의 기반으로 작용했다. 정치는 여러 나라로 분열되어 있었지만, 관세동맹을 통해 독일은 하나의 국민경제를 형성하는 데 성공했던 셈이다. 촐페라인은 산업혁명을 독일에서 실현하는 데도 결정적으로 이바지했다.

제1차 세계대전에서 패하다

또한 프로이센은 베를린에 대학을 세우고 박물관을 설립하는 등 독일제국의 소프트파워를 키우는 일에 심혈을 기울였다. 1870년 프랑스와의 전쟁에서 승리한 뒤, 프로이센이 낳은 독일제국은 유럽대륙에서 가장 강하고 부유한 나라로 발돋움하는 데 성공했다. 수 세기 동안 영국과 프랑스의 그늘에서 와신상담하는 힘든 시기를 보낸 독일에 영광의 시기가 시작되는 순간이었다.

독일제국이 유럽 최강대국으로 떠오른 것은 민족주의자들에게 축복이었을 것이다. 하지만 강대국의 존재는 주변국과의 위험한 충돌 및 대립 가능성을 내포하기 마련이다. 통일 독일제국의 처음 반세기(1871~1914)는 경제력과 군사력이 모두 강화되며 승승장구하는 시절이었다. 이 시기 독일 인구는 4,100만 명에서 6,800만 명으로 55퍼센트 이상 늘어났다. 19세기 말부터 20세기 초까지의 이 시기에 독일과 미국은 영국을 뛰어넘어 새로운 산업혁명의 시대를 열었다. 당시 신흥 산업국이라 할 수 있는 독일은 영국보다 훨씬 새로운 기술로 더욱 큰 규모의 공장과 회사를 만들어 유럽 제1의 경제대국으로 부상했다. 산업혁명의 기초라 할 수 있는 철강이나 석탄 등의 생산에서 독일은 영국을 뛰어넘었고, 전기나 화학 등 새로운 기술과 산업에서도 절대적인 강자로 군림하기 시작했다.

특히 독일은 영국의 산업혁명과 비교했을 때, 거대 규모의 기업군을 탄생시켰다. 독일어 콘체른(konzern)은 한 산업을 지배하는 엄청나게 큰 규모의 기업을 지칭하는 용어로 자리매김했다. 21세기에도 세계를 주름잡는 지멘스(Siemens)나 회슈트(Hoecht), 크루프(Krupp), 도이치은행(Deutsche Bank) 등이 바로 이 시기에 부상한 독일 대기업들이다. 현재까지 세계시장에서 고급 자동차의 대명사로 명성을 떨치는 메르세데스-벤츠나 BMW 또한 20세기 초에 등장한 독일 기업들이다. 특히 BMW는 뮌헨을 중심으로 한 독일 남부의 산업 기수로, 제1차 세계대전 당시 비행기 엔진을 생산하는 군수기업으로 첫발을 내디뎠다.

독일제국 선언

독일 황제가 비스마르크 총리의 70세 생일을 축하하는 장면을 담았다. 이 시기 독일은 경제력과 군사력을 모두 강화했다.

후발주자의 특징은 선발주자와 달리 앞선 나라를 무조건 추종한다는 사실이다. 그것이 바람직한지 아닌지를 고찰하는 과정도 거치지 않고 말이다. 성공적인 후발주자였던 독일에 선발주자 영국과 프랑스의 제국주의가 자연스럽게 모방의 대상이 된 이유다. 독일은 1884년부터 1885년까지 열린 베를린국제회의에서 아프리카 분할에 동참하겠다는 의지를 표명했고, 확장 일로를 걷는 국력에 걸맞은 제국이 되기 위해 충돌도 불사하는 전략을 취했다.

제1차 세계대전의 원인은 복합적이지만 독일이 역사적으로 품었던 민족주의 콤플렉스, 후발주자로서 영국 및 프랑스와의 제국주

의 경쟁 그리고 폭발적인 산업발전과 인구증가 등이 선사한 자신감
이 중요한 역할을 했다. 유럽의 여러 세력이 균형을 이루며 참혹한
전쟁을 수년간 지속했는데, 미국의 개입과 독일 내정의 혼란이 독
일과 오스트리아-헝가리의 동맹 세력을 무너뜨리는 데 결정적인
역할을 했다.

1871년 프로이센이 독일제국의 탄생을 선포한 곳은 베를린이
아니라 프랑스의 베르사유궁이었다. 1919년 제1차 세계대전을 종
결하는 평화조약도 베르사유궁에서 체결됨으로써 프랑스, 영국, 미
국 등 연합국은 독일의 민족적 자존심을 짓밟았다. 독일은 반세기
전 프랑스에서 획득했던 알자스와 로렌 지역을 돌려줘야 했고, 라
인강의 서쪽을 연합국에 점령당하는 치욕적인 결과를 맞았다.

재앙으로 끝난 나치즘

독일은 제1, 2차 세계대전 발발의 책임을 모두 끌어안고 있다. 이런
역사를 이해하기 위해서는 두 전쟁 사이에 존재했던 독일의 상황을
파악해야 한다. 1920년대 독일은 자유롭고 민주적인 바이마르공화
국이 독일제국을 대체한 상황이었다. 바이마르공화국은 독일제국
의 패배와 불평등한 베르사유조약을 그대로 감내할 수밖에 없었고,
이는 민족주의 정통성의 측면에서 태생적인 한계로 작용했다. 예를
들어 바이마르공화국 시절 독일은 서쪽 영토는 프랑스에 그리고 동
쪽 영토는 신생 폴란드에 내줘야만 했다.

1923년 독일의 하이퍼인플레이션
사용가치가 끝없이 추락하는 화폐를 벽지 대용으로 사용하고 있는 장면이다.

　게다가 바이마르공화국은 1921년부터 1923년까지 인류의 경제 사상 그 어느 국가도 경험하지 못했던 하이퍼인플레이션을 겪었다. 일례로 1922년 160마르크 하던 빵 가격이 1년 만에 2,000억 마르크까지 올랐다. 또 1923년 11월에는 미화 1달러의 환율이 4조 마르크를 넘어서기도 했는데, 이로 인한 경제적 혼란과 사회적 고통은 이루 말할 수 없는 수준이었다.

　독일 국민은 이 모든 불행이 베르사유조약 때문이라고 생각했다. 1920년대 중·후반 화폐가치가 안정되고 경제도 정상화의 길을 걷는 듯했지만, 1929년 세계경제를 강타한 대공황의 충격이 독일에도 닥쳤다. 독일 경제 정상화에 크게 이바지했던 미국의 자본이 급속하게 빠져나감으로써 경제가 급격히 추락했기 때문이다. 하이퍼인플레이션에 이어 독일은 금융 국제화의 어둡고 부정적인 측면

1936년에 열린 베를린올림픽
나치는 체제 선전을 위해 베를린올림
픽을 적극적으로 활용했다.

을 몸소 경험했다.

　총체적 위기의 결과는 1933년 아돌프 히틀러와 나치 세력의 집
권으로 귀착되었다. 나치 독일은 '하나의 민족, 하나의 제국, 하나
의 지도자(ein Volk, ein Reich, ein Fuhrer)'라는 슬로건에 따라 역사상
처음으로 중앙집권적 정치체제를 형성하는 데 성공했다. 나치 독일
은 하이퍼인플레이션이나 대량 실업을 초래하는 자유주의 경제체
제를 종결하고, 국가가 적극적으로 나서서 경제활동을 조율하고자
했다. 소련이 좌파식 계획경제를 만들어 새로운 모델을 제시했다
면, 나치 독일은 우파식 계획경제를 통해 자본주의의 대안을 보여
준 셈이었다. 특히 군인을 동원해 노동력을 충원하고 무기를 대량
으로 생산해 산업능력을 키움으로써 경제위기를 극복하려 했다. 나
치 독일이 국수주의를 고취해 주변국을 침략하는 것은 이런 정치경
제 모델하에서 동반되는 자연스러운 행보일 수밖에 없었다.

제2차 세계대전은 영국과 미국 등으로 대표되는 기존의 자본주의와 신생 좌파, 우파의 계획경제가 부딪히는 충돌의 장이었다. 주지하다시피 자본주의와 공산주의의 결합은 나치즘을 누르는 데 성공했고, 독일은 또 무릎을 꿇는 치욕을 경험했다. 1914년 독일제국의 영토는 54만 제곱킬로미터에 달했지만 두 차례의 세계대전을 거치면서 35만 제곱킬로미터로 줄어들었다. 그뿐 아니라 1938년 합병했던 독일과 오스트리아는 다시 두 나라로 나뉘었고, 독일 자체도 서방이 지배하는 서독과 소련이 점령한 동독으로 양분되었다. 독일은 통일 후 70년이 넘어 다시 분단의 함정에 빠지고 만 것이다.

부의 세계사라는 관점에서 독일이 가장 성공한 시기는 1949년부터 1989년까지로, 서독이 일명 '라인강의 기적'을 이룩하는 때였다. 독일연방공화국이라 불리는 서독 지역은 사실 미국, 영국, 프랑스가 점령한 곳이었다. 달리 말해 독일 국토가 강대국에 의해 찢어지고 군사적으로도 점령당한 정치적 비극의 시기에 가장 성공적인 경제발전을 이룩했다는 역설을 보여준다.

라인강의 기적을 이룩한 서독의 경제 모델은 몇 가지 특징을 드러낸다. 우선 과거 나치 시절의 국가 주도적 모델과 단절했다. 서독은 나치나 공산주의 방식의 국가 개입, 또는 계획경제를 거부하면서 자유주의 시장경제 모델을 따랐다. 어떤 측면에서는 연방국가라는 점이 이런 경향을 강화하는 데 이바지했다. 주정부들이 강한 권한을 갖고, 연방정부의 역할은 헌법상 제한될 수밖에 없었기 때문이다. 하지만 서독은 자유주의 시장경제가 혼란으로 치달을 가능성을 내포하고 있다는 사실을 1920년대의 경험으로 이미 알고 있었다. 따라서 서독의 모델은 '질서 자유주의'라는 형식을 추구했다. 다른 이름으로 '사회적 시장경제'라는 표현을 사용하기도 하는데, 자본의 이익뿐 아니라 노동 세력의 권리와 사회의 안정도 동시에 추구하는 모델이다. 간략하게 설명하자면 자유시장의 원칙에 따라 경제가 돌아가되, 노동자의 권익을 보호하고 복지국가 실현으로 불평등을 축소하는 노력을 동시에 기울인다는 뜻이다. 노조의 대표가 회사 이사회에 참가하는 제도는 그 상징적 사례다.

분단 이후 시작된 라인강의 기적

서독은 또 하이퍼인플레이션의 악몽을 재현하지 않기 위해 화폐가치의 안정을 최고 목표로 삼았다. 독일연방은행(Deutsche Bundesbank)이 발행하고 관리하는 도이치 마르크화(일명 서독 마르크화)는 20세기 내내 가장 안정적 가치를 유지하는 화폐로 명성을 날렸다. 그 결과 서독의 물가는 안정적이었고, 여기에 더해 상품의 경쟁력을 높여 수출에 성공하는 선순환을 성공적으로 만들어냈다. 서독이 축소된 영토, 줄어든 인구 그리고 분단된 시장에도 불구하고 경제적으로 성공할 수 있었던 비결은 프랑스와 화해해 유럽 단위의 커다란 시장을 형성하는 데 합의했기 때문이다. 1951년의 유럽석탄철강공동체(European Coal and Steel Community, ECSC)는 평화로운 공존을 위한 독일과 프랑스 간 화해의 결과로 탄생했다. 이는 알자스와 로렌을 둘러싸고 100년 가까이 지속한 갈등이나 유럽의 주도권을 놓고 벌인 경쟁을 종결하고 공동의 미래를 개척하자는 신호탄이었다. 이후 1958년 출범한 유럽경제공동체(European Economic Community, EEC)는 민족의 범위를 초월하는 대륙적 시장 형성을 선포했다. 유럽 통합은 서독이 정치적 우위를 프랑스에 내주면서도 경제적 이익을 챙기는 중요한 방법이었다.

서독의 경제적 성공은 1990년 독일의 신속한 통일로 정치적 열매를 맺었다. 당시 서독 총리였던 헬무트 콜은 낮은 가치의 동독 마르크화를 높은 가치의 서독 마르크화로 일대일 환전해주며 동독 주민의 마음을 샀다. 또 독일이 통일하더라도 유럽의 틀 속에 남아 주변국에 위협이 되지 않을 것이라고 안심시켰다. 특히 마르크화를 포기하고 단일화폐인 유로화로 통합하는 안을 수용함으로써 이런 의지가 말에 그치는 게 아니라 진정성 있는 정책 방향이라는 사실을 증명했다. 한마디로 콜은 포기해야 얻을 수 있다는 지혜를 발휘한 지도자였다.

기술 강국의 고민

독일식 사회적 시장경제가 제대로 작동하기 위해서는 자본과 노동 그리고 국가가 다 함께 책임감을 품고 미래지향적으로 행동해야 한다. 독일의 자본은 노동 세력을 불순한 집단으로 보지 않고, 기업을 운영하는 공동의 파트너로 인식하기 때문에 이사회에서 협력을 도출해낼 수 있다. 마찬가지로 노동조합 또한 무책임한 요구나 파업을 일삼기보다는 기업의 운명을 함께 일궈나간다는 의식을 갖고 자제력을 발휘하곤 한다.

국가, 즉 정치 세력도 자본이나 노동의 어느 한쪽 편에 서기보다는 경제에 필요한 개혁을 주도해 미래를 준비하는 태도를 보여줘야 한다. 가장 대표적인 사례로, 2000년대 초반 노동 세력을 대변하는 사회민주당의 게르하르트 슈뢰더 총리가 노동시장 자유화 정책을 밀어붙여 유럽 내에서 독일의 경쟁력을 마련하는 데 이바지했다. 2005년 11퍼센트까지 올라갔던 독일의 실업률은 2019년 기준 3.1퍼센트까지 하락했다. 노동시장의 경직성으로 지금도 여전히 8.5퍼센트 수준의 높은 실업률을 보여주는 이웃 나라 프랑스에 비해 독일은 정치권과 노동조합, 기업이 상호 협조하며 실업률을 획기적으로 낮출 수 있었다.

게다가 독일은 세계 최고 수준의 기술 강국으로도 명성을 떨치고 있다. 20세기를 지배한 자동차산업에서 독일은 단연 유럽을 대표하는 선두주자의 입지를 굳혔다. 독일의 '대중 자동차'라는 별칭을 지닌 폭스바겐은 생산량이 가장 많은 유럽 최대의 자동차기업이다. 미국의 제네럴 모터스나 일본의 도요타와 어깨를 견준다. 또 독일은 메르세데스-벤츠와 BMW로 대표되는 고급 자동차 시장도 지배하고 있다. 슈퍼카를 만드는 브랜드인 포르셰도 보유하고 있다.

자동차뿐 아니라 다양한 산업에서 전반적으로 드러나는 독일 기술력의 원천은 훌륭한 기술교육 체제와 산업과 교육을 연결하는 유기적 관계에 있다. 한국에서도 마이스터고등학교라는 이름으로 도입한 이 시스템이야말로 독일 경제발전의 숨은 공신이라고 할 수

라인강의 기적을 상징하는 폭스바겐의 볼프스부르크(Wolfsburg) 공장
독일은 단연 유럽을 대표하는 자동차산업의 선두주자다. 독일의 폭스바겐은 생산량이 가장 많은 유럽 최대 자동차기업이다.

있다. 유럽에서 전통적으로 프랑스가 훌륭한 엔지니어의 나라로 명성을 날린다면, 독일은 치밀한 기술자의 나라다. 생산 라인을 가득 채운 꼼꼼한 기술자 부대가 독일의 성공을 이끌었다는 의미다.

　라인강의 기적을 이룬 독일의 고민은 저출산으로 인한 인구 감소다. 과거 프랑스가 인구 문제로 경쟁에서 뒤처졌던 것처럼 독일도 1970년대 출산율이 1.5명 이하로 떨어진 뒤 1995년에는 1.25명 수준까지 하락했다. 1990년의 통일로 인구가 증가했지만, 그렇다고 출산율이 늘어난 것은 아니었다. 결국 독일은 1990년대부터 게르만 순혈주의를 포기하고 국적법을 개정해 이민자들의 귀화를 받아들였다. 2015년에는 시리아 난민을 대거 받아들이기도 했다. 덕분에 2016년 독일의 출산율은 1.5명 수준까지 높아질 수 있었다.

1990년 독일 통일은 지리적으로 유럽의 한가운데 있는 게르만 민족의 나라를 명실상부한 유럽의 중심으로 떠오르게 했다. 당시 서독의 인구는 6,200만 명 정도로 프랑스나 영국, 이탈리아와 비슷한 수준이었다. 하지만 통일 이후 독일의 인구는 갑자기 8,000만 명 수준으로 늘어났고, 이는 독일이 유럽연합의 독보적인 핵심 국가로 자리매김하는 계기가 되었다.

2,000만 명에 가까운 동독 시민을 사회적으로 통합하는 일은 분명 난제였다. 공산주의 사회에서 생활하던 사람들을 갑작스럽게 자본주의 사회에 투입한 꼴이었기 때문이다. 콜 총리가 선사했던 현금 선물의 효과는 일시적이었고, 동독 출신의 독일인들은 장기적이고 구조적인 어려움에 직면했다. 통일된 지 30년이 넘었지만, 여전히 사회가 하나로 통합된 것은 아니라는 지적이 나오는 것이 이러한 불평등의 현실을 말해주고 있다.

통일로 유럽의 주도권을 쥐다

그렇지만 통일 독일의 위상은 흔들리지 않았다. 독일은 통일함으로써 나라의 규모만 커진 것이 아니라 시너지 효과를 충분히 발휘했다. 1990년 통일 당시 서독과 프랑스의 1인당 국민소득은 각각 2만 2,219달러와 2만 1,690달러로 비슷한 수준이었다. 하지만 2017년이 되면 통일 독일은 4만 4,469달러, 프랑스는 3만 8,476달러 수준으로 격차가 벌어진다. 동독의 시민들을 흡수하고, 다수의 난민까지 포용했는데도 프랑스보다 높은 국민소득을 달성하며 격차를 벌린 셈이다.

이러한 통계상의 양적 변화 이외에도, 프랑스와 독일이 함께 이끌던 유럽 통합의 마차를 이제 독일 혼자 주도하게 되었다. 특히 독일은 장기 집권한 앙겔라 메르켈 총리가 유럽의 목소리를 대변하는 여제로 군림하면서 유럽연합을 이끄는 기관차로 부상했다. 1970년대 미국 국무장관 헨리 키신저는 제대로 된 지도자가 없는 게 유럽의 문제라고 불평하곤 했다. 이제 21세기 국제 무대에서는 독일 총리가 유럽에서 가장 강한 지도자인 것만은 틀림없다.

독일은 분열되고 후진적인 국가라는 콤플렉스를 품은 채, 민족주의를 내세워 기존의 질서에 도전했을 때 큰 실패를 경험했다. 두 차례의 세계대전은 그들이 경제발전을 통해 쌓은 양적 기반을 바탕으로 국제사회의 중심으로 우뚝 서려는 시도였다. 무력을 통해 주변과 세계를 발아래 놓으려는 이런 시도는 필연적으로 다른 세력의 연합과 반격을 초래한다. 베르사유조약이나 제2차 세계대전 이후 독일의 분단은 이런 무리한 시도가 초래한 결과였다.

반대로 다른 세력의 지배를 받아들이면서 점진적으로 상황을 개선하려고 노력했을 때 독일은 성공 신화를 만들며 도약할 수 있었다. 서독은 미국, 영국, 프랑스의 군사 점령을 수용하면서 라인강의 기적을 일궈냈다. 또 프랑스가 강요하는 마르크화의 포기와 단일화폐 유로로의 통합을 받아들임으로써 통일을 이뤄냈다. 그 결과 통일 독일은 프랑스 경제를 추월할 수 있었다. 독일의 지도자들은 세계대전이나 유대인 학살에 대해 끊임없이 반성하고 빈번하게 무릎을 꿇어 국제 무대에서 도덕적 지도력을 인정받고 있다. 그 덕분에 주변국을 안심시키면서 지역적 헤게모니를 얻은 것이다.

14

일본
동아시아 발전의 선두주자

서구는 16세기부터 500년 가까이 세계경제를 지배했다. 초기 포르투갈과 스페인 등 유럽의 선두주자들이 지중해에서 대서양으로 진출하면서 통합된 세계경제 체제를 만들었고 이후 네덜란드, 영국, 프랑스, 독일, 미국 등 대서양 양쪽의 서유럽과 북아메리카 나라들이 새로운 중심으로 등장했다. 세계 자본주의는 유럽문명의 배 속에서 잉태되어 지구를 지배하는 시스템으로 부상한 셈이다.

일본은 서구 중심 세계 자본주의 시스템에 처음으로 균열을 일으킨 주인공이다. 19세기 중반 서양 세력이 지구 반대편 동아시아까지 진출해 제국주의의 마수를 뻗칠 무렵만 해도 중국과 일본의 사정은 비슷했다. 1840년대 당시 세계의 패권국 영국은 아편전쟁을 통해 청나라의 문을 열었고, 10여 년 뒤 미국은 매슈 페리 제독의 함대를 파견해 강제로 일본을 개방했다. 서세동점의 충격이 전통을 중시하는 두 동아시아 대국의 내부 균형을 깨뜨린 것이다.

이처럼 유사한 외부 충격을 겪었는데도, 두 나라의 이후 경로는 완전히 달랐다. 청나라는 기존의 체제를 유지하면서 개혁을 시도했지만, 근본적인 근대화 궤도에 올라서는 데 실패했다. 반면 일본은 메이지유신으로 상징되는 변화의 기치를 내걸고 부국강병을 추진한 결과 서구와 견줄 만한 근대 선진 국가 건설에 성공했다. 서양 세력이 강제로 두 나라의 문호를 개방한 지 반세기가 지나서 발발한 청일전쟁에서 일본은 동아시아의 중심 청나라를 무너뜨리며 근대화에 성공했음을 만천하에 드러냈다.

이후 일본은 많은 우여곡절을 겪으면서도 동아시아 발전의 선두주자 역할을 톡톡히 해냈다. 때로는 침략과 강탈의 제국주의 세력으로, 때로는 모방과 학습의 시범 사례로 앞서 달려 나갔던 것이다. 따라서 동아시아의 선두주자 일본의 성공과 한계를 밝히는 일은 현대 세계를 이해하는 데 필수적인 과제다.

도쿠가와막부 시대의 상업문화

일본의 신속한 근대화 성공을 단순히 한 시대를 책임진 엘리트의 선견지명이나 뛰어난 능력만으로 설명하기는 곤란하다. 정치나 정책을 중심으로 세계를 설명하려는 대부분의 전통적 역사관은 기존 일본의 조건보다는 메이지유신을 추진한 세력의 역할을 강조한다. 그러나 근대화 이전 도쿠가와막부 시대(1600~1867)의 일본은 이미 다양한 성공의 조건을 갖추고 있었다.

첫째는 정치의 안정과 분점이다. 일본은 16세기 말 한반도와 대륙을 차지하려는 전쟁에서 실패한 뒤 일본열도의 막부 지배체제를 탄탄히 구축해 270여 년에 달하는 평화의 시대를 열었다. 막부제도는 권력의 집중과 분산을 교차시키는 흥미로운 형식의 정치를 실현했다. 국가의 상징적 권력은 여전히 천황에게 있지만, 실질적 권력은 막부에서 독점하는 집중과 분산의 대항관계가 있었고, 지리적으로도 천황의 교토와 막부의 에도가 대립하는 관계였다. 또한 실질 권력에서는 중앙의 막부와 지방의 번(藩)이 공존했다. 동아시아에서 한반도나 중국대륙은 모든 권력이 중앙으로 집중되었던 반면, 일본은 유일하게 봉건제였다. 물론 중앙 막부의 권력이 지배적이었지만, 지방의 번은 권력 분산의 기반이 되었다. 이런 점에서 일본의 정치제도는 프랑스와 유사한 부분이 있다. 프랑스 국왕이 베르사유 궁에 지방 봉건 귀족을 체류하게 하면서 지배력을 굳혔듯이, 일본의 막부 또한 에도에 지방 번주의 가족을 상주시켰다.

둘째는 상업문화의 발전이다. 정치구조가 경제에 반영되어 막부가 있는 에도가 프랑스의 파리처럼 집중적으로 발전했다. 18세기 세계에서 인구가 가장 많은 도시는 파리도 런던도 아닌 바로 에도였다. 일본은 근대화가 시작되기 이전의 전통 경제체제에서 이미 세계 선두권의 자리를 확실하게 차지하고 있었다는 의미다. 왜냐하면 대도시의 형성은 왕성한 경제활동을 동반하기 때문이다. 특히 도쿠가와막부가 다스리는 일본에서 에도의 성장은 중심과 주변 지역의 잦은 왕래를 통해 가능했다. 전국의 번주들은 에도에 가족을 인질로 둔 채, 사무라이를 비롯한 신하 무리를 이끌고 에도와 번을 정기적으로 왕복했다. 지방 도시와 에도를 연결하는 번주의 잦은 교류 행렬은 일본열도를 하나의 경제적 그물로 엮는 역할을 담당하면서 상업문화의 발전과 확대에 이바지했다.

셋째는 유교문화의 영향으로 커진 학습에 대한 열정이다. '학이시습지 불역열호(學而時習之 不亦說乎)'로 시작하는 『논어』는 동아시아 문화의 공통분모다. 유럽과 서구문명이 만들어낸 자본주의 경제발전을 가장 성공적으로 학습한 후발주자들이 동아시아에 있다는 사실은 우연이 아니다. 일본은 쇄국정책을 시행하면서도 나가사키의 데지마(出島)를 간헐적으로 개방해 네덜란드와 교역을 유지했다. 그 결과 유럽의 정보와 학문을 접할 수 있었다. 네덜란드의 학문이라 해서 '란학(蘭學)'이라 불린 지식 인프라는 메이지유신 이후 일본이 서구문명을 신속하게 받아들이는 기반이 되었다. 일본은 개국 이전에 이미 서구의 언어를 학습하기 위한 사전이 있었고, 번역된 책이 다수 존재했으며, 이를 전공하는 상당수의 사무라이 학자가 있었다. 학습에 대한 유교적 열정과 란학이라는 지식 인프라가 만나면서 서구문명의 대량 수입을 위한 조건이 무르익었다.

일반적으로 일본 근대화의 결정적 사건으로 1868년의 메이지유신을 꼽지만, 도쿠가와막부 사회의 잠재적 능력을 보여주는 증표는 그 외에도 많다. 당시 일본은 정치적 안정을 누렸지만, 그렇다고 진화가 불가능할 정도의 견고함과 경직성을 가진 것은 아니었다. 사회적으로도 사농공상의 유교적 질서가 지배적이었지만, 발달한 상업문화는 두꺼운 상인계층의 형성을 가능하게 했다. 또 학습에 대한 열정은 고전뿐 아니라 해외의 선진 문물에 대한 문을 열어놓았다.

일본 군함, 태평양을 건너다

메이지유신을 통한 본격적 정치개혁 이전에 이미 일본은 서구를 모델로 하는 부국강병 전략을 펼치기 시작했다. 1853년 미국 증기선의 위력을 경험한 일본은 곧바로 선진국 따라잡기 전략에 착수했다. 아편전쟁을 통해 대국 청나라가 서방의 함선에 힘없이 무너진 소식을 이미 접했던 일본은 바다를 지배하는 증기선의 중요성을 인식하고 모방과 학습에 뛰어든 것이다.

일본은 네덜란드에서 선박을 긴급 수입했고 나가사키의 네덜란드인을 통해 항해술을 배웠다. 일본 최초의 근대적 군함 간린마루(咸臨丸)는 1860년 시나가와(品川)를 출발해, 한 달 남짓 항해한 뒤 미국 샌프란시스코에 도착했다. 힘을 앞세운 미국에 개항당한 충격이 채 가시기도 전에 거대한 태평양을 자신의 힘으로 가로지르겠다는 야심 찬 계획을 추진했고, 7년 만에 성공했던 것이다.

일본 근대화의 아버지라 불리는 후쿠자와 유키치는 태평양을 건너가 미국에서 웹스터 사전을 사 들고 귀국했다. 그리고 기존의 란학을 바탕으로 영어, 프랑스어 등 서구의 다양한 언어와 문화, 학

일본에 흑선의 공포를 안긴 미국의 페리 제독이 상륙하는 광경
페리 제독은 일본을 개국하라는 당시 미국 대통령 밀러드 필모어(Millard Fillmore)의 친서를 소지한
채 1853년 7월 8일 일본에 상륙했다. 페리 제독이 끌고 온 함대의 배는 일본이 가지고 있던 가장 큰
배보다 여섯 배 이상 컸다.

문과 기술을 일본의 것으로 소화하는 데 앞장섰다. 또한 일본은 부
국강병을 추진하기 위해 국가가 나서서 미국은 물론 영국, 네덜란
드, 프랑스, 독일 등 서구 열강의 다양한 전략을 학습했다. 한반도나
중국대륙과 비교해보면, 일본은 중앙의 막부와 지방의 번들이 일종
의 정치적 경쟁관계에 있었다. 일례로 1863년 조슈번(長州藩)은 다
섯 명의 무사를 비밀리에 런던으로 파견해 중앙 막부에 대한 무력
도전, 일명 도막운동(倒幕運動)을 준비했다.

　중앙의 막부가 지배하면서도 형식적으로 다원구조였던 일본은
번을 중심으로 개방정책에 나섰던 셈이고, 결국 이 운동은 천황─막

부의 이원구조를 활용해 메이지유신으로까지 발전할 수 있었다. 런던에 파견된 사무라이 가운데 한 명이 일본은 물론 동아시아 역사에서 중요한 역할을 담당한 이토 히로부미였고, 귀국 후 그는 메이지유신과 일본 부국강병의 대표적 인물로 성장했다.

1868년의 메이지유신은 막부의 지배를 끝내고, 새로운 근대국가의 건설에 나서는 계기가 되었다. 메이지유신은 조슈번과 사쓰마번(薩摩藩)의 연합 세력이 천황을 중심으로 통일정권을 수립하는 한편, 중앙정부가 위로부터의 근대화 전략을 본격적으로 시행하는 시발점이 되었다. 이후 일본은 놀라운 근대화의 길을 걷게 된다.

미국의 민족주의 전문가 리아 그린펠드(Liah Greenfeld)는 근대화 과정에서 민족을 중심으로 나라의 동력이 집중되면서 성공적인 자본주의 발전이 이루어진다는 가설을 내세웠다. 그는 『자본주의 정신: 민족주의와 경제적 성장*The Spirit of Capitalism: Nationalism and Economic Growth*』이라는 저서에서 17세기 영국에서 만들어진 민족주의와 자본주의의 시너지가 이후 프랑스와 독일로 전파되었고, 19세기가 되면 유럽을 넘어 일본과 미국으로 확산되었다는 주장을 전개했다. 특히 일본을 부국강병의 이데올로기를 중심으로 민족주의와 경제발전이 뒤엉켜 하나로 인식되는 대표적인 사례로 보았다.

기업가가 된 사무라이

실제 메이지유신 이후 근대국가로서 일본의 가장 커다란 목표는 경제발전을 이룩하는 것이었다. 그리고 이 과정에서 제일 중요한 역할을 담당한 것은 사무라이집단이다. 이들은 동아시아에서 유례를 찾기 어려운 일본만의 특징이다. 한반도나 중국대륙을 지배한 것은 평화적인 유교 전통의 인문주의자이자 학자였지 칼을 다루는 무사가 아니었기 때문이다. 이런 점에서 일본은 전쟁을 업으로 삼는 기사와 귀족이 지배하는 유럽과 비슷했다. 일본이 서구의 전투적인 문화를 가장 성공적으로 수입한 것도 우연은 아닐 테다.

서유럽과 비교했을 때 일본은 사무라이의 수도 엄청나게 많았다. 프랑스의 경우 귀족의 비중이 인구의 2퍼센트 남짓이었다면, 일본은 5~7퍼센트에 달하는 사람들이 사무라이계층을 형성했다. 도쿠가와막부의 평화 시대에 전쟁을 업으로 삼는 사무라이계층은 불필요한 잉여집단으로 전락했고, 상당수가 거지와 다름없는 낭인이 될 정도로 신분이 하락했다. 이들에게 메이지유신과 근대국가 건설은 300년을 기다린 단비와 같았다. 1873년에 농민도 무기를 들 수 있는 국민징병제가 시행되면서 사무라이는 전통적 군인의 특권을 상실했지만, 근대화의 첨병이라는 새로운 역할을 부여받았다. 칼을 버리고 책을 든 사무라이는 근대국가의 관료로 안성맞춤이었다. 이들은 마치 전쟁하듯 국민을 동원하고 온 힘을 다해 근대국가 건설의 임무를 수행하고자 나섰다.

근대 기업가도 사무라이계층에서 대거 탄생했다. 물론 도쿠가와막부 시대의 상업문화 전통을 이어가는 미쓰이(三井)나 스미토모(住友) 같은 기업도 있었지만, 국가가 주도하는 새로운 자본주의 경제를 이끄는 것은 사무라이 출신의 기업인들이었다. 이들은 사업을

개항기에 활발한 무역이 이뤄진 요코하마항
사무라이 출신의 기업인들은 상업활동이 이익 창출을 위한 자본주의 활동이 아닌 근대국가 건설을 위한 국민의 집단적 노력이라고 생각했다.

이익 창출을 위한 자본주의 활동이라기보다는 근대국가 건설을 위한 국민의 집단적 노력으로 생각했다. 과거 유교에서 천시하던 상인의 문화는 비난하면서, 장기적인 신뢰와 충성을 중시하는 새로운 기업문화를 내세웠다. 서구에서 상인을 중심으로 만들어진 자본주의 문화가 일본에 와서는 국가 건설과 긴밀하게 결합하면서 새로운 형태로 발전하게 된 것이다.

1895년의 청일전쟁과 1905년의 러일전쟁은 반세기 동안 지속한 일본의 근대화 노력이 거둔 성공을 증명하는 사건들이다. 이 두 전쟁은 한반도를 무대로 삼아 진행된 세력 다툼으로 일본의 총체적 국력이 얼마나 성공적으로 강화되었는지를 잘 보여준다. 일본은 두 전쟁을 계기로 타이완과 한반도를 제국의 영토로 병합함으로써 서구가 앞서 걸어간 근대국가는 물론 제국주의의 길까지 답습하고 나섰다. 이제 승승장구하는 일본을 막을 수 있는 세력은 없는 것처럼 보였다.

20세기에 들어서면서 일본은 동아시아를 넘어 세계적 야심을 키우기 시작했다. 일본이 모델로 삼는 영국, 프랑스, 독일 등은 세계를 지배하려는 제국주의 세력이었으며, 미국 또한 태평양과 대서양을 무대로 활동하는 세계적 강대국이었기 때문이다. 1922년 미국 워싱턴에서 체결된 해군조약은 일본이 세계의 바다를 누비는 강국으로 부상했음을 명확하게 보여줬다. 다섯 개국이 체결한 이 조약은 미국, 영국, 일본, 프랑스, 이탈리아의 전함과 항공모함의 규모를 각각 5:5:3:1.75:1.75 비율로 분배했다. 서세동점의 상징인 해군력에서 일본은 과거 흑선의 충격을 극복하고 이제 세계가 인정하는 제3의 해양 강국으로 부상한 것이다.

19세기 세계경제의 중심은 영국이었고 산업혁명을 상징하는 제일 중요한 산업은 면직산업이었다. 면화 원재료를 생산하는 미국에서 남북전쟁이 발발하던 1860년, 세계 면직기계의 3분의 2는 영국에 있을 정도로, 영국이 세계의 공장이라는 등식은 자연스러운 것이었다. 1867년 일본의 사쓰마번은 영국에서 면직기계를 처음 수입했다. 현대적 산업화의 첫걸음을 내디딘 것은, 다시 한번 강조하지만, 중앙의 막부 정부가 아니라 지방의 번이었던 셈이다.

서구 열강과 어깨를 나란히 하다

영국 유학에서 돌아와 내무경(內務卿)을 맡은 히로부미는 1880년대 일본의 면직산업을 육성하기 위해 국가 역량을 총동원했다. 그 결과 1890년대가 되면 일본의 면직시장은 거의 일본의 자체 생산품으로 채워졌고, 면직 생산을 위한 가내수공업 또한 사라지게 되었다. 이후 1920년부터 1937년까지 일본 면직산업은 황금기를 맞게 된다. 1933년은 일본의 면직 의류 수출이 영국을 초월하게 된 역사적 순간이다. 일본은 해군력과 마찬가지로 면직산업에서도 영국과 미국을 바로 뒤쫓는 제3의 세력으로 떠올랐다.

면직산업은 산업혁명을 대변하는 상징적인 산업이다. 면직뿐 아니라 공산품 생산을 전반적으로 살펴보더라도 일본의 부상은 놀라운 속도로 진행되었다. 1929년 세계 공산품 수출시장에서 영국, 독일, 미국은 각각 20퍼센트 정도를 차지했고, 프랑스가 10퍼센트를 차지했으며, 일본이 4퍼센트를 차지해 5위였다. 1937년이 되면 일본은 세계시장의 6.9퍼센트를 차지하는 수준으로 성장함으로써 5.8퍼센트로 하락한 프랑스를 제치고 4대 공산품 수출국으로 올라섰다.

당시 1930년대는 대공황으로 세계가 어려움에 부닥쳤던 시기다. 기존 강대국들의 틈새를 비집고 성장해 자신의 입지를 군혀야 하는 일본은 서구 제국주의와의 충돌을 불가피한 것으로 인식했고, 군부의 모험주의는 결국 제2차 세계대전에서 미국과 맞붙는 결과를 초래했다. 일본은 흑선의 충격 이후 100년 가까운 기간에 놀라운 경제발전의 성과를 이룩했지만, 부국강병의 생존전략을 무리하게 확장해 제국주의의 함정에 빠지고 말았다. 반복되는 승리에 도취해 무력을 통한 지배를 과신했고 그 결과 처참한 원폭 피해와 패배를 경험하게 되었다.

제2차 세계대전이 종결되고 미국이 만든 자유주의 질서인 브레턴우즈체제에서 일본은 가장 많은 혜택을 누린 나라였다. 미국은 냉전의 상황에서 자유진영 국가들에 자국의 시장을 개방함으로써 수출을 통한 경제발전을 가능케 했기 때문이다. 일본은 특히 저평가된 엔화를 통해 수출에 큰 도움을 받을 수 있었다. 게다가 국방을 미국이 담당함으로써 군사비용의 부담을 덜 수도 있었다.

개국 이후 100여 년이 부국강병이라는 목표를 추구하는 시기였다면, 20세기 후반부터는 군사력을 포기한 평화노선을 헌법으로 정해 추진했다. 바로 이 평화와 경제 중심 전략으로 일본은 이전보다 훨씬 뛰어난 성공을 거뒀다. 당시 일본은 미국, 영국, 프랑스, 독일 등 서방의 그 어떤 선진국보다 높은 성장률을 기록했다. 1955년과 1975년 사이 일본의 연평균 국내총생산(Gross Domestic Product, GDP) 성장률은 8.6퍼센트에 달했고, 1인당 국민소득 성장률은 9퍼센트라는 경이로운 수준이었다.

경제 중심 발전국가 모델

20세기 전반기에 일본은 면직산업에서 영국을 추월했듯이, 후반기

2005년 세계박람회의 도요타관
도요타는 1930년대부터 자동차를 생산하기 시작해 20세기 세계 최대 자동차기업으로 올라섰다.

에는 자동차산업에서 미국에 도전장을 내밀었다. 원래 직물기계 산업을 기반으로 사업을 일으킨 도요타는 1930년대부터 자동차를 생산하기 시작해 20세기 세계 최대의 자동차기업으로 올라섰다. 일본은 도요타 외에도 닛산, 미쓰비시, 혼다, 마쓰다(Mazda) 등 다수의 자동차기업이 치열하게 경쟁하는 체제를 갖추고 있다. 또 전자산업에서도 세계를 주도하는 나라로 떠올랐다. 1960년대에는 트랜지스터를 활용하는 가내 전자제품 시장에서 지배적인 위상을 차지하면서 소니, 도시바, 히타치, NEC, 파나소닉 등 다수의 세계적 브랜드를 보유하게 되었다. 카메라의 캐논이나 팬탁스, 복사기의 리코

(RICOH) 등은 20세기 후반 세계 전자제품 시장을 풍미한 브랜드들이다.

이처럼 다수의 유능한 기업군을 정부가 조정하고 조율하면서 일본은 세계시장을 점령해갔다. 그것은 마치 군대의 사령관이 다수의 사단을 전선에 배치해 작전을 펴나가는 모습과 유사했다. 무기를 버렸을 뿐 경제 부문에서의 전쟁은 계속되는 셈이었고, 정치경제학자인 스테판 해거드(Stephan Haggard)는 일본의 이러한 모델을 '발전국가(Developmental State)'라는 유형으로, 동명의 책에서 분석했다. 세계시장을 지배하는 기업을 다수 거느리고 있다는 점에서 일본은 분명 부국이었지만, 국민이 풍요로운 생활을 누린다고 보기는 어려웠다. 오히려 국민은 다른 선진국에 비해 작은 집에 살았고, 작은 차를 몰았으며, 소비보다는 저축에 더 전념하는 편이었다. 그런 일본인이 가장 적극적인 소비에 나선 것이 있다면, 값이 천정부지로 치솟는 주택에 대한 투자였다. 기업과 시민이 동시에 몰려들면서 만들어진 부동산 버블이 1990년에 붕괴하면서 일본은 장기 침체의 길로 들어섰다. 물론 부동산만이 장기 침체의 원인은 아니었다. 인구의 정체와 고령화, 비생산적인 공공 부문에 대한 투자, 혁신적 사고와 시도를 억누르는 보수적 문화 등이 모두 침체를 지속시키는 원인이었다고 볼 수 있다. 1980년대에 한동안 일본이 미국을 추월할 것이라는 장밋빛 예측이 나돌기도 했지만, 이제 일본은 화석화되는 공룡의 모습이다.

세력의 흥망성쇠는 인류 역사의 기본 패턴이다. 일본은 제2차 세계대전에서 패망할 때까지 군사적 전성기를 구가했고, 경제적으로는 전후인 1950년대부터 1990년까지 황금기를 맞았다. 하지만 그 이후 지난 30여 년 동안 쇠퇴의 길을 걸어왔다. 그렇지만 부국의 관점에서 일본은 여전히 세계의 선두를 달리고 있다. 일본의 국내총생산 규모는 미국과 중국에 이어 세계 3위를 유지하고 있으며, 일본의 수출산업은 여전히 세계시장에서 경쟁력을 갖는다. 특히 동아시아의 국제 분업구조에서 일본은 한국, 타이완, 중국으로 연결되는 생산사슬의 중요한 고리를 형성하고 있다. 고도의 기술력이 필요한, 부가가치가 높고 핵심적인 부품 생산에서 여전히 경쟁력을 자랑하기 때문이다. 더는 일본을 동아시아 경제의 기관차라고 부르기는 어렵지만, 일본 없는 동아시아 경제를 말하기도 힘들다. 그만큼 핵심 기술과 노하우를 보유하고 있다는 의미다.

일본과 독일의 공통점

부국의 계보에서 일본은 독일과 많은 공통점을 가지고 있다. 두 나라는 영국이나 프랑스에 비해 경제발전의 후발주자에 속하는데, 각각 1868년의 메이지유신과 1871년의 독일제국 건국과 함께 신속한 발전의 궤도에 올랐다. 두 차례 세계대전을 거치면서 경제적 성공의 결실을 군사적 모험으로 날려버렸다는 사실도 공유한다. 또두 나라 모두 전후에는 강병의 선택지를 버리고 경제에 집중한 결과 놀라운 성장의 기적을 이뤄냈다. 하지만 1990년 이후 일본과 독일은 완전히 다른 경로를 걸었다. 독일은 통일을 이룸으로써 국가

마천루로 둘러싸인 도쿄 신주쿠의 광경
1868년 메이지유신으로 빠르게 경제발전의 궤도에 오른 일본은 오늘날 평화의 길에서 벗어나 다시 군사적 '정상국가'를 꿈꾸고 있다.

의 규모를 키워 다시 웅비하는 기회를 얻었다. 특히 유럽 통합에 적극적으로 동참해 과거를 반성하고 이웃을 안심시키면서 미래 발전의 기반을 탄탄히 다졌다. 달리 표현하자면 독일은 자신을 낮춤으로써 유럽의 중심으로 다시 태어난 것이다. 인구 감소 문제도 순혈주의를 포기하고 이민을 적극적으로 받아들이는 정책으로 전환해 새 길을 모색하는 중이다.

　반면 일본은 과거의 영광을 되씹으며 이웃과의 관계를 오히려 악화시키는 중이다. 역사적으로 가장 성공적이었던 평화적 경제발전의 길에서 벗어나 지금은 다시 군사적 '정상국가'를 꿈꾸는 상황이다. 무엇보다 일본은 실제 인구가 매년 감소하는데도 이민으로 새로운 피를 수혈할 상상조차 하지 않는 듯하다. 독일이 유럽연합이라는 세계 최대 경제 공동체의 핵심으로 자리매김하는 동안, 일본은 중국에 동아시아의 중심 자리를 빼앗긴 것은 물론 한국과도 역사를 둘러싼 분쟁으로 힘을 합치지 못하는 형국이다. 향후 일본이 동아시아 발전의 선두주자라는 역사적 징표만을 남긴 채 무기력하게 침몰할지, 아니면 솔직한 반성과 새로운 정신을 바탕으로 19세기 중반과 같은 혁신의 능력을 보여줄지 의문이다. 2020년대는 역사적 대립의 부담에도 불구하고, 많은 전략적 이익과 사회적 가치를 공유하는 한국과 일본이 머리를 맞대고 함께 미래를 고민하는 시기가 되기를 기대해본다.

15

칠레

라틴아메리카 시장경제의 기수

경제발전의 수준만 놓고 본다면 칠레를 앞서는 나라는 많다. 폴란드, 헝가리, 체코 등 우리가 미처 다루지 않은 중부와 동부 유럽의 나라들이 있고, 같은 남반구에도 오스트레일리아나 뉴질랜드가 칠레보다는 더 풍요로운 삶을 누리고 있다. 하지만 칠레는 유럽이 세계로 진출해 식민지로 삼은 지역에서 부상한 새로운 주자다. 게다가 유럽계가 국민의 대다수를 차지하는 캐나다, 오스트레일리아, 뉴질랜드와는 달리 칠레는 인구 대부분이 메스티소(Mestizo), 즉 유럽인과 현지인의 혼혈집단이다.

칠레는 라틴아메리카를 대표할 만큼 이 지역에서 가장 성공적인 경제발전을 이룩한 국가다. 만약 주된 관심사를 라틴아메리카의 경제 강국에 둔다면 멕시코나 브라질을 다뤄야 할 것이다. 인구 2억 명이 넘는 브라질은 2019년 국내총생산이 1조 8,000억 달러로 라틴아메리카에서 최대 규모다. 인구 1억 2,000만 명을 넘은 멕시코도 국내총생산이 1조 2,000억 달러에 달한다.

이에 비해 칠레의 인구는 1,800만 명 정도에 불과하다. 다만 2019년 국제통화기금의 추정에 따르면 1인당 국민소득은 1만 5,000달러 이상으로 멕시코(1만 118달러)나 브라질(8,797달러)보다 높다. 브라질이 브릭스(BRICS)라는, 새로 떠오르는 강대국 클럽에서 러시아, 인도, 중국, 남아프리카공화국 등 강대국들과 어깨를 겨누고 있고, 멕시코는 미국 및 캐나다와 북미자유무역지대(North American Free Trade Agreement, NAFTA)를 형성하고 있지만 칠레만큼 높은 소득수준을 자랑하지 못한다는 말이다. 국제연합(United Nations, UN)이 발표하는 인간개발지수(Human Development Index, HDI)에서도 칠레는 우루과이와 함께 라틴아메리카의 선두주자다. 작지만 부유한 나라 칠레는 어떻게 남반구의 스위스가 될 수 있었을까.

세계에서 제일 긴 나라

아르헨티나의 작가 에세키엘 마르티네스 에스트라다(Ezequiel Martínez Estrada)는 이웃 나라 칠레를 두고 "지구에서 위치와 모양이 제일 나쁜 나라"라고 표현했다. 위치가 나쁘다는 것은 세상에서 동

떨어져 있다는 뜻이다. 칠레는 서쪽으로는 광대한 태평양이 펼쳐져 있고, 남쪽으로는 남극해에 발을 담그고 있다. 동쪽은 아메리카의 척추라고 할 수 있는 안데스산맥으로 막혀 있고, 북쪽은 아타카마 사막으로 단절되어 있다.

국제개발 분야의 석학인 미국의 경제학자 제프리 삭스(Jeffrey Sachs)는 『빈곤의 종말*The End of Poverty: Economic Possibilities for Our Time*』에서 바다에 접한 나라는 복 받은 나라이지만, 육지에 갇힌 나라는 발전이 어렵다고 설명한 바 있다. 바다는 이동이 비교적 수월하므로 교류와 발전이 그만큼 쉽기 때문이다. 다만 칠레가 접한 바다는 정작 다른 육지들과 너무나 멀리 떨어져 있어 큰 도움을 주지 못했다.

칠레는 1540년대 스페인제국이 침공해 식민지로 삼았지만, 산티아고 근처 연안에서 배를 타고 대륙의 남쪽 끝을 돌아 대서양을 건너 유럽의 카디스까지 가는 데 95일이나 걸렸다. 거대한 태평양을 건너야 하므로 동아시아까지의 길도 짧다고 할 수 없었다. 스페인제국이 지배하는 라틴아메리카의 중심지는 중미의 멕시코와 남미의 페루였다. 각각 아스테카제국과 잉카제국이 있었던 곳이다. 그 시기 칠레는 페루의 중심지 리마에 지배받는 처지였다. 칠레는 말하자면 스페인제국 '주변의 주변'이었던 셈이다.

칠레는 세상에서 제일 긴 나라로 유명하다. 남북으로 4,200킬로미터의 길이를 자랑하면서도 폭은 평균 140킬로미터에 불과해 뱀 모양을 하고 있다. 뜨거운 열대기후로 가득한 아타카마사막부터 빙하가 지배하는 남극권까지 자연의 다양한 파노라마가 펼쳐진다. 게

칠레의 대통령궁
한때 라모네다라 불린 조폐국 건물이었다. 변변한 공공기관 건물이 없을 정도로 스페인 식민지 시절의 칠레는 주변부 국가였다.

다가 140킬로미터의 짧은 폭 안에 드높은 안데스산맥이 솟아 태평양과 마주하고 있으니, 인구 대국으로 성장하는 데는 명백한 한계가 있다. 실제 칠레에서 사람들이 주로 모여 생활하는 지역은 온대 기후를 가진 수도 산티아고 부근이다. 현재 전체 인구의 3분의 1 정도인 540만 명이 산티아고에 거주한다.

16세기 중반부터 19세기 초까지 스페인제국의 식민지였던 칠레는 인구 70만 명 정도에 불과한 작은 주변부였다. 참고로 미국은 1776년 독립 당시 인구가 250만 명이었다. 식민 초기에 건설된 도시 산티아고가 중심 역할을 하지만, 그곳에는 1758년이 되어서야 산펠리페(San Felipe)왕립대학교가, 1805년이 되어서야 조폐국이 설립되었다. 라모네다(La Moneda)라고 불리는 이 조폐국 건물은 19세기 독립 이후부터 대통령궁으로 사용되고 있다. 그만큼 변변한 공공기관 건물이 없었다는 의미다.

식민 시기 칠레는 라틴아메리카의 중심지인 리마에 식량과 생필품을 제공하는 생산기지에 불과했다. 스페인령 아메리카의 번화한 수도 리마에 밀을 수출하던 칠레였기에 '칠레 없는 리마는 없다'라는 표현이 생겼고, 축산업의 발전으로 칠레는 '수지(獸脂)의 나라'로 불렸다. 스페인제국의 가장 빛나는 부를 생산하는 곳은 남아메리카의 칠레가 아니라 포토시 광산이었다. 19세기 라틴아메리카의 스페인제국이 붕괴되자 리마는 페루의 수도가 되었고, 포토시 광산이 있던 지역은 볼리비아로 독립했다.

개가 짖지 않는 이유

제도주의 경제학으로 노벨상을 받은 노스는 자유로운 영국과 봉건적인 스페인을 비교한다. 영국은 사람들이 신분에 얽매이지 않고 자유롭게 경제활동을 할 수 있는 제도를 발전시켰다. 영국에는 자유롭게 토지를 사고파는 시장이 있었기 때문에, 누구나 땅을 사서 생산적인 방법으로 농사지을 수 있었고 토지의 사적 소유권도 법원이 잘 지켜주었다. 반면 스페인은 자유로운 시장에서 사람들이 활동할 수 있는 제도적 여건을 갖추지 못했다. 그 결과 스페인보다는 영국에서 장기적으로 경제발전이 일어날 수 있었다는 설명이다.

그는 한발 더 나아가 영국의 발전 친화적 제도는 미국에 이식되었고, 스페인의 봉건적 제도는 라틴아메리카에 수출되어 뿌리를 내렸다고 말한다. 말하자면 제국주의를 통해 영국의 발전적 제도와 스페인의 봉건적 제도가 신대륙으로도 확산되었다는 주장이다. 실제 미국은 자본주의 발전에 도움이 되는 강한 사적 소유권이나 법치국가의 전통을 영국에서 이어받았다. 하지만 라틴아메리카는 노예제나 노동을 억압하는 대농장제도와 같은 봉건적 관습을 유지했고 미국과 달리 국가가 개인의 경제적 자유를 보호해주지 못했다.

영국과 스페인 등 모국의 제도가 미친 영향을 부정하기는 어렵지만, 다른 구조적 요소들이 식민지 아메리카에서 더 큰 역할을 했다는 주장도 있다. 예를 들어 미국은 현지 원주민들을 거의 멸종시킨 끝에 백인들만의 나라를 만들었고, 결과적으로 평등한 정치사회 질서를 이룰 수 있었다는 것이다. 반면 라틴아메리카는 원주민들이 상당 부분 생존해 사회의 기층을 이루는 한편, 사탕수수와 같은 열대작물의 재배를 위해 아프리카에서 노예를 대량 수입했기 때문에 '백인-원주민-흑인'으로 이어지는 매우 불평등한 사회구조가 만들어졌다. 모든 사람이 평등하게 경쟁하는 사회질서가 미국에서는 쉽게 만들어졌지만, 라틴아메리카에 뿌리내리기는 무척 어려웠다는 지적이다.

미국의 정치학자 프랜시스 후쿠야마(Francis Fukuyama)는 『정치질서와 정치 붕괴: 산업혁명부터 오늘날까지Political Order and Political Decay: From the Industrial Revolution to the Present Day』에서 국가의 중요성을 강조한다. 그는 셜록 홈스의 일화를 인용해, 발생한 사건을 분석하는 것도 중요하지만 동시에 '개가 짖지 않은' 사실도 파악해야 한다고 말한다. 라틴아메리카의 문제는 유럽이나 동아시아처럼 경제발전을 강하게 추진할 수 있는 효율적인 국가가 없었다는 것이다. 거시 역사적으로 강한 국가를 만들어내는 것은 전쟁의 경험이나 안보의 위협인데, 실제 라틴아메리카는 유럽이나 동아시아와 비교했을 때 19세기 초의 독립전쟁 이후 무척 평화로운 시기를 보냈다.

국운을 걸고 치열하게 경쟁해야 경제발전의 동인도 강해지고 국가도 효율적으로 진화하는데, 라틴아메리카는 기존의 불평등한 식민지 사회구조를 재생산하는 데만 열중했다는 의미다. 실제로 미국의 정치경제학자인 마르쿠스 컬츠(Marcus Kurtz)의 『라틴아메리카의 국가 건설 비교: 제도적 질서의 사회적 기반*Latin American State Building in Comparative Perspective: Social Foundations of Institutional Order*』이라는 연구서를 보면 19세기부터 현재까지 칠레, 아르헨티나, 우루과이만이 어느 정도 탄탄한 국가를 만들었다. 이들은 역설적으로 사탕수수 대농장이나 금광과 은광 등 식민지 라틴아메리카의 전형적인 경제적 기반을 갖지 못한 주변부 나라들이었다.

라틴아메리카에 있지만, 상대적으로 미국처럼 동질적이고 평등한 사회였던 이 세 나라는 생존하기 위해 강한 국가를 만들어야 하는 소국들이었다. 아르헨티나는 대국 브라질과 자주 전쟁을 치러야 했고, 우루과이는 아르헨티나와 브라질 사이에 끼어 있는 완충국가였다. 칠레 또한 페루 및 볼리비아와 태평양전쟁(1879~1884)을 치렀다. 후쿠야마의 표현을 빌리자면 개가 짖지 않았던 라틴아메리카에서 그나마 칠레, 아르헨티나, 우루과이는 조금은 짖어야 했던 경우라고 할 수 있다.

칠레와 아르헨티나

칠레와 아르헨티나는 스페인제국에서 독립한 이후 사회를 지배하는 엘리트계층이 단결했기 때문에 가장 안정적인 국가체제를 유지해왔다. 멕시코나 브라질처럼 영토가 광활하고 인종적·문화적 다양성이 심한 나라들보다 결집력을 발휘하기가 그만큼 쉬웠던 셈이다. 노예를 동원해 사탕수수나 담배를 농사짓던 제국주의 시대에는 빈곤한 주변부에 불과했지만, 19세기 유럽에서 시작한 산업혁명이 서서히 이곳으로 전파되면서 유럽을 모방하는 전략을 펴기가 한결 수월한 나라로 부상할 수 있었다.

아르헨티나는 20세기 초 경제발전의 대표주자로 부상했다. 1870년대부터 1914년까지 아르헨티나의 연평균 성장률은 6퍼센트로 세계 최고를 자랑했고, 1인당 국민소득은 영국이나 미국보다는 낮았지만 유럽의 프랑스, 독일, 이탈리아보다는 높았을 정도다. 당시 미국과 비슷하게 아르헨티나는 유럽에서 온 이민자들을 대거 받아들인 성장의 메카였다. 21세기의 시드니처럼 당시의 부에노스아이레스 인구의 절반 정도가 이민자일 정도로 아르헨티나는 꿈의 나라였던 셈이다.

하지만 그때부터 지난 100년 동안 아르헨티나는 지속적인 쇠퇴의 길을 걸어왔다. 우선 아르헨티나 경제의 부상은 광활한 대지에 농업과 축산업을 발전시킨 결과였다. 특히 19세기 후반 냉장기술의 발전과 해운의 보편화는 아르헨티나의 곡식과 쇠고기 수출에 결정적으로 이바지했다. 하지만 아르헨티나는 농산물 수출의 다음 단계로 산업화를 진척시키지 못했다. 예컨대 초등교육 수준은 세계 최고였지만, 중등교육은 엘리트주의에 사로잡혀 폐쇄적이었다. 즉 미래를 위해 투자하기보다는 현실에 만족하는 모양새였다.

게다가 20세기 중반 두 차례(1946~1955, 1973~1974)에 걸쳐 아르헨티나를 지배한 후안 도밍고 페론(Juan Domingo Perón)은 자유무역보다는 보호주의를 선택했고, 빈곤을 퇴치한다는 이유로 적극적인 분배정책에 나섰다. 동아시아의 네 호랑이가 자유무역의 기회를 백분 활용하던 바로 그 시기에 아르헨티나는 나라의 문을 닫아걸었던 것이다. 분배정책 또한 정치적 지지를 확보하기 위한 단기적 수단으로 전락했다. 페로니즘(Peronism)으로 불리는 이 정치 이념은 여전히 아르헨티나를 지배하고 있으며, 아르헨티나는 21세기에도 외채와 인플레이션의 늪에서 빠져나오지 못하고 있다.

20세기 초까지의 칠레는 아르헨티나에 비해 낙후된 지역에 불과했다. 하지만 21세기 현재 칠레는 아르헨티나를 추월했고, 라틴 아메리카의 경제 모델로 보아도 손색이 없다. 칠레와 아르헨티나는 모두 20세기에 군부 세력이 집권하는 등 파란만장한 정치사를 경험한 바 있다. 그렇지만 칠레는 아르헨티나와는 다른 경제정책을 선택했고, 이는 안정적인 경제발전의 토대가 되었다.

신자유주를 실험하다

20세기 중반까지 칠레의 정치경제는 라틴아메리카의 다른 나라와 별 차이를 드러내지 않았다. 칠레의 경제는 수출의 90퍼센트를 구리가 차지할 정도로 광산업에 의존하는 전형적인 개발도상국의 구조를 띠고 있었다. 1960년대와 1970년대에 칠레의 인플레이션은 항상 세 자릿수를 기록할 정도로 심각한 상황이었다. 미국은 쿠바에서 공산주의 혁명이 성공한 뒤 라틴아메리카의 공산화를 막기 위해 많은 경제적 지원을 했지만, 이것이 선진화나 경제 발전을 가져오지는 않았다.

칠레는 라틴아메리카에서 독보적으로 새로운 정치실험에 돌입했다. 1964년에는 기독교민주주의(Christian democracy)* 계열의 정당이 집권함으로써 유럽 국가가 아닌 곳에서 해당 이념을 실험하는 최초의 사례가 되었다. 1970년에는 살바도르 아옌데(Salvador Allende)가 주도하는 사회주의 세력이 선거를 통해 집권에 성공했고, 주요 산업의 국영화와 토지 분배정책 등 진보적 정책 프로그램을 실천했다. 하지만 아옌데의 실험은 참담한 실패로 귀결되었다. 농업과 산업 등 모든 분야에서 생산은 축소되었고 인플레이션과 무역 적자는 치솟았다.

---

* 기독교민주주의는 19세기 말에 전통적으로 보수적이던 기독교 세력이 민주주의라는 근대적 이데올로기를 수용하면서 만들어졌다. 정치적 우파에 속하나 물질적 자본주의에 상당히 비판적이라는 점에서 좌파적 성향도 띤다.

추키카마타(Chuquicamata) 광산
칠레 북부의 카라마(Calama) 지역 외곽에 있는 구리광산이다. 해발 2,850미터 높이에 있다.

    왼쪽으로 기울어진 경제정책을 다시 오른쪽으로 조정한 것
은 1973년 쿠데타를 통해 집권한 아우구스토 피노체트(Augusto
Pinochet) 장군의 군사정권이다. 당시 군부 세력은 경제에 대해 무지
했으므로 '시카고 보이스(Chicago Boys)'＊라 불리는 미국 유학파들에
게 정책을 맡겼다. 이들의 스승인 프리드먼은 1975년 칠레를 방문
한 뒤 인플레이션을 잡기 위해서는 '충격요법'이 필요하다는 진단
을 내렸다. 모든 가격을 자유화하고 환율을 시장에 맡기는 과격한

＊ 미국의 시카고대학교에서 통화주의 이론을 개발한 밀턴 프리드먼(Milton Friedman)에게 경
제학을 배운 이들로, 1970년대 칠레에서 신자유주의 경제정책을 펼쳤다. 이후 1980년대 미국의 레
이건 대통령이나 영국의 대처 수상이 이들의 실험을 자국에서 재현했다.

정책으로 1973년 600퍼센트가 넘던 인플레이션율은 1980년대 들어 10~20퍼센트 수준으로 낮아졌다.

신자유주의 이론가 프리드먼의 제자들은 칠레에서 독재의 힘을 빌려 정책실험에 나섰다. 1970년대는 아직 케인스주의 경제정책 패러다임이 지배하던 시절이었던 만큼 신자유주의는 칠레에서 거의 처음 실현되는 셈이었다. 미국의 레이건 대통령이나 영국의 대처 수상보다 빠르게 칠레는 새로운 경제 패러다임의 장을 열었던 것이다.

칠레는 이후 세계를 뒤흔들 신자유주의 정책의 방향을 제시했다. 모든 것을 시장에 맡긴다는 원칙에 따라 400여 개에 달하는 공기업을 민영화했다. 평균 70퍼센트에 달하는 관세를 10퍼센트 수준까지 내려 자유로운 수입을 가능하게 했다. 또 토지 분배를 중단하자 농촌에서 새로운 기업형 농장들이 등장하기 시작했다. 농장의 규모가 커지면서 자본과 노동이 집중되었고, 그러면서 수출을 향한 시도들이 이뤄졌다. 구리라는 하나의 광물에 의존하던 수출구조는 1980년대가 되면 그 비중이 절반 이하로 떨어지면서 다양한 상품의 수출시장이 생기기 시작했다.

칠레의 신자유주의 실험은 경제 분야에만 국한된 것이 아니었다. 사회정책에서도 시장의 원칙이 다양한 분야에 적용되었다. 예를 들어 칠레는 교육 부문에서 바우처정책을 보편화했다. 바우처를 주고 학부모가 학교를 선택하게 함으로써 학교 간 경쟁을 유도한 것이다. 또 연금제도도 시민의 책임과 선택권을 강조하는 한편 민간 보험회사의 역할을 널리 인정했다. 미국이나 영국 등 민주주의 국가에서라면 유권자의 눈치를 보며 시행되어야 했던 신자유주의 정책들이 칠레에서는 군부의 권위주의 권력에 힘입어 시민들에게 강요되었던 셈이다.

칠레의 성공 비결

칠레의 사례는 극단적 정치경제 이데올로기의 함의가 얽혀 있어 차분하게 논의하기가 쉽지 않다. 민주적으로 선출된 진보적 정부를 쿠데타로 무너뜨린 피노체트 군사정권이 가장 노골적인 신자유주의적 정책을 편 나라가 칠레다. 정치와 경제 모두에서 극우적인 요인이 경제발전을 이끌었다는 사실이 많은 사람을 불편하게 한다. 하지만 마음이 불편하다고 현실을 부정해서는 곤란하다.

피노체트 군사정권의 경제적 성과는 부정하기 어렵다. 일단 앞에서 보았듯이 세 자릿수의 인플레이션율이 20퍼센트 이하로 떨어졌고, 평균수명은 1973년 65세에서 1990년 72세까지 증가했다. 라틴아메리카에서 가장 높은 수준이었던 영아 사망률도 가장 낮은 수준으로 떨어졌다. 이런 변화는 경제 관료가 중시하는 통계뿐 아니라 일반 시민의 가장 기초적인 삶의 조건이 향상되었다는 것을 의미한다.

프리드먼과 시카고 보이스의 이야기가 전 세계적으로 유명해진 것은 사실이지만, 칠레의 성공을 반드시 신자유주의의 작품이라고 볼 수만은 없다. 이런 인식과는 별개로 칠레는 상당히 실용주의적 노선을 걸어왔다. 예를 들어 민영화를 대거 추진했지만, 일부 전략적 기업은 군부 실세들이 자신의 영역에 두고 지배하곤 했다. 재정 정책 또한 정부가 수출산업을 장려하기 위해 적절하게 개입하거나 실용주의적 측면에서 속도를 조절한 노력을 발견할 수 있다.

무엇보다 칠레의 성공은 군부독재 시절보다 민주화 이후에 더 활발하게 기지개를 펴면서 전개되었다. 1990년부터 집권한 민주정부 시기에 인플레이션율은 계속해서 하락해 1994년 이후에는 10퍼센트를 넘지 않았다. 1990년 2,500달러에 불과하던 1인당 국민소득은 2019년 기준 1만 5,000달러를 넘어섰으니, 30여 년 동안 적어도 여섯 배 이상 증가한 셈이다.

이웃 아르헨티나와 비교해보면 두 나라 모두 민주화를 다시 이룬 후에도 차이가 이어졌다. 아르헨티나는 정부 지출이 국내총생산 대비 40퍼센트 수준으로 유럽 국가 수준이지만, 칠레는 25퍼센트 정도로 여전히 매우 낮은 편이다. 아르헨티나의 페로니즘이 여전히 포퓰리즘적 전통을 이어가면서 정부 지출을 남용할 때, 칠레는 더욱 책임 있는 정부의 모습을 보였다고 분석할 수 있다. 국내총생산 대비 공공부채의 수준도 아르헨티나는 42퍼센트이고, 칠레는 23퍼센트로 역시 차이를 드러낸다.

결국 칠레가 성공한 이유는 군부독재에 있는 것도 아니고, 극단적 신자유주의 정책에 있는 것도 아니다. 그것은 어쩌면 더욱 단순한 경제적 지혜, 즉 현재보다는 미래를 보고 투자하고 당장 이로운 선택보다는 지금 괴롭더라도 필요한 노력을 지속하는 지혜에 의존한 덕분이다.

천혜의 환경이 주는 풍요로움

물론 칠레에 운이 따르지 않은 것은 아니다. 100년 전 아르헨티나의 발전에 해운과 냉장기술이 크게 이바지했듯이, 칠레 또한 20세기 후반의 세계화 바람과 운송 분야에서의 혜택을 누리며 발전할 수 있었다. 영국의 슈퍼마켓에 칠레산 사과가 등장하기 시작한 것은 1980년대다. 북반구와 반대되는 계절을 누리는 칠레가 과수농사로 틈새시장을 개척한 덕분이다. 칠레의 과일은 미국이나 유럽에서 장 보는 사람들이 선호하는 상품이 되었다.

칠레의 '몬테스 알파(Montes Alpha)'는 한국인들에게도 잘 알려진 와인 브랜드다. 프랑스산 와인보다 저렴하면서도 고급술을 마시는 기분을 선사한다. 국토 전체가 태평양을 바라보는, 세계에서 제일 긴 해안을 가진 칠레는 수산양식에서도 천혜의 환경을 가지고 있다. 해안 지역에서 양식한 연어는 칠레의 짭짤한 수입원이다. 또 남위 18도부터 56도까지의 기나긴 영토는 뜨거운 사막부터 아름다운 풍경의 온대 지역을 거쳐, 스키를 즐기는 산이나 빙하가 떠다니는 남극 바다까지 무궁무진한 관광자원을 선사한다. 또 95일이나 걸리던 유럽대륙까지의 바닷길도 지금은 하루면 충분한 비행길로 대체되었다. 세상과 너무 멀리 떨어져 있어 낙후되었던 칠레는 이제 인구마저 적어 청정 관광의 땅으로 다시 주목받고 있다.

21세기 들어서서 세계화가 심화하자 칠레 같은 나라는 더 큰 혜택을 누리게 되었다. 준비된 나라라면 세계화가 선사하는 기회를 포착할 가능성이 커졌기 때문이다. 칠레는 적극적인 자유무역

몬테스 알파 창고
프랑스 와인보다 저렴하면서도 고급술을 마시는 기분을 선사하는 몬테스 알파는 한국인에게도 잘 알려진 와인 브랜드다.

정책으로 세계에서 가장 많은 자유무역협정(Free Trade Agreement, FTA)을 체결한 국가 중 하나다. 칠레는 실제로 미국, 유럽연합, 중국, 일본 등 세계 주요 경제 대국과 모두 자유무역협정을 체결했는데, 한국이 2004년 최초로 체결한 자유무역협정 대상국이기도 하다. 2010년부터 칠레의 최대 무역 상대는 미국에서 중국으로 바뀌었다. 거대한 태평양도 이제 더는 국가 간 경제관계를 막는 장애물이 되지 못한다. 대서양 시대에 아르헨티나가 빛을 보았다면 태평양 시대에는 칠레가 혜택을 독점하게 될 수도 있다.

물론 2019년 칠레를 뒤흔든 사회적 불안과 반발을 무시할 수는 없다. 산티아고에 비상사태 선포와 야간통행 금지조치까지 내려졌던 상황은 경제발전이 초래한 사회적 격차가 심화한 결과다. 하지만 세계경제포럼(World Economic Forum, WEF)의 2017년 보고서에 따르면 칠레는 여전히 라틴아메리카에서 가장 높은 경쟁력(33위)을 자랑한다. 우루과이(73위)나 아르헨티나(104위) 등 이웃 나라를 크게 앞서며, 멕시코(51위)나 브라질(81위) 등 강대국보다도 앞서 있다. 2021년 선거에서 35세의 학생운동가 출신 가브리엘 보리치(Gabriel Boric)를 대통령으로 선출한 사례에서 볼 수 있듯이, 성숙한 민주주의만이 보여줄 수 있는 유연한 대응과 포용으로 불평등의 문제를 개선한다면 칠레는 앞으로도 여전히 라틴아메리카 경제발전의 선두 자리를 유지할 수 있을 것이다.

6장

단결

부자 나라의 성공 방식을 뒤엎은
작은 나라들

스위스와 싱가포르, 타이완과 스웨덴은 각각 시대와 배경은 다르나
강대국들이 지배하는 국제질서 속에서 국민의 탄탄한 단결력 덕분에
부국의 경지에 도달한 사례들이다.
이들은 단지 풍요만 일궈낸 것이 아니라 나름의 정치경제 모델을 개발해
세계 자본주의에 본보기를 제시하는 역할도 담당하고 있다.

16

스위스

작지만 거대한 부국의 미스터리

스위스는 세계지도에서 찾아보기도 어려울 정도로 작은 나라다. 물론 면적으로만 보면 세계를 호령했던 포르투갈이나 네덜란드도 작은 나라였음은 틀림없다. 하지만 이들은 해외에 진출해 식민지를 차지하며 거대한 세계제국을 형성했다. 반면 스위스는 바다와 접한 지점이 전혀 없는 나라다. 영미권에서 '땅에 갇힌 나라(land-locked country)'라 불리는 이유다.

인류 역사에서 철도가 생기고 고속도로가 뚫리기 전까지 육지는 바다나 강에 비해 이동이 어려웠다. 평평하고 매끄러운 수면 위로 배가 움직이는 것보다 굴곡이 심한 육지에서 이동할 때 더 큰 비용이 발생했다. 고대 그리스와 로마제국을 거쳐 대항해시대의 포르투갈이나 스페인까지 유럽의 주요 부국들은 모두 해양제국이었다.

　게다가 스위스는 독일처럼 거대한 평야가 있는 것도 아니다. 스위스는 알프스산맥과 거의 동의어처럼 쓰일 정도로 국토 대부분이 산악 지역이다. 산이 많으면 평야보다도 훨씬 더 이동이 힘들고 비용도 많이 든다. 인류 역사를 통틀어 땅에 갇힌 나라이자 산악 지역에 있는 국가가 부국으로 부상한 경우는 찾아보기 힘들다. 스위스와 오스트리아가 거의 유일한 예외라고 해도 과언이 아니다.

　이처럼 부국 스위스의 존재는 커다란 미스터리다. 이 신기한 비밀을 풀어나가는 첫 번째 열쇠는 베네치아나 네덜란드의 사례에서 찾을 수 있다. 베네치아는 육지의 전쟁과 바다의 해적을 피해 모인 사람들이 석호에 흙을 부어 만든 땅이지 않았는가. 마찬가지로 네덜란드도 바다를 막고 흙을 메워 만든 영토에 강대한 제국을 형성했다. 적대적인 자연조건이 반드시 발전을 가로막는 요소는 아니며, 오히려 인간의 강한 의지와 협력의 촉진제로 작용할 수 있다는 사실을 스위스에서도 확인할 수 있다.

산악 마을 연합에서 출발한 스위스

2019년 홍콩상하이은행(Hongkong and Shanghai Banking Corporation, HSBC)이 163개국에 거주하는 1만 8,000명의 외국인을 대상으로 실시한 조사에서 스위스가 외국인이 일하기도 좋고 살기도 좋은 나라 1위를 차지했다. 산과 초원이 어우러진 아름다운 자연환경을 가진 부자 나라 이미지가 멋지고 상쾌하게 다가왔던 모양이다. 그러나 스위스가 부자 나라로 부상하게 된 것은 20세기 중반 이후다. 전통적으로 스위스는 유럽 산악 지역의 가난한 나라로 유명했다. 스위스 하면 떠오르는 몇 가지 이미지가 있는데, 이들은 각각 스위스란 나라의 독특한 역사를 반영한다.

어린 아들의 머리에 사과를 올려놓고 활을 쏜 빌헬름 텔의 이야기는 스위스 역사의 대표적 신화다. 중세 알프스산맥에 있었던 어느 산골 마을의 포악한 영주는 도로변 막대기에 자기 모자를 얹어놓고 지나가는 사람들에게 경의를 표하라고 명령했다. 텔은 이 명령을 어긴 죄로 체포당해 아들의 생명을 건 무자비한 시련을 겪어야 했던 것이다. 이 전설과 같은 일은 14세기 초에 벌어졌다고 16세기에 기록되었는데, 19세기가 되면서 민주주의 바람을 타고 유럽 전역에서 유명해졌다. 압제에 저항하는 정신과 용기는 이 이야기를 통해 스위스 민족 정체성의 핵심으로 자리 잡게 되었다.

실제 역사에서 스위스의 모태가 되는 산악 마을 간의 연합은 1291년 우리(Uri), 슈비츠(Schwyz), 운터발덴(Unterwalden) 등이 협력하면서 시작되었고, 이후 루체른, 베른, 취리히 등의 도시를 포함하면서 점차 영역을 넓혀갔다. 원래 스위스에 기반을 두고 있던 합스부르크가문이 오스트리아를 중심으로 전제주의 대국으로 발전했다면, 스위스는 귀족이나 왕족의 지배를 거부하는 독립심 강한 산악 마을과 도시의 연합체로 성장했다.

스위스 하면 떠오르는 또 다른 이미지는 유럽의 전쟁에 동원된 용병들이다. 스위스의 병사들은 원래 캉통(canton)이라 불리는 주

스위스를 상징하는 마터호른
스위스의 모태가 되는 산악 마을 간의 연합은 1291년 우리, 슈비츠, 운터발덴 등이 협력하면서 시작되었고, 이후 루체른, 취리히, 베른 등의 도시를 포함하면서 점차 영역을 넓혀갔다.

(州) 단위에서 운영하는 군대에 속했다. 15세기에 스위스 군인들은 죽음을 두려워하지 않고 싸우는 용맹한 전사로 명성을 떨쳤다. 스위스는 이런 점에서 프랑스대혁명 이전에 이미 군주가 아니라 소속 공동체를 위해 싸우는 근대적 군대의 씨앗을 뿌렸다.

이 덕분에 16세기부터 외국 군주들이 스위스 군인들을 용병으로 활용하기 시작했다. 역설적이게도 목숨을 걸고 싸우는 것은 군인들이었지만 돈을 챙기는 쪽은 캉통 정부였다. 1701년 스위스 용병은 5만 4,000명이었는데, 그 가운데 2만 5,000명은 프랑스에, 1만 1,000명은 네덜란드에 속해 전투를 벌였다. 이처럼 스위스가 강대국 사이에 둘러싸였는데도 독립을 유지할 수 있었던 것은 주변국에서 활약하는 용병들 덕분이라고 할 수 있다. 스위스 용병은 당연히 자국을 공격하지 않을 것이기 때문이다.

요즘도 스위스산 다용도 칼은 유명한 관광상품이다. 이 칼 또한 스위스 군대와 민주적 역사의 산물이다. 귀족만이 무장할 수 있었던 유럽의 전통과 달리 스위스에서는 누구나 칼을 몸에 지닐 수 있었다. 그만큼 스위스는 민주적인 국가였던 셈이다. 총이 칼을 대신하게 된 19세기 말 스위스는 총의 분해와 조립에 필요한 도구이자 근대의 발명품인 깡통을 열기 위해 군대용 다용도 칼을 개발했다. 민주 전통의 군대와 선진적인 산업의 결합이 '스위스 군대 칼(Swiss army knife)'을 낳은 것이다.

언어와 종교의 모자이크

유럽은 작은 대륙인데도 국가가 많은 편이다. 중소 규모의 국가가 옹기종기 모여 있기 때문인데, 스위스는 그중에서도 작은 편에 속한다. 하지만 스위스가 가진 다양성은 유럽에서도 독보적이다. 한국에서 민족의 기본 조건이라고 여기는 언어만 보더라도 스위스는 크게 세 개의 권역으로 나뉘어 있다. 독일어(62퍼센트), 프랑스어(23퍼센트), 이탈리아어(8퍼센트)가 스위스의 주요 언어다.

획일적으로 생각한다면, 과반이 넘는 사람이 포함된 독일어권이 다른 소수 언어권을 흡수해 통일했어야 한다. 또는 언어권마다 스위스 주변의 언어권이 같은 강한 국가에 통합되었어야 한다. 독일어 사용자는 독일과, 프랑스어 사용자는 프랑스와 그리고 이탈리아어 사용자는 이탈리아와 합치는 식으로 말이다. 하지만 스위스 사람들은 언어가 달라도 하나의 민족으로 똘똘 뭉쳐 있다. 다양성을 존중하는 민주 시민 의식을 공유하기 때문이다.

다양성에 대한 배려는 극소수만이 사용하는 로망슈어(Romansh)를 1938년 국어로 인정한 데서도 확인할 수 있다. 현재 이 언어는 불과 3만여 명, 즉 국민의 1퍼센트 미만이 사용하지만, 독일어, 프랑스어, 이탈리아어와 함께 스위스의 공용어다. 스위스의 네 개 공용어 인구를 다 합해도 100퍼센트가 되지 않는 이유는 외국인이 대거 거주하기 때문이다. 스위스 인구에서 외국 출신의 비중은 25퍼센트를 넘어 유럽에서 가장 높은 편에 속한다.

스위스의 다양성은 언어뿐 아니라 종교에서도 드러난다. 특히 유럽의 역사에서 심각한 대립과 전쟁의 원인이었던 가톨릭과 프로테스탄트가 스위스에서는 비교적 평화롭게 공존의 길을 모색하는 데 성공했다. 2018년 기준 스위스 인구의 64퍼센트가 기독교를 믿는데, 가톨릭이 프로테스탄트보다 조금 더 많다. 이민자를 중심으로 한 5퍼센트 정도가 이슬람교도이며, 28퍼센트는 종교를 밝히지 않았다.

부의 세계사에 등장하는 많은 국가가 기본적으로 탄탄한 하나의 민족 정체성을 형성하면서 부자 나라로 성장하는 데 성공했다. 16세기에 언어와 종교를 달리하는 스페인이나 오스트리아의 지배 세력과 싸우면서 부국강병을 이룬 네덜란드나, 17~18세기에 잉글랜드가 웨일스, 스코틀랜드, 아일랜드를 흡수하며 대영제국을 이룬 사례들이 대표적이다. 스위스는 이들보다 늦게 발전했지만, 다양성을 발휘해 사람들을 하나로 묶는 새로운 부국의 모델을 제시했다. 영국처럼 소수를 흡수해 소화하는 방식이 아니라 차이점을 그대로 살리고 배려와 공존을 바탕으로 풍요를 만들어낸 것이다.

최근 스위스 일부 지역에서 모스크를 짓지 못하게 하는 결정을 내려 폐쇄적인 국가인 듯한 이미지가 만들어졌다. 하지만 스위스는 인구 850만 명 가운데 25퍼센트 이상이 외국 출신일 정도로 이민자 비율이 높은 개방적인 국가다. 또 외국인을 인구의 10퍼센트 미만으로 제한하자는 국민투표를 1970년 이후 여러 차례 실시했지만, 매번 실패한 바 있다.

스위스의 역사는 13세기에 시작되었지만, 근대적인 연방국가가 세워진 것은 1848년이다. 스위스는 작은 나라인데도 많은 언어와 종교를 갖고 있을 뿐 아니라, 정치적으로도 캉통이라 불리는 26개의 주로 구성되어 있다. 외교와 국방, 세관과 화폐만 연방 단위에서 관리하고 나머지 정책은 모두 주 단위에서 결정하고 시행한다. 사법, 치안, 교육, 보건, 교통, 세제 등이 대부분 주의 권한이다.

요즘은 비밀투표가 일반화되었지만, 스위스의 두 캉통에서는 여전히 란즈게마인더(Landsgemeinde)라 불리는 직접민주주의를 실시하고 있다. 시민들이 광장에 모여 거수투표를 하는 14세기의 전통을 여전히 유지하고 있는 것이다. 모든 것을 정형화해야 속이 풀리는 근대에도 스위스는 색다름을 존중하고 다양성을 보존하는 독특한 사회를 보존하고 있는 셈이다.

19세기 트로겐(Trogen)의 주민투표 광경
스위스의 두 칸통에서는 여전히 란즈게마인더라 불리는 직접민주주의를 실시하고 있다.

　물론 이런 다양성 존중이 장점만 있는 것은 아니다. 각 지역이 중시하는 전통을 인정한다는 점에서는 긍정적이지만, 때로는 무척 보수적인 전통이 개선되지 못하는 장벽으로 작동하기도 한다. 스위스는 1971년이 되어서야 여성이 투표권을 얻었을 정도로 남녀평등에 관한 한 후진국이다. 1960년에 제네바에서 여성이 지역 사안에 대한 투표권을 얻었는데, 연방 차원에서 투표권이 인정되려면 국민투표를 통해 시민의 다수와 칸통의 다수라는 2중 다수를 충족해야 했기 때문이다.

유럽의 미국

부국을 만드는 데 중요한 정치적·경제적 관점에서 스위스는 '유럽의 미국'이라고 해도 과언이 아니다. 미국과 유럽은 19세기에 모두 산업혁명과 자본주의로 경제발전을 시작했지만, 20세기 들어서는 미국의 시장 중심 모델과 유럽의 혼합경제 모델로 분화되었다. 국가의 역할을 최소로 줄이는 미국과 국가가 경제에 적극적으로 개입하는 유럽 모델이 대립했던 시대에 스위스는 유럽에 있으면서도 미국에 가까운 정치적·경제적 특징을 보여주었다.

경제협력개발기구(Organisation for Economic Co-operation and Development, OECD)의 통계에 따르면, 코로나19 팬데믹 위기 이전인 2019년 기준 스위스는 유럽에서 유일하게 국내총생산 대비 공공지출의 비율이 35퍼센트 미만이다. 프랑스가 55퍼센트가 넘는 큰 정부의 대표주자라면, 스웨덴이나 네덜란드, 오스트리아 등은 45퍼센트를 넘는 복지국가들이고, 영국이나 독일도 40퍼센트를 넘어선다. 참고로 미국도 38퍼센트에 달한다는 점을 고려하면 스위스는 부국 가운데 가장 작은 정부를 가진 나라라 할 수 있다. 스위스의 작은 정부를 대표적으로 상징하는 것은 아마도 일곱 명에 불과한 장관의 수다. 스위스는 장관들이 돌아가면서 대통령을 담당하기 때문에 국민은 누가 대통령인지 잘 알지도 못할 정도다.

작은 정부와 낮은 세금은 스위스가 강소국이 될 수 있는 기본 조건이다. 열악한 자연환경 탓에 사업하기도 어려운데, 국가가 사업에 기생하면서 부를 빼앗는다면 부자 나라가 되기는 요원하다.

스위스는 오래전부터 다수의 캉통이 서로를 견제하는 연방주의 모델을 발전시킴으로써 중앙정부가 비대해지는 것을 막았던 것이다. 즉 풀뿌리 캉통 민주주의가 연방정부를 제한하는 힘이었다.

자본과 노동의 협력

2018년 세계은행(World Bank) 통계에 따르면 인구 850만 명에 불과한 스위스의 국내총생산은 7,750억 달러로, 세계 20위의 경제 규모를 가지고 있다. 인구 8,200만 명의 튀르키예가 스위스 바로 앞인 19위이고, 3,800만 명의 인구를 가진 폴란드가 21위로 뒤따른다. 스위스의 1인당 국내총생산은 8만 3,000달러를 넘어 세계 최고 수준이다. 도시국가 수준인 룩셈부르크 정도만 스위스보다 앞서 있고, 산유국 노르웨이도 스위스보다 낮은 7만 달러 정도다. 이웃 나라 프랑스의 파리는 19세기부터 세계의 중심을 자부하는 선진 대도시였지만, 21세기에는 그 소득이 취리히의 반밖에 되지 않는다. 스위스의 물가가 '살인적으로 비싸다'는 사실을 고려하더라도 스위스의 소득수준은 유럽에서도 부유한 파리를 한참 앞선다는 뜻이다. 유럽은 물론 세계 각지에서 스위스로 이민 행렬이 이어지는 이유다.

산악 지역이라 빈곤했기 때문에 유럽의 다른 나라들이 벌이는 전쟁에 용병으로 나섰던 스위스는 이제 부유한 나라로 발전해 주변에서 노동력을 끌어당기는 중심지가 되었다. 19세기에도 이민을 보내던 스위스가 본격적으로 이민을 받기 시작한 것은 20세기 중반 이후다. 외국 출신 인구 가운데 60퍼센트 정도는 이탈리아, 독일, 구(舊)유고슬라비아, 알바니아, 포르투갈, 튀르키예 등에서 왔다. 스위스로의 이민은 블루칼라 노동자에게 한정된 현상이 아니다. 취리히에는 2만여 명의 독일인이 근무하는데, 이 중 상당수는 전문 인력이다 보니 독일 같은 선진국이 두뇌 유출을 걱정할 정도다.

스위스의 높은 임금을 보고 주변국에서 일자리를 찾아 매일 국경을 넘어오는 사람도 많다. 프랑스에서 오는 사람이 6만여 명으로 제일 많고, 독일이나 이탈리아는 각각 4만 명, 오스트리아도 7,000명 정도다. 이들은 물가가 낮은 본국에 살면서 임금을 많이 주는 스위스로 국경을 넘어 출퇴근하는 1일 이민자라고 할 수 있다. 프랑스와 국경을 맞대고 있는 제네바가 대표적인 도시인데, 이와는 반대로 제네바 시민들이 물가가 저렴한 프랑스로 넘어가 장을 보는 일도 빈번하다.

스위스가 유럽에서도 소득이 높은 이유는 여러 가지다. 우선 스위스 사람들은 근면 성실해 노동시간이 유럽에서 긴 편에 속한다. 유럽의 통계를 비교해보면, 스위스의 연간 노동시간은 1,590시간 정도로 프랑스(1,472시간)나 독일(1,363시간)보다 많다. 시간당 임금도 높은데 일도 더 많이 하니, 스위스 사람들의 소득이 다른 나라보다 높은 것은 당연하다. 스위스와 비슷한 소득수준의 아일랜드만이 스위스보다 더 많은 노동시간(1,879시간)을 찍고 있다.

스위스는 또 자본과 노동의 관계가 매우 협력적이다. 스위스는 법정 최저임금이 없을 정도로 정부가 노동시장에 개입하지 않지만, 민간의 자본과 노동이 협의를 통해 사회적 평화와 안정을 유지하는 성숙한 모습을 보인다. 이런 관계는 1937년의 '사회평화협약' 체결로 거슬러 올라가는데, 이를 통해 자본과 노동이 직장 폐쇄나 파업과 같은 극단적 전략을 포기하기로 합의한 바 있다. 낮은 세금이나 정부의 지출을 보면 외형상 미국의 '야만적 자본주의'와 유사하다고 착각할 수 있지만, 실제 스위스는 노동의 힘이 강하고 그 몫도 크다. 왜냐하면 스위스는 국내총생산에서 자본이 차지하는 이윤이나 이자보다도 노동이 가져가는 임금의 비중이 꾸준히 늘어나는 거의 유일한 선진국이기 때문이다.

스위스 경제의 장점은 현대 자본주의 발전에서 제일 중요한 특화전략에서 비롯된다고 할 수 있다. 스위스처럼 작은 나라에서 모든 산업을 발달시키기는 어렵다. 따라서 자신이 특별하게 잘하는 분야의 산업을 택해 세계 최고 수준으로 발전시켜 주도력을 유지해 왔다. 이런 전략을 가장 잘 반영하는 것은 뭐니 뭐니 해도 가장 오랜 역사를 자랑하는 시계산업이다.

16세기에 이미 스위스와 프랑스 국경 지역에는 보석 세공과 같은 정밀 수공업이 발달해 있었다. 그런데 종교개혁으로 검소한 삶의 방식이 자리 잡고 사치품에 대한 사회적 비난이 거세지자 스위스인들은 보석을 포기하고 근면한 삶의 상징인 시계 만들기에 집중했다. 17~18세기 유럽의 시계산업은 점차 스위스의 전문적 노하우와 전통에 의존하게 되었다. 산업혁명을 거치면서 19세기에 미국의 시계산업이 강하게 도전해왔고, 20세기에는 일본의 박리다매 전략이 스위스를 위협했다. 하지만 오늘날에도 스위스는 대중적인 브랜드인 스와치부터 다수의 명품 브랜드까지 두루 확보한 채 세계의

스위스의 경제수도라고 할 수 있는 취리히

스위스는 법정 최저임금이 없을 정도로 정부가 노동시장에 개입하지 않지만, 민간의 자본과 노동이
협의를 통해 사회적 평화와 안정을 유지한다.

시계시장을 지배하고 있다. 실제로 '스위스 메이드(Swiss made)'는
그 자체로 고급 시계를 상징하는 라벨이다.

　스위스가 아직 가난하던 19세기, 유럽인들의 세계관에는 커다
란 변화가 생겼다. 알프스산맥을 흉측한 악산(惡山)으로 보다가 아
름다운 자연의 신비로 여기게 되었던 것이다. 그러면서 이탈리아로
여행을 떠나고, 스위스에서 맑은 공기를 마시며 관광과 휴양을 즐
기는 유행이 퍼지기 시작했다. 20세기에는 등산이나 스키와 같은
레저스포츠가 발전하면서 스위스가 특별히 주목받기 시작했고, 다
문화적인 배경 덕분에 유럽 엘리트들의 교육 중심지가 되었다. 북
한의 김정은이 스위스에 유학하고, 세계 엘리트가 모이는 세계경제

포럼이 스위스에서 열리는 것은 우연이 아니다.

스위스의 산업 가운데 세계적인 수준을 자랑하는 대표주자는 바로 금융이다. 스위스의 은행들은 18세기 초부터 부자 손님의 비밀을 보장하는 정책을 바탕으로 성장했고, 그러면서 여전히 명성을 떨치고 있는 크레디트 스위스(Credit Suisse), UBS, 줄리어스 베어(Julius Baer) 등을 배출했다. 이들 은행은 나치 독일이나 이후 제3세계 독재자들과의 관계로 비난의 대상이 되기도 했는데, 여전히 세계 국제 자산의 25퍼센트를 관리할 정도로 막강한 경쟁력을 자랑한다. 독일어권의 취리히와 바젤(Basel), 프랑스어권의 제네바, 이탈리아어권의 루가노(Lugano)는 각각 스위스 은행의 세계적 중심지들이다.

스위스는 시계 외에도 정밀기계 분야에서 두각을 나타내며 뛰어난 교육수준과 연구능력 덕분에 세계 최고 수준의 제약산업을 발전시켰다. 노바티스(Novartis)와 호프만 라 로슈(F. Hoffmann-La Roche)는 스위스 수출액의 30퍼센트를 차지하는 세계 제약산업의 대표주자다.

농업이 발달하기 어려운 산악국가인데도 스위스의 네슬레는 타의 추종을 불허하는 세계 제1의 식품기업으로 성장했다. 네슬레의 기업사를 보면 스위스 경제발전의 비밀을 엿볼 수 있다. 무엇보다 개방적인 나라였기에 외국인이 결정적인 역할을 할 수 있었다. 1866년 스위스에서 네슬레를 출범시킨 것은 분유를 개발한 독일인이었다. 네슬레는 1905년에 미국인 찰스 페이지(Charles Page)와 조지 페이지(George Page) 형제가 세운 연유회사와 합병해 규모를 키웠고, 1947년에는 독일과 프랑스, 이탈리아 등 유럽 전역에서 사업을 벌이던 수프회사 마기(Maggi)와 합쳤다. 20세기 후반에는 커피나 초콜릿, 광천수 등의 분야로 영역을 확장했고 세계 식품산업을 대표하는 다국적 기업으로 성장했다.

유럽연합에 가입하지 않은 이유

스위스라는 나라의 미스터리는 여전히 현재진행형이다. 티베트가 아시아의 지붕이듯 알프스산맥의 산자락에 자리 잡은 스위스는 유럽의 한가운데 고지에서 대륙을 내려다보는 지붕이다. 유럽 통합을 추진하는 주요 세력인 프랑스, 독일, 이탈리아에 둘러싸인 스위스지만 여전히 유럽연합에 가입하지 않은 역외국가로 남아 있다.

스위스는 지정학적으로 중립국을 선언한 지 오래되었고, 독일에 침공당했던 벨기에나 네덜란드와는 달리 두 차례의 세계대전 중에도 실질적인 중립국의 위상을 지켰다. 1950년대 초기의 유럽 통합은 반(反)소련동맹의 성격이 강했기 때문에, 중립국 스위스가 참여하지 않는 것은 당연한 일이었다. 하지만 소련이 붕괴하고 탈냉전 시기에 돌입하면서 스위스는 유럽연합 회원국이 되고자 했으나, 1991년 국민투표에서 가입안이 부결되어 오늘날까지 비회원국으로 남아 있다.

한참 늦게 부여한 여성 투표권에서 확인할 수 있듯이 스위스는 어떤 제도건 가볍게 남의 나라를 따라 하지 않는다. 국민투표를 통해 다수의 국민과 캉통이 동의할 정도로 합의가 이뤄져야만 움직이는 독특한 전통에 자부심을 느낀다. 스위스 사람들은 아직은 유럽연합에 가입해서 자신들의 정체성과 전통을 포기할 시기가 아니라고 판단하는 듯하다. 그렇다고 유럽연합과 단절된 것은 아니며 다양한 협의를 통해 여타 회원국들과 유사한 지위를 확보하고 있다. 사람들의 자유로운 통행을 보장하는 셍겐(Schengen)조약 가입이 대표적인 사례다.*

스위스의 미스터리는 국제연합과의 관계에서도 확인할 수 있다. 스위스는 2002년이 되어서야 국제연합에 가입했다. 중립국의 원칙을 지키기 위해서는 국제연합에 가입하면 곤란하다는 인식이 그때까지 계속되었기 때문이다. 하지만 외교, 안보가 아닌 특정 분야나 인도주의적 분야에서는 스위스도 국제연합의 행보에 동참한다. 유엔교육과학문화기구(United Nations Educational, Scientific and Cultural Organization, UNESCO) 활동이 대표적이고, 국제노동기구(International Labour Organization, ILO)의 본부는 심지어 스위스 제네바에 있다. 금융의 세계기관 노릇을 하는 국제결제은행(Bank for International Settlements, BIS)은 스위스 바젤에 본부가 있다.

스위스의 로잔(Lausanne)은 세계 스포츠의 메카라고 불린다. 국제올림픽위원회(International Olympic Committee, IOC)가 로잔에 본부

---

* 1985년 체결된 셍겐조약은 유럽 내 자유로운 이동을 위한 협력의 틀로 국경에서 검문검색 없이 통행을 가능하게 했고, 공동의 비자정책을 통해 역외에서 한 회원국에 진입하면 나머지 회원국에도 자유롭게 다닐 수 있는 제도를 가능하게 했다.

제네바의 국제연합 본부
스위스는 2002년이 되어서야 국제연합에 가입했다. 중립국의 원칙을 지키기 위해서는 국제연합 가입이 곤란하다는 인식이 그때까지 계속되었기 때문이다.

를 두고 있는 것은 물론 수영, 체조, 배구, 야구, 펜싱 등 다수 종목의 본부를 유치하고 있다. 지구촌 최고 인기 종목인 축구를 관장하는 국제축구연맹(Fédération Internationale de Football Association, FIFA)도 취리히에 본부가 있을 정도로 스위스는 국제 스포츠의 수도라 해도 모자람이 없다.

산속의 작고 가난한 나라, 목숨을 걸고 싸우는 용병이 국가적 돈벌이 수단이었던 나라가 이처럼 세계 최고의 부자 나라, 강한 나라가 된 비결은 무엇일까. 해답은 부자가 되었어도 여전히 열심히 일하는 정신력, 자원은 없어도 교육으로 사회 전체의 능력을 키우는 전통, 주변 강대국에 굴복하지 않으면서도 장점을 적극적으로 흡수하는 개방성에서 찾을 수 있다. 오늘날의 스위스는 바로 이 세 요소가 어우러져 조화를 이룬 덕분에 탄생했다. 또한 스위스는 자신의 정체성을 버리지 않고 온고지신의 지혜를 바탕으로 새 길을 개척함으로써 21세기의 중요한 모델까지 제공하고 있다.

17

싱가포르

작지만 단단한 아시아의 별

인류 역사에서 자본주의 발달은 시장 규모를 끊임없이 확대하는 결과를 가져왔다. 초기 자본주의의 원형이 만들어진 곳은 중세 이탈리아의 도시국가인 베네치아, 제노바, 피렌체 등이었다. 이후 중심지는 더욱 큰 영토를 가진 네덜란드와 영국으로 이동했고, 이들은 민족국가를 형성하면서 발전을 거듭했다. 그러다가 20세기 들어 자본주의의 축은 대서양을 건너 미국이라는 대륙 규모의 국가에 정착했다. 세계 자본주의의 메카로 발전한 미국은 새천년이 시작되면서 중국의 급부상으로 경쟁자를 두게 되었다. 중국도 국토는 미국처럼 대륙 규모이며 인구는 네 배 이상 많은 대국이다.

싱가포르는 이와 같은 자본주의의 역사를 역행하는 듯하다. 인구 570만 명에 불과한 도시국가가 세계 자본주의의 빛나는 진주로 성장했기 때문이다. 싱가포르는 마치 중세 베네치아가 아시아로 옮겨와 부활한 모습이다. 동남아시아의 개발도상국들에 둘러싸여 있지만, 싱가포르의 경제는 세계에서 제일 부유한 수준에 도달했다. 과거 베네치아가 이탈리아반도를 넘어 지중해를 아우르고 북해까지 진출했듯이 싱가포르도 동남아시아를 초월해 세계를 대상으로 발전하는 전략을 보여왔다.

베네치아와 싱가포르의 유사성은 여기서 그치지 않는다. 베네치아가 육지와 바다 사이 석호의 질퍽한 지대 위에 인간의 줄기찬 노력으로 세워졌듯이, 싱가포르 또한 말레이반도 끝 작은 섬 위에 인간의 강력한 의지로 들어선 도시국가다. 1965년 독립할 때의 싱가포르 영토는 580제곱킬로미터였지만, 바다를 메워 면적을 720제곱킬로미터까지 확장했다. 싱가포르의 랜드마크인 마리나 베이 샌즈(Marina Bay Sands) 호텔과 그 주변의 골프장 등은 모두 바다를 메운 땅에 서 있다. 싱가포르는 2030년까지 추가로 56제곱킬로미터의 영토를 더 확보할 계획이다.

무엇보다 싱가포르는 현대 자본주의 시대에 처음으로 열대 지역에 등장한 선진국이다. 이런 점에서 21세기의 싱가포르는 중세 베네치아의 도시국가 모델을 재현하는 것은 물론, 더운 기후에서 인류 최초로 풍요로운 삶의 시대를 열었던 바빌로니아제국의 부활이라고 해도 과언이 아니다.

신자유주의 챔피언

1인당 국민소득이라는 세계경제 올림픽의 핵심 종목에서 싱가포르는 확실한 메달권이다. 국제통화기금이나 세계은행과 같은 공신력 있는 기관의 통계를 살펴보면, 싱가포르는 산유국 카타르나 유럽의 소국 룩셈부르크 등과 함께 전 세계에서 가장 높은 소득수준을 자랑한다. 2019년 기준 명목소득은 6만 달러를 넘어섰으며, 구매력평가지수(Purchasing Power Parity, PPP)는 10만 달러 이상이다.

소득수준을 넘어 국민의 생활수준까지 평가하는 국제연합의 인간개발지수에서도 싱가포르는 세계 8위다. 2018년 통계에 따르면 유럽 국가들이 주로 상위 10개국에 포진한 가운데, 유일한 예외가 오스트레일리아와 홍콩 그리고 싱가포르다. 인간개발지수는 소득수준에 더해 시민들의 기대수명이나 교육 등 질적 요소를 포함하고 있어 더욱 정확한 생활수준 지표로 인식된다.

세계경제포럼은 2004년부터 세계경쟁력보고서(Global Competitiveness Report)를 발표해 경제적 풍요를 창출할 수 있는 국가의 능력을 비교해왔다. 여기서도 싱가포르는 계속해서 상위권에 머물러왔으며 2019년에는 1위를 차지했다. 국제연합의 인간개발지수가 복지를 강조한다면 세계경제포럼의 세계경쟁력보고서는 제도나 정책, 사회적 기반 등을 산업의 관점에서 종합적으로 평가한다고 볼 수 있다.

사업하기 좋은 환경을 측정하는 기타 다양한 지수에서도 싱가포르는 세계 최고 수준이다. 대표적으로 미국 유수의 경제신문인

마리나 베이 샌즈 호텔
싱가포르를 대표하는 건축물 중 하나인 마리나 베이 샌즈 호텔은 쇼핑몰, 카지노 등이 포함된 복합 리조트다.

『월스트리트저널』과 헤리티지재단이 공동으로 개발한 경제자유지수(Index of Economic Freedom, IEF)에서 싱가포르는 2020년 1위를 차지했다.

경제자유지수를 구성하는 네 개의 중요한 요소는 법치국가, 정부의 규모, 규제의 효율성, 시장의 개방성이다. 18세기 스미스가 제시한 자유주의 원칙에 따라 개인들이 자유롭게 자신의 경제적 이익을 추구할 수 있을 때 공동체의 부가 효율적으로 축적된다는 시각을 반영한다. 싱가포르는 영국의 전통을 이어받아 독립된 사법부가 법을 집행하는 한편, 낮은 세금과 최소한의 규제로 자유로운 사업 환경을 선사하고, 국제적으로 활짝 열린 시장 개방성을 자랑한다.

이상의 대표적 지수를 통해 싱가포르를 살펴보면 마치 이 도시 국가가 신자유주의의 이상적 성공 사례인 것 같다. 정부가 경제에 개입하는 일을 자제함으로써 기업의 창의력과 에너지를 극대화하고, 따라서 나라의 부가 풍선처럼 부풀어 세계 최고 수준으로 불어난 것 같다.

싱가포르의 정치는 1965년 독립한 이후 보수적 권위주의 체제가 일관되게 계속되고 있다. 실제 싱가포르는 영국 식민지였던 1959년부터 지금까지 줄곧 인민행동당(People's Action Party, PAP)*이 집권 중이다. 국부 리콴유는 1991년 고촉통(吳作棟)에게 총리직을 넘겨줬지만, 2004년 리콴유의 아들 리센룽(李顯龍)이 다시 총리를 맡아 구태의연한 권력 세습을 실현했다. 싱가포르는 이처럼 정치적 권위주의와 경제적 자유주의를 조합한 나라로 인식된다.

국부펀드의 원조

싱가포르를 경제적 자유주의의 상징으로 보는 것은 일종의 착시 현상이다. 싱가포르는 원래 영국 동인도주식회사의 토머스 래플스(Thomas Raffles)가 1819년 세운 무역기지였다. 당시 동남아시아 지

---

* 인민행동당은 경제적으로는 자유주의를 실천하고 정치적·사회적으로는 보수적인 성향의 중도 우파 정당이다. 싱가포르에서 줄곧 유권자 지지율 60퍼센트 이상, 의회 의석 80퍼센트 이상을 유지해온 장기 집권 정치 세력이다.

역의 주요 항구였던 리아우(Riau)나 바타비아(Batavia, 오늘날의 자카르타) 등과 경쟁하기 위해 싱가포르는 자유무역항으로 출범했다. 수출입과 관련된 관세를 없애고 법인세, 소득세 등을 최소한의 수준으로 유지함으로써 경쟁력을 확보한 것이다.

시장의 개방성을 앞세우는 전략은 1867년 싱가포르가 동인도주식회사에서 영국 식민성 산하로 넘어간 뒤에도, 1965년 독립한 이후에도 한결같다. 싱가포르 정부의 경제개발원(Economic Development Board, EDB)은 해외 자본을 끌어들이는 전략을 독립 초기부터 추진했다. 독립 당시 진출해 있던 외국 기업의 수는 165개에 불과했으나, 1976년에는 3,739개로 대폭 증가했다.

하지만 이러한 시장 개방성 뒤에서 경제를 치밀하게 관리하고 국부를 직접 경영한 것은 결국 국가였다. 예를 들어 싱가포르투자청(Government of Singapore Investment Corporation, GIC)은 국부펀드의 원조 격이다. 작은 도시국가 싱가포르는 독립된 화폐를 운영하면서 국제 투기 세력의 공격에서 그 가치를 보호하기 위해 상당한 규모의 외환 보유고가 필요했다. 하지만 막대한 외환을 묻어두기보다는 생산적으로 투자하는 게 낫다는 중앙은행의 판단에 따라 1981년 싱가포르투자청을 통해 국부펀드를 출범시켰다. 외환 보유고를 활용해 세계경제에 적극적으로 투자하는 전략을 펴기 시작한 것이다. 싱가포르투자청은 4,400억 달러 규모의 엄청난 자산을 가지고 있는 것으로 평가되지만, 정확한 규모는 국가기밀에 속한다. 싱가포르달러에 대한 투기를 막기 위해 외환 보유액을 투기 세력이 알도록 방치하지 않겠다는 논리다.

싱가포르투자청이 싱가포르의 외환 보유고를 관리하는 중앙은행 산하의 투자기관이라면 테마섹(Temasek)은 정부의 전략적 투자를 총괄하는 공공 부문의 뇌라고 할 수 있다. 싱가포르는 독립 이후 외국 자본에 시장을 개방하되 전략적 부문에서는 공기업이 나서서 자금을 직접 운영해왔다. 전력의 셈코프 파워(Sembcorp Power), 통신의 싱텔(Singtel), 항공의 싱가포르 항공(Singapore Airlines) 등이 대표적인 사례다. 테마섹의 자산 규모는 2,000억 달러를 넘는다.

싱가포르 국가자본주의의 특징은 크게 두 가지다. 첫째는 테마섹이라는 지주회사를 통해 다양한 공기업을 하나의 네트워크로 묶어 전략적으로 운영한다는 사실이다. 이로써 여러 공기업이 정부의 다양한 부처에 분산되어 만들어지고 총괄적으로 조정되지 않는 혼란을 피할 수 있다. 둘째는 공기업들이 국내 시장을 넘어 세계를 무대로 활동하도록 장려한다는 점이다. 셈코프 파워는 가까운 인도나 베트남뿐 아니라 멀리 중국이나 아랍에미리트까지 사업 영역을 확장했고, 싱텔 또한 오스트레일리아나 인도 시장의 주요 공급자로 부상했다.

세계를 향해 가장 자유롭게 사업할 수 있는 국가라는 이미지를 굳히면서도 동시에 국가가 뒤에서 모든 것을 조정하는 나라가 바로 싱가포르다. 한국이나 일본의 자본주의가 재벌과 자이바쓰(財閥)를 낳았다면 싱가포르는 국가가 세계시장을 무대로 활동하는 국부펀드 자본주의를 만들었다고 할 수 있다.

주택 사회주의의 나라

신자유주의 챔피언 싱가포르의 이미지와 가장 대립각을 세우는 것
이 바로 주택 분야다. 싱가포르는 국가가 주택을 지어 저렴한 가격
에 국민에게 제공하는 주택 사회주의의 나라다. 싱가포르의 국민
이라면 80퍼센트 이상이 정부의 주택개발청(Housing Development
Board, HDB)이 분양한 아파트에 거주한다. 이들 가운데 80퍼센트
이상이 99년 임대권이라는 안정적인 권리를 보유하고 있다.

국토가 협소한 탓에 수백만 명의 국민에게 안정적으로 주택
을 제공하는 것은 식민 시대부터 지속된 정부의 중요한 의무였다.
1960년대 초 설립된 주택개발청은 대형 화재로 살 곳을 잃은 이재
민에게 작은 임시 주택을 제공하는 사업으로 출범했지만, 점차 전
국민을 위한 주택 복지 해결사로 성장했다. 이미 1980년대 중반이
되면 전 국민의 90퍼센트 이상에게 주택을 제공하는 보금자리 관
리자가 되었다.

이 과정에서 제일 어려웠던 문제는 주택 개발을 위한 토지를 확
보하는 것이었다. 인민행동당이 지배하는 싱가포르의 강한 정부는
주택 문제를 국가 안정을 위한 최우선 해결 과제로 인식하고 토지
수용을 밀어붙였다. 최소한의 보상만으로 강력하게 토지 국유화를
추진해 공공주택 건설정책을 뒷받침했던 것이다.

또 다른 관문은 국민이 주택을 구매할 수 있도록 재정장치를 마
련하는 일이었다. 싱가포르는 1955년부터 연금을 관리하는 중앙저
축기금(Central Provident Fund, CPF)에 전 국민이 가입하도록 의무화

1970년대에 만들어진 부킷 바톡(Bukit Batok) 지역의 공공주택촌
싱가포르 정부는 국가 안정을 위한 최우선 해결 과제로 주택 문제에 집중했다. 연장선에서 국민이 주택을 구매할 수 있도록 각종 재정장치를 마련했다.

했다. 정부는 시민이 공공주택을 분양받으면 이 기금에 할부금을 지급하도록 함으로써 내수 소비를 줄이지 않고도 주택 보급을 추진할 수 있는 제도를 만들었다.

주택 건설과 분양을 국가가 담당하는 만큼 1가구 1주택의 원칙을 세웠다. 일단 분양받은 사람은 5년 동안 거주한 다음에야 아파트를 시장에 내놓고 판매할 수 있다. 또 한 사람이 두 채의 공공주택을 소유하는 것은 불가능하다. 싱가포르의 경제발전과 이민 인구의 유입으로 주택 가격이 상승하면서 공공주택을 분양받은 사람은 더 비싸게 시장에 내다 팔아 이익을 남길 수 있다.

싱가포르는 이처럼 주택 사회주의를 실천하는 신자유주의 천국이라고 할 수 있다. 싱가포르에서는 연인에게 프러포즈할 때 "주택개발청에 아파트 신청하러 갈까"라고 말한다고 한다. 이렇듯 매우 비슷하게 생긴 고층 아파트에 국민의 대다수가 생활하는 싱가포르는 자본주의와 사회주의의 원칙을 실용적으로 혼합한 삶의 방식을 성공적으로 만들어냈다. 어떤 면에서는 사회주의적 주택정책이 사람들에게 더욱 적극적으로 자본주의적 개방성을 수용하도록 한 셈이다.

경제체제뿐 아니라 동서양의 사고도 골고루 취사선택해 노부모와 동거하는 세대는 더 넓은 아파트를 분양받을 수 있는 우선권을 제공한다. 서구 자유주의 원칙의 출발점은 개인이지만, 아시아에서 공동체주의의 기본 단위는 가족이기 때문이다.

시장과 국가의 효율적 조합

이처럼 싱가포르는 자유시장과 강한 국가를 효율적으로 조합한 경제체제를 완성했다. 싱가포르의 정치제도도 이런 극과 극을 조합하는 특징을 보인다. 싱가포르는 적어도 표면적으로는 민주국가라고 할 수 있다. 정기적으로 선거를 치르고 다양한 정당이 경쟁하는 체제이기 때문이다. 하나의 정당이 독점적으로 독재하는 중국과는 기본적으로 다른 체제라고 볼 수 있다.

자유롭고 정기적인 선거를 치르면서도 싱가포르는 인민행동당이라는 단일한 정당이 독립 이후 계속 정권을 잡아왔다. 1965년 독립 이후 인민행동당이 꾸준히 60퍼센트 이상의 득표율을 얻으며 집권한 덕분에 국부펀드 조성이나 주택 사회주의 도입과 같은 강력한 정책을 추진할 수 있었다.

'민주적 독재'라고 부를 수 있는 싱가포르의 특이한 정치는 나름의 장점을 지닌다. 정책의 추진력과 지속성을 유지하면서도 문제가 생기거나 반대 여론이 거세지면 정부가 양보하거나 민감하게 반응한다. 일례로 1983년 대학을 나온 여성의 출산을 장려하는 우생학적 정책을 폈다가 국민의 비난이 거세지자 곧바로 포기했던 일이 있다. 이런 식으로 중국처럼 일당독재 아래에서 부패가 만연하는 것이 어느 정도 방지된다. 완전한 언론의 자유가 보장되는 것은 아니나 야당의 존재가 상당한 비판 기능을 보장한다.

게다가 싱가포르는 유교 전통의 청백리 모델을 현대 국가에 적용했다. 뛰어난 능력을 갖춘 인재를 선발해 세계 명문 대학에 국비로 유학시킨 뒤 관료로 채용해 출세 가도를 달리게 한다. 이처럼 선발된 싱가포르의 엘리트 관료는 높은 소득을 보장받되 부패와 관련해서는 엄격하게 처벌받는다.

물론 이런 제도들은 매우 작은 국가라는 특수성을 반영하기에 보편적으로 적용되는 데는 한계가 뚜렷하다. 하지만 시장과 국가를 적절히 조합하고, 민주주의의 형식적 틀과 강한 정부를 조화시키며, 전통적 관료제를 현대에 맞게 조절함으로써 싱가포르가 경제적 부를 일구는 데 큰 힘을 얻은 것은 분명하다.

녹색 바다에 뜬 붉은 점

싱가포르 주변의 말레이반도와 제도가 이슬람이 지배하는 녹색 바다라면 중국계 이민자들의 나라 싱가포르는 붉은 점에 불과하다. 녹색이 이슬람의 색이라면 붉은색은 중국을 상징하기 때문이다. 말레이시아 인구 3,200만 명과 인도네시아 인구 2억 6,700만 명을 더하면 3억 명에 가깝지만 싱가포르는 570만 명 정도에 불과하니, 바다 위의 점 하나라는 비유가 과장된 것이 아니다. 국가 규모의 차이뿐 아니라 문화나 종교적 이질성 때문에 싱가포르는 항상 위협에 노출되어 있었다.

적대적 환경에서 생존하려면 국민의 단합이 필수적이다. 이런 환경은 싱가포르의 민주적 독재라는 현실을 어느 정도 설명한다. 아랍 국가들에 둘러싸인 이스라엘처럼 싱가포르도 국방이 최우선이다. 국내총생산의 3퍼센트 이상을 국방에 투자하는 싱가포르는 국민 징병제를 시행하는 나라다. 복무 기간은 2년으로 우리와 비슷하다. 영토가 워낙 작다 보니 군사 훈련은 타이완이나 보르네오섬 등 해외로 나가 실시해야 할 정도다.

싱가포르는 인구가 적은 도시국가지만 구성은 다양하다. 크게 보면 중국계가 75퍼센트로 대다수를 차지하고, 원주민이라고 할 수 있는 말레이계가 13퍼센트 그리고 인도계가 9퍼센트 정도다. 싱가포르만 따지면 중국계 나라이지만, 주변의 녹색 바다를 감안하면 말레이계의 세상이라는 뜻이다. 다수인 중국계가 소수인 말레이계를 무시할 수 없는 구조라 말레이계 청년들은 병역도 면제받을 정도다. 인도계는 '중국 대 말레이'라는 대립 구도를 완화해주는 완충제 역할을 담당한다.

싱가포르는 생존을 위해 중국계의 나라가 아닌 다인종(multiracial)국가임을 선포했다. 실제로 중국계, 말레이계, 인도계 등 각 인종집단의 대표성을 인정하면서 평화적 공존을 추구해왔다. 예를 들어 국가가 분양하는 공공주택의 경우, 구역마다 인종별 할당제를 운영함으로써 공존을 장려했다. 같은 인종끼리 모인 빈민가가 형성되는 것을 막기 위한 정책이다. 중국에서 갓 이민한 사람들이 이웃 인도계 가정의 카레 냄새로 힘들다는 불만을 토로하자 싱가포르는 오히려 '모두 카레 먹는 날(share-a-curry day)'을 정해 공존을 장려하는 다인종사회의 에티켓을 내세웠다.

싱가포르의 다인종주의는 국어의 선택에서도 드러난다. 다수결로 언어를 선택한다면 중국어, 특히 이민자 대부분의 고향인 광둥이나 푸젠 지역의 언어를 국어로 정했어야 한다. 하지만 싱가포르는 식민제국의 언어인 영어를 공용어로 선택했다. 초·중등 과정에서 학생들은 주로 제1언어인 영어로 교육받으며, 그것과 겸해서 중국어, 말레이어, 인도어 등 제2언어도 교육받는다. 여기서 중국어란 싱가포르 화교들이 일상에서 사용하는 남방 방언이 아니라 보통화(普通話), 즉 표준 중국어를 뜻하며, 인도의 경우 남부의 타밀어를 의미한다.

결국 싱가포르의 아이들은 학교에 가면 집에서 사용하는 모국어가 아니라 국제적으로 통용되는 영어로 교육받는다는 뜻이다. 인도도 다수의 방언이 경쟁하는 상황에서 영어를 공용어로 선택했다는 점은 싱가포르와 유사하다. 하지만 싱가포르의 교육수준은 세계 최고다. 그 결과 싱가포르 시민들은 아시아에서 영어를 가장 잘하는 민족으로 부상했고, 영어는 싱가포르 국가 정체성의 핵심이 되었다. 영어와 표준 중국어에 능통한 싱가포르 청년은 중국 남방 방언만 할 줄 아는 조부모와 소통이 어려울 정도다.

싱가포르 모델과 중국의 미래

싱가포르는 인류에게 희망을 제시하는 부국의 성공 모델로 등장했다. 불과 반세기 전까지만 해도 대영제국의 식민지에 불과했지만, 경제와 삶의 질을 세계 최고 수준으로 끌어올리며 혜성처럼 떠올랐다. 미국이나 일본 등 인구 규모가 거대한 나라만 성공하는 줄 알았는데, 싱가포르는 손톱만 한 섬도 세계 자본주의의 빛나는 별로 부상할 수 있음을 보여주었다. 일반적으로 도시란 주변 지역의 양분을 집중적으로 흡수해 성장하지만, 싱가포르는 주변을 넘어 전 세계의 양분을 끌어당겨 꽃피운 사례다.

　싱가포르는 무엇보다 국제적 선진 도시의 모델이다. 도시 개발을 위해 세계가 싱가포르를 주목하는 이유다. 싱가포르를 대표하는 건축회사인 주롱인터내셔널(Jurong International)은 2008년 기준 37개국 139개 도시에서 1,000여 개의 도시 개발 프로젝트를 추진했다. 타이상(臺商), 즉 타이완 출신의 사업가들이 중국에서 쿤산(昆山)산업단지를 개발했듯이, 싱가포르는 중국과 합작해 장쑤성에 쑤

싱가포르 식물원

싱가포르는 불과 반세기 전까지만 해도 대영제국의 식민지에 불과했지만, 놀라운 경제발전을 이뤄냈다. 오늘날 싱가포르 사람들이 누리는 삶의 질은 세계 최고 수준이다.

저우(蘇州)산업단지를 개발했다. 중국은 또 싱가포르의 공공주택 정책을 모방하기도 했는데, 시민에게 직접 저렴한 주택을 제공하기보다는 사업가들에게 자금을 지원하는 형식을 택했다. 심지어 지구 반대편 브라질의 상파울루에서도 싱가포르를 벤치마킹해 싱가푸라(Cingapura)라는 빈민촌 재개발 프로젝트를 추진 중이다.

세계가 부러워하는 경제발전을 이룩한 싱가포르는 동아시아와 유럽을 연결하는 시간대에 있어 금융 허브로도 성장할 수 있었다. 동아시아의 도쿄나 홍콩 시장을 유럽의 프랑크푸르트와 런던 시장에 연결해주는 역할을 담당해온 것이다. 최근 중국의 홍콩에 대한 통제 강화는 싱가포르가 국제 금융 허브로 도약하는 기회로 작용할 것이다. 싱가포르 경제 모델의 또 다른 장점은 금융의 발전과 함께 제조업도 건실하게 유지했다는 사실이다. 홍콩 경제에서 제조업 비중이 1퍼센트 이하로 떨어진 것과 비교했을 때, 싱가포르는 여전히 국내총생산의 19퍼센트, 즉 5분의 1을 제조업이 담당하고 있다.

마지막으로 싱가포르의 정치 모델은 많은 독재자에게 매혹적인 이상형이다. 인민행동당이라는 하나의 정당이 독립 이후 57년간 그리고 식민 시기까지 포함한다면 63년간 권력을 독점해왔기 때문이다. 이 긴 기간을 리콴유, 고촉통, 리셴룽이라는 단 3인의 통치자가 안정적으로 다스려온 데다가, 특히 리셴룽은 리콴유의 아들이니 말이다. 공산당 독재의 중국은 특히 싱가포르 모델에 지대한 관심을 보이고 있다.

하지만 독재와 경제발전 사이의 핵심 인과관계를 착각해선 곤란하다. 싱가포르 경제발전이 인민행동당의 독재 덕분이라기보다는, 반대로 계속해서 달성한 경제 성과가 오랜 세월 일당독재를 가능하게 한 동력이었다고 보는 것이 옳다. 게다가 300배에 가까운 인구를 가진 중국이 싱가포르와 같은 모델을 실현하는 것은 어려워 보인다. 도시국가의 규모에서나 실현 가능한 엘리트의 철권통치와 청렴성 유지, 시민의 일관된 지지를 대륙 규모의 중국에서 재현하는 것은 기적에 가까울 것이기 때문이다.

타이완

독립을 꿈꾸는 번영의 섬

일본은 서구 주도의 자본주의 역사에 처음으로 균열을 일으켰다. 유럽도 아니고, 유럽인들이 새로운 땅을 개척해 세운 나라도 아니면서 그들의 기술과 지식, 제도와 정책을 학습하고 모방해 자본주의 열강에 도전장을 내밀었다. 일본은 비(非)서구 지역의 발전 가능성을 제시한 셈이다. 일본의 독특한 경험은 재생 가능한 것인가.

20세기 후반이 되자 한국, 타이완, 홍콩, 싱가포르는 '아시아의 네 호랑이(Four Asian Tigers)'라는 이름으로 불리며 일본에 이어 경제발전의 궤도에 올라섰다. 일본의 기적은 예외가 아니고, 어느 나라라도 조건이 충족되면, 산업화가 진행되면서 풍요로운 삶의 길로 들어설 수 있다는 점을 이 네 나라가 증명한 것이다. 네 호랑이의 부상은 세계를 놀라게 할 만한 사건이었다. 왜냐하면 이들은 모두 식민지 경험을 극복하고 세계 자본주의의 중심으로 진입하는 데 성공한 사례이기 때문이다. 한국과 타이완은 수십 년간 일본의 식민지배를 받았고, 홍콩과 싱가포르 또한 대영제국의 아시아 전진기지 역할을 담당한 곳이었다.

미국이 식민지 경험을 극복하고 세계 자본주의의 중심으로 떠오르기는 했지만, 아시아의 네 호랑이와는 여러 면에서 다르다. 미국은 제국의 중심인 영국에서 이주한 사람들이 만든 나라인 데다가, 거대한 영토와 엄청난 인구를 기반으로 성장한 강대국이다. 게다가 이미 18세기에 영국에서 독립한 뒤 산업혁명이라는 대변화를 맞아 유럽과 거의 동시에 경제발전의 궤도에 오를 수 있었다.

반면 아시아의 네 호랑이는 20세기 중반까지 식민지 노릇을 한 작은 규모의 나라들이다. 무릇 식민지란 제국의 변방이다. 정치, 경제, 문화 등 모든 면에서 주변부에 불과하며 그 때문에 발전하는 데 장벽이 많다. 또 약소국이다 보니 국제 분업체계에서 자신의 목소리를 내기도 어렵다. 그런데도 경제발전의 사다리를 타고 선진국으로 올라선 이들에게는 어떤 비결이 있는 것일까. 타이완은 이런 점에서 특별히 흥미로운 사례다.

역사적으로 청일전쟁 이후 타이완은 1895년부터 1945년까지 50년 동안 일본의 식민지였다. 제2차 세계대전이 종결된 이후에는 중국령으로 복속되어 현재까지 이어져오고 있다. 특히 타이완은 냉전을 거치면서 세계경제의 3대 세력인 미국과 중국 그리고 일본을 연결해주는 중요한 정치적·경제적 고리 역할을 하고 있다.

혈통을 중시하는 동아시아의 시각에서 타이완은 중국인들의 땅이다. 타이완에 사는 주민 대부분이 중국에 뿌리를 둔 사람들이기 때문이다. 하지만 고개를 들어 세계를 돌아보면 다른 상황을 쉽게 찾을 수 있다. 일례로 영국에 뿌리를 둔 현대 미국, 캐나다, 오스트레일리아, 뉴질랜드 등을 영국인들의 땅으로 보지는 않는다. 종족적이고 문화적으로 강한 연대가 존재한다고 반드시 하나의 민족이나 국가를 형성하는 것은 아니기 때문이다. 타이완의 역사를 조금만 들여다보면 왜 타이완이 중국에 대해 독립적 성향을 드러내는지 쉽게 이해할 수 있다.

발전의 원동력이 된 식민 경험

타이완이 중국대륙의 왕조에 정식으로 편입되는 것은 우리가 막연히 상상하는 것보다 훨씬 늦은 1684년 청나라 때다. 황하와 장강 사이 중원을 무대로 전개된 중국의 역사에서 장강 이남은 주변부였고, 거기서도 바다 건너에 있는 타이완은 관심 대상이 아니었기 때문이다. 가까운 중국보다 일찍 타이완에 관심을 드러내며 지배한 나라는 놀랍게도 먼 유럽의 네덜란드였다. 17세기 세계의 바다를 누비며 상업망을 형성한 네덜란드제국은 중국의 중심으로 진입하기 어렵다 보니 주변에 있는 타이완에 똬리를 틀었다. 1604년 인도네시아 바타비아에 진출한 네덜란드의 동인도주식회사는 1624년에는 타이완까지 세력을 확장해 제일란디아(Zeelandia)라는 군사기지를 세우고 사탕수수 농장을 운영했다. 네덜란드는 500여 명의 군인을 주둔시키면서 중국 복건성에서 이주해온 농민들에게 논과 밭을 일구도록 했고, 당대의 고가 상품인 설탕의 원재료가 되는 사탕수수 재배에 힘썼다. 아열대기후인 타이완은 네덜란드뿐 아니라 스페인과 영국도 눈독을 들여 각각 기지를 만들 정도로 서세동점의 발판으로 안성맞춤이었다.

타이완의 역동적인 17세기 역사는 1662년 정성공(鄭成功)이 군대를 이끌고 제일란디아 기지를 공격한 끝에 함락시킴으로써 새로운 장을 열게 된다. 정성공은 중국대륙의 동북 지역에서 발원해 중원을 차지하고자 공격해 내려오던 여진족에게 저항한 명나라 잔존 세력으로 알려졌다. 하지만 사실 그의 아버지는 중국인, 어머니는 일본인으로, 태어난 곳도 규슈였다. 소위 다문화 가정 출신이었던 것이다. 정성공의 세력은 타이완과 남중국해를 중심으로 한동안 지배체제를 굳히지만, 결국 1683년 패배해 청나라가 타이완을 차지하게 된다. 따라서 본격적으로 타이완이 중국의 영토에 편입된 것은 17세기 말부터 19세기 말까지의 200년 정도다. 1684년 타이완은 청나라 복건성의 부(府)로 편입되면서 중국의 영토가 되었고, 1790년 이후 대륙에서의 이민이 본격적으로 시작되었다. 특히 중국 남부의 복건성과 광동성 사람들을 중심으로 타이완의 지역사회가 만들어졌다. 이들은 오스트로네시아(Austronesia) 계열인 타이완 원주민들의 영토를 탈취, 농지로 개간했다는 점에서 아시아 식민주의를 실천했던 셈이다.

일본과 중국의 철권통치

19세기 말 불붙은 제국주의 경쟁의 파도는 중국을 덮쳤고, 그 과정에서 타이완의 운명도 풍전등화가 되었다. 청불전쟁 이후인 1885년 청나라는 타이완을 성(省)으로 승격시킴으로써 독자적 행정 단위로 인정했다. 그러나 청나라는 1895년 청일전쟁에서 패한 뒤 맺은 시모노세키조약 탓에 타이완을 일본의 식민지로 내줄 수밖에 없었다. 타이완은 200여 년간 중국에 지배당한 데 이어 반세기 동안 일본에 지배당하게 되었다. 이처럼 타이완은 네덜란드, 스페인, 영국 등 유럽 세력의 아시아 진출기지로 사용된 뒤, 중국과 일본에 차례로 식민 지배를 당하는 운명이었다.

일본은 1868년 메이지유신 이후 처음으로 타이완이라는 식민지를 얻게 되었다. 이후 50년 동안 지배하면서 큰 영향을 미쳤다. 50년이면 강산이 다섯 번이나 변하는 기간이다. 시모노세키조약은 타이완에 살고 있는 중국계 주민들에게 청나라와 일본 사이에서 국적을 선택할 수 있는 권리를 부여했다. 타이완이 일본으로 넘어가자 5만 명의 주민이 청나라를 선택해 타이완을 떠났지만, 결국 3만 명이 돌아왔다고 한다. 베이징과 도쿄 사이에 충돌과 흥정이 진행되는 가운데 타이완에 사는 사람들이 겪었던 혼란을 드러내는 일화다. 문화와 언어는 베이징 쪽에 가깝지만 따지고 보면 청나라 또한 오랑캐인 여진족의 나라가 아니었던가. 무엇보다 타이완 주민들은 이 작은 섬에 이미 뿌리내리기 시작했다. 타이완에 정착한 중국계 주민들은 청나라 시기에도 과거에 붙으면 중앙의 관계(官界)에서 몇 년간 일하다가 다시 돌아와 후학을 가르치는 모습을 보이곤 했다. 소규모지만 타이완이라는 독립적인 사회가 이미 형성되었던 것이다.

청나라가 물건을 건네듯 타이완을 일본에 이양하자 현지 사회는 반발했다. 잠시밖에 지속되지 못했지만 1895년 시모노세키조약에 반발해 타이완공화국을 선포하고, 일본에 병합되는 것을 반대했던 것이다. 당시 공화국의 총통은 청나라 관료 당경숭(唐景崧)이 맡아 상징적 저항에 나섰다. 타이완공화국은 13일 만에 진압되었지만, 동아시아에 처음으로 등장한 공화국이자 타이완을 하나의 정치 단위로 선언한 최초의 시도였다.

식민제국 일본은 타이완 사회에서 중국의 영향력과 봉건적 유산을 제거하는 데 적극적으로 나섰다. 우선 아편의 소비와 남성의 변발 그리고 여성의 전족을 3대 악습으로 규정하고 없앴다. 타이완을 인수한 지 불과 3년 뒤인 1898년에는 근대적 초등학교 제도를 시행해 식민지 교육정책을 펼쳤다. 물론 모든 제국주의와 마찬가지로 일본인과 타이완인의 차별은 존재했다. 같은 식민지 관료로 근무해도 일본인의 봉급은 타이완인보다 50~60퍼센트 더 높았다. 관료의 차별이 이 정도라면 일반인에 대한 사회적 차별과 경제적 착취가 어떠했을지는 쉽게 상상할 수 있다.

그러다 1945년 일본이 제2차 세계대전에서 패하면서 타이완은 다시 중국에 복속되었다. 타이완이라는 하나의 정치적 단위로 독립한 것이 아니라 중국이라는 커다란 대륙 세력의 영토로 편입되었다는 의미다. 이 과정에서 발생한 2·28사건은 타이완 역사의 비극을

국민당 정부의 타이완인 학살 사건
1947년 2월 28일 벌어진 이 비극은 당시 중국과 타이완을 둘러싼 혼란스러운 역사를 극명하게 보여준다.

극명하게 보여준다. 1947년 2월부터 중국 군대가 타이완인을 대량 학살하는 사건이 벌어진 것이다. 1만여 명의 사망자가 발생했고 이 충돌로 중국 외성인(外省人)과 타이완 본성인(本省人)의 대립적 관계가 형성되었다. 특히 1949년 장제스가 이끄는 국민당 세력이 대륙에서 공산당에 패한 뒤 타이완으로 피신함으로써 타이완은 일본의 식민지에서 국민당의 점령지로 돌변했다. 권력의 중심이 베이징이나 난징, 도쿄 등 먼 곳에 있으면서 상징적으로 지배받는 것과 실제 권력의 중심이 이동해 억압하는 것은 다르다. 타이완은 1949년부터 1987년까지 국민당 정부의 계엄령 아래에서 또 다른 강압 정치에 지배당했다.

'균질적인 국가'의 탄생

역사는 역설로 가득하다. 타이완의 경우 대륙에서 건너온 소수의 국민당 세력이 철권통치를 하는 시기에 고속 경제성장의 궤도에 올라 부국굴기에 성공했다. 일반적으로 제국주의나 식민주의는 중심부가 주변부를 착취하고 수탈하는 구조다. 주변부의 피를 빨아먹는 중심부는 살찔 수 있지만, 주변부는 피폐해지는 것이 제국과 식민지 관계의 상식이다. 반면 타이완은 국민당 세력이라는 중심부가 주변부 타이완에 직접 와서 정착한 뒤 수탈하고 착취했기 때문에 부의 지리적 이전보다는 현지 축적이라는 결과가 나타났다.

부가 다른 곳으로 빠져나가지 않는다고 반드시 해당 지역의 경제발전이 이뤄지는 것은 아니다. 불평등한 경제구조로 부익부 빈익빈이 심화하는 사회는 얼마든지 찾을 수 있다. 이런 관점에서 볼 때 국가의 역할은 중요하다. 국가가 기득권층의 이익에만 봉사하는 것이 아니라 공익, 즉 공동체의 이익을 위해 정책을 설계하고 미래를 계획해야 부가 골고루 분배되는 경제성장과 발전이 가능하기 때문이다. 국가가 발전을 주도하는 역할을 담당하고 싶어도 사회의 기득권 세력이 구조적 힘을 이용해 방해하면 곤란하다.

동아시아 발전국가론은 일본을 비롯해 한국, 타이완 등에서 국가가 기득권층의 단기적 이익에 봉사하기보다는 자본주의적 장기

타이완 총통부 건물로 사용되는 일제 총독부 건물
중국을 떠난 국민당이 타이완에 직접 정착해 수탈함으로써, 부의 지리적 이전보다는 현지 축적이 이루어졌다.

발전의 궤도를 놓기 위해 노력했다고 분석한다. 농경사회에서 기득권층이란 지주계층이다. 대륙에서 타이완으로 넘어온 국민당 세력은 1949년부터 평등을 지향하는 혁신적 토지개혁을 시행했다.

지주와 같은 보수 세력이 자본주의 발전을 가로막을 수도 있지만, 노동이나 반(反)체제 세력이 너무 강해도 발전은 어려워진다. 미국 오리건대학교에서 정치학을 가르치는 투옹 부(Tuong Vu)는 『아시아의 발전 경로: 한국, 베트남, 중국 그리고 인도네시아*Paths to Development in Asia: South Korea, Vietnam, China, and Indonesia*』에서 아시아 국가들이 근대화 과정 중 겪은 분단이 친(親)자본과 친노동 세력을 갈라놓았다고 설명한다. 이로써 상당히 '균질적인 국가(cohesive state)'가 형성된 한국, 타이완 등의 발전전략은 날개를 달게 되었다고 분석한다. 한국의 군사정권이나 타이완의 계엄체제에서 노동은 침묵할 수밖에 없었고, 이로써 국가가 원하는 발전전략 추진에 걸림돌이 줄어들었다.

타이완은 1950년대와 1960년대에 이미 6~12퍼센트 수준의 높은 연평균 경제성장률을 기록했다. 타이완의 고속 경제성장은 이후로도 계속되어, 1980년대에는 8퍼센트, 1990년대에는 6.5퍼센트를 기록하고, 1인당 국민소득도 1990년이 되면 1만 달러를 넘어섰다. 특히 타이완의 경제성장은 1980년대까지 균등한 분배를 특징으로 한다. 지니계수와 같은 평등지수에서 타이완은 선두를 달려 성장과 분배의 두 마리 토끼를 모두 잡는 모습을 보였다. 소득 분배뿐 아니라 재계의 구조에서도 대기업과 재벌 중심의 한국이나 일본과 비교했을 때 타이완은 중소기업 중심의 경제를 만드는 데 성공했다. 하지만 타이완은 이웃 중국의 성장과 함께 국가의 존폐를 항상 위협당하는 처지에 놓이게 되었다.

타이상이 견인한 중국의 발전

약소국의 설움은 자신의 운명을 스스로 결정하기 어렵다는 데 있다. 타이완의 생존을 보장해주던 동아시아 냉전 구도가 1970년대 들어 조금씩 해빙되자 타이완에 대한 위협이 구체적으로 다가왔다. 1971년 국제연합은 '중국'을 대표하는 권리를 타이완의 중화민국에서 빼앗아 대륙의 중화인민공화국에 넘겼다. 군사동맹인 미국마저 1979년 중화인민공화국과 국교를 정상화함으로써 타이완은 국제사회의 고아 신세로 전락했다. 1991년 국제연합에 동시 가입하면서 서로의 존재를 인정했던 남·북한과 달리 중화인민공화국은 철저하게 '하나의 중국'을 고집하면서 세계에 양자택일을 강요했다. 1992년 한국이 중화인민공화국과 수교하면서 타이완과의 관계를 단절했던 일이 세계 각지에서 반복되었다. 타이완은 이로써 실질적으로 존재하지만, 국제적으로 인정받지 못하는 살아 있는 유령국가 신세가 되었다.

1979년 개혁개방 정책으로 시작된 중국의 경제발전에서 아시아 네 호랑이의 역할은 아무리 강조해도 지나치지 않다. 식민지였던 처지를 당당하게 극복하고 선진 경제로 나아갈 수 있다는 모범을 보여준 데다가, 타이완의 경우 거대한 중국대륙을 성장의 궤도로 이끄는 견인차 역할을 직접 담당했기 때문이다. 그것은 유럽 주변부의 섬나라였던 영국이 산업혁명을 통해 유럽대륙을 발전의 길로 이끌었던 일과 유사하다. 중국이 초기 경제발전의 가능성을 실험하기 위해 개방했던 선전, 샤먼(廈門), 산터우(汕頭), 주하이(珠海) 등의 경제특구는 홍콩과 마카오 그리고 타이완을 염두에 둔 지리적 선택이었다. 특히 샤먼과 산터우는 타이완과 좁은 해협을 사이에 두고 마주 보는 모양새다. 실제로 1987년부터 타이완 정부는 중국대륙에 있는 친척을 만나기 위한 타이완인의 방문을 정식 허락했다. 이로써 타이상들의 대륙 러시가 시작되었고, 자본주의의 노하우가 빠르게 확산되었다.

중국의 경제발전에서 타이상은 슘페터가 강조한 연결과 조합의

고아한 정취를 자아내는 타이베이의 야경
타이완은 식민지 상태를 떨쳐내고 당당히 선진 경제를 이룩하며 부국의 모범을 보여줬다. 또한 거대한 중국대륙을 성장의 궤도로 이끄는 견인차 역할을 담당했다.

능력을 발휘했다. 정책을 설계하고 집행하는 공산당 간부는 시장을 몰랐다. 또 외국의 자본가는 중국어나 중국 관습에 무지했다. 공산당 정부나 외국인 기업가가 할 수 없는 일을 도맡아 추진한 것이 바로 타이상이다. 타이상은 자본을 갖고 있었고, 공장을 돌리고 상품을 만들어 시장에 내다 파는 실력이 출중했다. 중국의 지방정부는 이런 타이상을 유치하기 위해 서로 경쟁했다. 1990년대와 2000년대 광둥성의 선전, 둥관(東莞), 후이저우(惠州), 포산(佛山) 등은 타이상 자본가의 직접투자로 활황을 맞게 된다. 타이완 자본을 바탕으로 한 노동 집약적 산업은 광둥성으로 대거 이전해 신발, 우산, 섬유, 플라스틱 등의 부문에서 중국을 세계의 공장으로 발전하게 해주었다. 이어 타이완 자본은 장쑤성 쿤산을 전자산업의 기지로 만들기도 했다.

현재 중국에는 100~300만 명 정도의 타이완인이 다양한 분야에 종사하면서 중국의 자본주의화를 이끌고 있다. 초기에 자본투자와 조립공장을 중심으로 이뤄진 대륙 진출은 이제 서비스업이나 문화, 관광, 연예 등 다양한 분야에서 진행 중이다. 흥미로운 사실은 이들은 중국에 가서도 타이완인 마을을 형성해 생활하는 경향이 있으며, 은퇴 후 삶의 터전으로 여전히 타이완을 꼽는다는 점이다.

중국에서 아이폰을 생산하는 타이완의 폭스콘

타이완이 중국 경제발전의 견인차라는 등식을 가장 잘 보여주는 사례가 미국의 애플과 타이완의 폭스콘(Foxconn)이 협력해 중국에서 생산하는 아이폰이다. 애플은 세계 최강의 자본주의 나라 미국이 자랑하는, 뉴욕 증시 최고의 기업이다. 캘리포니아에서 디자인한 애플의 아이폰을 생산하는 것은 타이완의 폭스콘이라는 기업이다. 중국을 잘 아는 폭스콘은 광둥 지역을 중심으로 수십만 명의 노동자를 고용해 저렴한 가격에 세련된 디자인의 아이폰을 만들어 공급하는 역할을 담당한다. 21세기 세계 자본주의의 핵심은 수많은 사람에게 사랑받는 애플도 아니고, 19세기적 조건에서 피땀을 흘리며 아이폰을 조립하는 중국도 아니다. 바로 생산사슬을 연결해주는 타이완의 폭스콘이야말로 슘페터가 말했던 혁신적 기업가 정신의 주인공이라고 할 수 있다. 불행히도 타이완은 미국이나 중국처럼 국가와 정부가 국제 무대에서 큰 소리를 낼 수 있는 존재가 아니다. 목소리는커녕 존재 자체가 부정당하는 처지다. 변변한 대사관조차 없어 눈치를 보며 살아야 하는 모습이 어떤 점에서는 과거의 유대인을 연상시키기도 한다.

외부에서는 고아 신세지만 타이완 내부는 민주화를 통해 정기적으로 정권 교체를 이루는 모범적 국가다. 장제스가 이끄는 국민당 정부는 계엄령을 통해 1980년대까지 삼엄한 독재체제를 유지했다. 1975년 장제스가 사망한 이후에도 아들 장징궈(蔣經國)가 정권을 이어받아 1988년 사망할 때까지 권력을 누렸다. 하지만 1986년 민주진보당*이라는 야당이 만들어졌고, 점진적으로 체제의 자유화가 이뤄졌다. 장제스, 장징궈 부자에 이어 국민당 정권을 차지한 리덩후이(李登輝)는 타이완 본성인 출신으로 자유화를 이끌었다. 그는 1996년 치러진 타이완 최초의 직선제 총통 선거에서 당선됨으로써, 민주주의 시대를 열었다. 이후 민주진보당의 천수이볜, 다시 국민당의 마잉주(馬英九) 그리고 또다시 민주진보당의 차이잉원으로 정권 교체가 이뤄지는 바람직한 모습이 계속되고 있다.

2010년대 타이완은 이처럼 경제발전과 민주화라는 성과를 모범적으로 달성한 성공 사례다. 물론 나름대로 심각한 문제가 없었

• 민주진보당은 1986년 창립해 민주화와 타이완 정체성을 강조하는 정치 세력으로 성장했으며 국민당과 함께 타이완 정치를 지배해왔다. 천수이볜(陳水扁)에 이어 차이잉원(蔡英文) 총통을 배출했는데, 중화인민공화국의 강력한 비판과 견제 대상이다.

던 것은 아니다. 무엇보다 예전에 비해 경제 활력이 많이 떨어졌다. 2019년 기준 출산율이 1.05로 떨어져 고령화를 재촉하고 있고, 노동 집약적 산업이 모두 타이완해협을 건너 중국대륙으로 넘어간 탓에 성장률이 하락했다. 과거 타이완이 자랑하던 평등한 분배도 관련 수치가 많이 악화되었다. 또한 타이완은 세계 무대에서 자체 브랜드를 내걸고 경쟁할 수 있는 대기업을 보유하지 못했다. 세계 차원에서 독과점이 강화되는 시대에 열세에 빠질 수밖에 없는 조건인 셈이다.

중국의 그림자

2014년 봄에 일어난 태양화(太陽花) 학생운동**은 타이완이 현재 안고 있는 정체성의 문제를 극명하게 드러냈다. 당시 국민당의 마잉주 총통은 중국과 양안서비스무역협정(Cross-Strait Service Trade Agreement, CSSTA)을 체결해 추진했지만, 이를 반대하는 학생과 시민들이 3월 18일부터 4월 10일까지 의회를 점령했다. 3월 30일에는 50만 명이 참여한 대규모 시위가 벌어지며 중국과의 경제 통합에 반대하는 목소리가 불거졌다. 결국 국민당 정부는 양안서비스무

•• 타이완 의회를 시민들이 점령한 것은 처음 일어난 사건으로, 사안의 민감성을 잘 보여준다. 태양화는 해바라기를 의미하는데, 한 꽃집 주인이 시위 학생들에게 1,000송이의 꽃을 보낸 데서 유래한다. 중국에 대한 타이완의 종속을 우려하는 목소리가 크게 불거져 나온 대표적 사례다.

자유의 광장
1970년 완공된 이후 집회가 열리는 장소로 자주 쓰이고 있다. 민주주의 발전의 상징으로 유명한 광장이다.

역협정을 포기할 수밖에 없었고, 2016년 민주진보당의 차이잉원이 56퍼센트의 압도적 득표율로 집권에 성공했다. 그리고 2020년 1월에는 재선에 성공했다.

 타이완의 역사적·정치적 맥락에서 국민당은 대륙에서 넘어온 외성인들을 상징한다. 이들은 공산당과의 내전에서 패배하기는 했지만, 여전히 하나의 중국이라는 원칙을 지향한다. 반면 민주진보당은 타이완에 원래 거주하던 본성인의 목소리를 대변한다. 전통적으로 민주진보당은 타이완의 독립을 선언하자는 주장을 폈다. 집권하면서 현실적인 판단에 따라 이처럼 강력한 주장은 수그러들었지만, 민주진보당의 성향은 여전히 중국과의 통합보다는 타이완의 독립을 지향한다. 중국은 타이완이 독립을 선언하면 무력 침공도 불사하겠다는 강경한 발언을 기회가 있을 때마다 쏟아내고 있다.

개혁개방 초기에 세계의 눈치를 보며 와신상담의 태도로 자본주의 경제발전을 추구하던 중국은 점차 자신감을 드러내며 강대국의 오만을 표출하고 있다. 특히 타이완은 중국이 홍콩의 자치권을 묵살하고 점점 직접 통제하는 과정을 지켜보면서 커다란 위협을 느끼게 되었다. 2020년 홍콩 국가보안법 시행 이후 타이완 정부가 홍콩에서 망명하는 이주민들을 받아들인 것은 민주적 연대의 가능성을 보여준다.

기적적 경제발전과 탄탄한 민주주의로 균형 잡힌 근대 사회를 구성했다는 점에서 한국, 일본, 타이완은 동아시아의 자랑이다. 지금은 경이로운 경제발전을 이뤘지만, 국내에서는 독재를, 세계에서는 횡포를 일삼는 중국이 타이완을 점점 강하게 압박하고 있다. 특히 코로나19 팬데믹 위기를 맞아 국제사회의 관심이 멀어진 틈을 타 중국은 홍콩의 자율성을 크게 위축시켰고, 이를 본 타이완은 일국양제라는 중국의 주장이 허울뿐임을 인식하게 되었다. 최근에는 러시아의 우크라이나 침공을 보면서 중국이 무력으로 통일을 시도할지 모른다는 불안을 느끼고 있다.

19

스웨덴

억만장자가 가장 많은 복지국가

스웨덴은 19세기까지 대부분의 주민이 황량한 영토에서 근근이 농사지으며 살아가는 북유럽 동토의 가난한 나라였다. 17세기에 강한 군사력을 바탕으로 발트 지역의 강대국으로 부상한 적은 있었다. 하지만 경제적으로 풍요로운 건 아니었다. 실제 19세기 말 인구 대비 이민자 통계만 보더라도 스웨덴에서 신대륙으로 간 이민자 숫자는 아일랜드 다음으로 많았는데, 이런 불행한 현실은 1930년대까지 이어졌다.

하지만 2020년 기준 스웨덴은 세계에서 가장 잘사는 나라 중 하나다. 1인당 국민소득은 5만 달러를 넘어섰고, 국제연합의 인간개발지수는 2018년 기준 세계 8위로 최상위다. 소득만 높은 것이 아니라 삶의 질도 정상급이라는 의미다. 스웨덴 하면 복지국가의 대명사로 떠올라 세계 진보 세력의 이상향이라고 해도 과언이 아니다. 또 여성의 사회 진출 같은 남녀평등과 관련한 부문에서도 세계 최고 수준의 선진국이다. 국회의원의 여성 비율은 1994년 이후 계속 40퍼센트대를 유지하고 있다.

스웨덴 사회는 평등을 중시하면서도 세계적으로 명성을 날리는 기업을 다수 보유하고 있다. 세계시장에서 인기를 끌고 있는 가구회사 이케아, 의류회사 H&M을 모르는 소비자는 드물다. 독특한 디자인과 뛰어난 성능을 자랑하는 자동차로 유명한 볼보나 음악 스트리밍 서비스로 유명한 스포티파이, 정보통신 산업에서 유럽을 대표하는 에릭슨(Ericsson) 등이 모두 인구가 1,000만 명 남짓한 스웨덴의 다국적 기업들이다.

스웨덴은 인구 대비 억만장자가 가장 많은 나라이기도 하다. 자산을 10억 달러(1조 3,000억 원) 이상 보유한 사람이 25만 명 중 한 명꼴로 있다. 억만장자들의 재산을 합치면 연간 국내총생산의 4분의 1 수준이다. 또 스웨덴은 여야 합의로 2005년 상속세를 그리고 2007년 부유세를 철폐한 나라다. 세계 진보 세력이 부러워하는 복지국가와 보수 세력이 꿈꾸는 부자 천국을 동시에 실현한 신비한 나라인 셈이다. 스웨덴은 지난 100여 년 동안 어떻게 유럽 변방의 가난한 나라에서 세계 최고 수준의 부국으로 발돋움했을까.

스웨덴이 국제사회의 시선을 끌게 된 본격적인 계기는 미국의 진보 성향 기자 마르키스 차일즈(Marquis Childs)가 1936년 출간한 『중도의 스웨덴Sweden: the Middle Way』이다. 대공황의 커다란 충격으로 자본주의 세계가 침체에 빠져 있었던 1930년대는 시장경제의 단점을 극복할 수 있는 새로운 길을 찾는 방황의 시대였다. 좌파의 공산주의 계획경제나 우파의 파시즘은 모두 자유주의 시장경제를 부정하고 국가의 역할을 전면에 내세우는 프로젝트를 모색했다. 러시아의 소비에트 체제와 독일의 나치즘이 모델로 등장한 상황에서 차일즈는 스웨덴을 '제3의 길'이라는 대안으로 제시하고 나섰던 것이다.

제2차 세계대전에서 나치즘이 붕괴한 뒤에도 스웨덴은 여전히 중도를 대표할 수 있었다. 냉전기에 자유주의 시장경제와 공산주의 계획경제 사이에서 스웨덴은 균형 잡힌 길을 밝혀나가는 모델이 되었다. 개인의 자유를 중시하는 자본주의와 사회의 평등을 추구하는 공산주의 사이에 타협이 가능하다는 사실을 스웨덴 모델은 명백하게 보여줬던 것이다.

자본주의와 사회주의의 타협

덴마크의 사회학자 요스타 에스핑앤더슨(Gøsta Esping-Andersen)은 『복지자본주의의 세 가지 세계*The Three Worlds of Welfare Capitalism*』에서 스웨덴을 비롯한 북유럽 모델의 특수성을 강조했다. 그러면서 복지자본주의에는 영미식의 '자유주의' 모델, 독일이나 프랑스 등 유럽 대륙식의 '보수주의' 모델, 북유럽식의 '사회민주주의' 모델이 존재한다고 분석했다. 이때 사회민주주의 모델은 시장보다는 국가의

1868년의 스톡홀름 전경
스톡홀름은 20세기 초까지 북유럽의 가난한 나라였다. 하지만 이후 놀라운 경제발전을 이뤄, 지금은 세계에서 가장 잘사는 나라이자 복지국가의 대명사로 불린다.

역할을 강조하고, 포괄적이고 보편적인 복지 혜택을 제공하며, 사회 평등이라는 궁극적 목표를 지향한다고 설명했다.

　미국으로 대표되는 자유주의 모델은 최소한의 복지 혜택만을 극빈층에게 제공한다. 유럽대륙의 보수주의 모델은 국민 다수가 혜택을 보지만, 사회를 평등하게 만들겠다는 강한 의지를 발견하기는 어렵다. 그러나 스웨덴을 비롯한 북유럽의 사회민주주의 모델은 재분배를 통해 빈부의 격차를 줄이고 남녀의 차별을 완화하는 방향으로 나아간다. 복지 혜택을 국가가 베푸는 시혜라고 보지 않고, 국민의 당연한 권리라고 인식하는 문화가 그 바탕에 존재한다.

역사적으로도 이런 평등주의 성향은 북유럽 국가들의 특징이다. 예를 들어 스웨덴의 연금제도는 좌파 사회민주주의 정당이 집권하기 훨씬 전인 1913년 부르주아 자본주의 정당이 수립한 것이다. 스웨덴에서 복지국가란 국민 모두를 끌어안는 '민중의 집(folkhem)' 개념이 강하다. 그만큼 사회의 계급적 분화나 대립이 약하고, 반대로 민족의 동질성이 높은 사회라는 의미다.

스웨덴이 평등을 지향하는 복지국가를 완성할 수 있었던 비결은 1930년대부터 지속적인 경제성장을 이룩한 덕분이다. 스웨덴의 경제발전을 가능하게 했던 요소들은 명확한데, 농업을 제외한다면 전통적으로 철광석과 임업이 경제의 중심축이었다. 이를 바탕으로 유럽 안에서 특화된 경제체제를 운영해왔던 것이다. 특히 철강산업과 목재, 펄프 및 제지산업은 스웨덴의 중요한 수출산업으로 성장했다. 예를 들어 제2차 세계대전 당시 스웨덴은 중립국이었는데도 나치 독일에 철강을 수출해 비판받았다. 그만큼 독일 군수산업에 스웨덴 철강은 결정적인 요소였다. 전후에도 스웨덴은 수출로 경제 도약의 발판을 마련했다. 예를 들어 성장 가도를 달렸던 1950~1970년대에 스웨덴의 수출은 국내총생산 대비 20~25퍼센트에 달하는 높은 수준이었다.

노사 협력을 이끈 살트셰바덴협약

스웨덴식 산업발전의 특징은 노사정 협력이다. 1938년 체결된 살트셰바덴(Saltsjöbaden)협약은 장기적으로 노동과 자본의 관계를 평화롭고 협력적으로 이끌었고, 이는 경제발전의 기본 조건이 되었다. 당시 사회민주당이 이끄는 정부는 두 부문이 상호 협조하지 않을 경우 입법을 통한 강제 조치에 나설 것이라고 '협박'했고, 이에 노동과 자본은 협의를 통해 노사관계를 안정적으로 구축하는 길을 선택했다. 노사정 협력의 가장 대표적인 기구로는 노동시장정책위원회(Arbetsmarknadsstyrelsen, AMS)를 들 수 있다. 임금이나 노동조건 등 노동과 자본이 합의를 도출해내고, 그 대가로 파업과 같은 충돌을 피함으로써 노동시장정책위원회는 안정적인 경제성장을 가능하게 했다. 노동과 자본은 모두 평등한 임금체계를 구성하자는 목표에 합의했고, 삶의 조건을 향상한다는 점에 동의했다. 1965년 스웨덴의 노동과 자본은 100만 주택을 건설한다는 계획을 세워 노동자의 주택 복지를 실현하는 데 앞장섰다.

물론 한 세기 가까이 지속한 스웨덴의 부국굴기 과정에서 위기가 없었던 것은 아니다. 일례로 1970년대 석유위기로 스웨덴은 한 차례 홍역을 앓았고, 1990년대 초반 다시 마이너스 성장의 늪에 빠지기도 했다. 1991년부터 1993년까지 스웨덴은 매년 마이너스 성장을 기록했고, 그 결과 실업률이 9퍼센트 이상으로 치솟았다. 당시 독일이 통일하는 과정에서 이자율이 높아지면서 자금이 급속히 빠져나가자 부동산 버블까지 심했던 스웨덴에 외환과 금융위기가 동시에 불어닥쳤기 때문이다.

이와 같은 경제위기를 극복하기 위해 스웨덴은 기존의 노사정 협력체제나 복지정책에 일련의 변화를 가할 수밖에 없었다. 도입부

1938년 살트셰바덴협약이 맺어진 살트셰바덴 호텔
이 호텔은 스웨덴의 최대 재벌인 발렌베리(Wallenberg)가문의 소유다.

에서 언급한 부자 천국 스웨덴의 요소들은 대개 이 시기 이후에 수
립된 정책의 결과다. 스웨덴의 높은 세금을 피해 스위스나 영국으
로 도주했던 자본가들이 상속세와 부유세 철폐정책에 호응해 서서
히 돌아오기 시작했고, 에릭슨과 같은 기업들은 새로 부상하는 정
보통신 분야에서 두각을 나타냈다.

복지국가 형성이나 경제발전 과정에 영향을 미친 화합의 문화
는 정치에도 그대로 투영되었다. 스웨덴의 복지국가 모델이 사회민
주주의 세계를 대표한다면, 그 정치는 합의민주주의 모델에 가깝
다. 네덜란드의 정치학자 아런트 레이파르트(Arend Lijphart)는 영국,

미국, 프랑스가 전형적으로 보여주는 다수(majoritarian)민주주의와 네덜란드, 스위스 등으로 대표되는 합의(consociational)민주주의를 구분한 바 있다.

사회민주당이 장기 집권하는 이유

정치 세력들이 선거를 통해 승자와 패자로 구분되어 번갈아들며 집권하는 다수민주주의와는 달리, 합의민주주의는 주요 정치 세력이 함께 권력을 공유하며 집권하는 모델이다. 스웨덴은 이런 합의민주주의의 전형은 아니지만, 비례대표 선거제도를 채택하고 사회민주당이 1930년대 이후 장기 집권해왔다는 점에서 합의민주주의와 유사한 특징들을 지닌다. 우선 1933년 사회민주당이 집권하는 과정에서 농민을 대표하는 세력과 연합해 일명 적녹(赤綠)동맹을 형성한 바 있다. 노동자 세력만을 대변하기보다는 농민과 노동자의 연합으로 집권에 성공했다는 의미다. 게다가 블루칼라 정당인데도 화이트칼라를 대변하는 일에 적극적으로 나서서 국민의 지지를 받았다. 사회민주당은 이후 1976년 선거에서 패배할 때까지 40여 년 동안 스웨덴의 집권당으로서 노동과 자본의 상호관계를 조정하며 평화로운 경제발전을 주도했다.

사회민주당은 이후에도 1976~1982년, 1991~1994년, 2006~2014년의 기간을 제외하곤 계속 집권당으로 군림했다. 야당으로 전락했던 위의 세 시기에도 사회민주당은 스웨덴 국회에서 의

석수가 가장 많은 정당이었다. 다만 다른 정당들의 연합정부 구성에서 제외되었던 것이다. 따라서 사회민주당은 야당일 때도 정책에 상당한 영향을 미칠 수 있었고, 덕분에 스웨덴은 1990년대 이후 신자유주의적 변화에도 복지국가의 기본 틀을 유지할 수 있었다. 사회민주당은 지속적으로 제1당의 지위를 유지했지만, 단독 세력이 아닌 연합정부의 형식으로 집권했다. 처음에는 농민 세력의 도움을 받았고, 이후 공산당이나 녹색당 등의 지지를 받았으며, 최근에는 중도 성향의 중앙당이나 자유당과도 연합정부를 꾸리고 있다. 사회민주당이 단독으로 의회 과반수를 차지한 1940년과 1968년의 선거가 오히려 예외에 속한다.

이처럼 국내 정치에서 합의와 타협을 중시하고 평등을 추구하는 스웨덴의 정치적 성향은 국제 무대에서도 중립주의와 인도주의로 발현되었다. 국제연합의 초대 사무총장이었던 노르웨이 출신의 트리그브 할브란 리(Trygve Halvdan Lie)에 이어 스웨덴의 다그 함마르셸드(Dag Hammarskjöld)가 1953년부터 1961년까지 차기 사무총장을 역임했고, 국제분쟁 해결을 위한 평화의 전도사 역할을 자처했다. 스웨덴은 21세기에도 여전히 개발도상국에 대한 인도주의적 지원을 아끼지 않고 있으며, 국익을 초월해 평화, 개발, 협력을 추진하는 '규범 사업가(norm entrepreneur)' 국가로 인정받고 있다.

이상적으로 보이는 스웨덴 사회 모델의 비결은 무엇일까. 국가가 나서서 시민들의 삶의 질을 보장하고, 노동과 자본은 정부 주도하에 서로 협력해 경제발전을 추진하며, 정치도 대립과 투쟁보다는 화합과 연대와 타협을 중시하는 스웨덴의 비결은 역사와 문화에서 찾아야 한다. 복지국가, 경제발전, 정치화합 모두 공동의 뿌리와 줄기가 없다면 일관된 모습을 유지하기 어렵기 때문이다.

스웨덴의 사회와 경제와 정치, 이 세 분야를 지배하는 원칙은 강한 국가다. 특히 복지국가를 제대로 실행하기 위해서는 정부가 시민들의 삶을 세세한 부분까지 파악할 수 있어야 한다. 그래야 소득만큼 세금을 거둘 수 있고, 필요한 사람에게 지원할 수 있기 때문이다. 이런 점에서 스웨덴 사회와 문화의 전통은 특수하다.

역사학자 헨릭 스테니위스(Henrik Stenius)는 스웨덴의 가정은 "거실부터 부엌, 곳간, 아이 방과 침실 등의 모든 문이 열려 있고, 단순히 열려 있는 정도가 아니라 사회가 들어와 간섭하며, 때로는 폭력적으로 참견하기도 한다"라고 설명한다. 사회의 투명성이 그 어느 나라보다 높다는 의미인데, 시민들이 국가와 정부에 대해 신뢰를 품을 때만 가능한 현상이다. 이런 역사적 전통은 최첨단 시대인 21세기에도 여전히 유효하다. 스웨덴은 인터넷에 접속만 하면 공인은 물론 이웃의 소득까지 빤히 들여다볼 수 있도록 전 국민의 세금 납부 내역을 공개하고 있다.

물론 정부의 판단이 항상 옳은 것도 아니고 때로는 강압적인 정책으로 시민을 불행에 빠뜨리기도 한다. 스웨덴 국민은 국가가 전문성을 가지고 합리적인 선택을 할 것이라고 믿기 때문에 정책을 따르는 성향이 강하다. 대표적인 정책으로 노동인구 부족 문제를 극복하기 위해 여성을 노동시장으로 유인하는 전략을 들 수 있다. 덕분에 남녀평등과 여성의 지위 향상에 크게 이바지한 바 있다.

'모든 문이 열려 있다'

하지만 사회를 정책적으로 관리하려는 사회공학(social engineering)
적 시도는 '우수한 국민'을 만들겠다는 우생주의 정책으로 변질되
기도 했다. 예를 들어 1968년까지 스웨덴은 간질환자의 결혼 자체
를 금지했다. 또 1935년과 1975년 사이에 특수한 질병을 앓는 일부
시민에게 6만여 건의 불임 시술을 받게 했다. 스웨덴 정부는 강제가
아닌 설득을 통해서였다고 강변했지만, 심각한 수준의 인권 유린이
었음이 분명하다. 강한 정부가 길을 잘못 들 때는 재앙이 닥치기 마
련이다.

  국가에 대한 국민의 신뢰와 의존은 국가와 종교의 긴밀한 협력
에서 찾을 수 있다. 스웨덴은 16세기 독일에서 시작된 마르틴 루터
의 종교개혁을 신속하게 받아들여 루터파 스웨덴 교회를 세운 바
있다. 루터교회의 영향력은 스웨덴 역사에서 결정적인 역할을 했
다. 누구나 『성경』을 스스로 읽어야 한다는 프로테스탄트의 원리에
따라 스웨덴은 1842년 초등교육을 의무화했다. 루터교회의 영향으
로 이웃 나라 덴마크는 1814년, 노르웨이는 1827년 초등교육을 의
무화했다. 여기에 스웨덴이 가세하면서 스칸디나비아삼국은 선도
적으로 국민교육 의무화의 길을 열었다. 이로써 이미 19세기에 스
칸디나비아삼국은 국민이 모두 글을 읽을 수 있는 문화 선진국으로
발돋움했다. 스칸디나비아삼국은 일반적으로 정부가 루터교회의
교구(parish)를 활용해 사회에 침투하고 통제하는 형식을 취했다. 종
교와 정치의 긴밀한 융합이 국가에 대한 국민의 신뢰를 키우고, 개

방성과 투명성을 강화했다는 것이다.

루터교회의 영향에서 볼 수 있듯이 북유럽 국가들은 많은 공통점을 가지고 있다. 근대로 오면서 스칸디나비아 지역은 여러 개의 나라로 분열되었지만, 중세만 하더라도 칼마르연합(Kalmar Union)의 형식으로 단일한 정치 단위를 형성하고 있었다. 16세기 초 칼마르연합은 스웨덴과 덴마크로 분열되어 양국이 경쟁하는 꼴이 되었다. 노르웨이는 처음에 덴마크에 속해 있었다가 19세기에 스웨덴으로 병합되었고, 1905년이 되어서야 독립을 쟁취할 수 있었다. 이어 핀란드가 1917년 러시아에서 독립했다.

유럽 역사를 비교적 관점에서 살펴보면 스칸디나비아 지역이 하나의 국가로 통일되지 못한 것은 독일의 프로이센이나 이탈리아의 피에몬테(Piemonte)처럼 통일을 주도할 만한 세력도, 비스마르크나 카밀로 카보우르(Camillo Cavour) 같은 지도자도 없었기 때문이다. 스칸디나비아 지역은 종교적으로는 루터교회의 영역이고, 언어적으로는 북(北)게르만계에 속하며, 특히 스칸디나비아삼국의 언어는 서로 소통이 가능할 정도로 유사하다. 스칸디나비아반도에 바로 붙어 있는, 우랄알타이어 계통의 핀란드만 예외라고 할 수 있다.

스칸디나비아 지역 국가들은 근대화 과정도 유사하다. 일찍이 국민교육을 의무화한 정책부터 20세기 강한 복지국가를 만든 정책까지 이들은 무척 비슷한 정치경제를 형성했다. 정부에 대한 국민의 신뢰, 개인의 정보를 사회가 공유하는 투명성, 노동과 자본이 협력하고 정당들이 타협하는 공존의 문화 등이 모두 스칸디나비아 지역 국가들의 공통분모라고 할 수 있다. 인구 규모를 보면 스웨덴이

1,000만 명 수준으로 스칸디나비아 지역의 중심축을 형성한다. 나머지 노르웨이와 덴마크 그리고 핀란드는 각각 500만 명 정도이고, 아이슬란드는 34만 명 수준의 아주 작은 나라다. 이 다섯 개국을 다 합쳐도 인구는 3,000만 명에 미치지 못해, 영토가 훨씬 작은 베네룩스의 인구와 비슷한 수준이다. 베네룩스가 1948년부터 일찍이 지역 통합을 추진했듯이 스칸디나비아 지역도 오랜 통합의 역사를 갖고 있다.

북유럽 모델의 특수성

예를 들어 19세기 스칸디나비아 지역 국가들은 독일 관세동맹인 졸페라인의 영향을 받아 통화동맹을 만들고 정치연합을 시도한 바 있다. 더욱 본격적으로 20세기 중반에는 북유럽 노동시장을 하나로 묶어 자유롭게 시민들이 일자리를 찾아다니도록 했다. 이때부터 노르딕 모델(Nordic Model)이라는 개념이 등장하면서 '스칸디나비아'라는 표현을 대신하는 경향이 생겼다. 정치경제 부문에서 강한 복지국가를 추구할 뿐 아니라 안보 공동체를 형성하는 데서도 노르딕 모델은 지향점을 같이했다. 미국의 지역 통합 이론가 칼 도이치(Karl Deutsch)는 서로 전쟁하지 않는 것은 물론 전쟁을 상상하는 것조차 어려운 긴밀한 공동체로 스칸디나비아 지역 국가들을 예로 들며 안보 공동체의 개념을 제시했다.

어느 공동체나 그렇듯이 북유럽 안에서도 서로 대조되는 이미

스톡홀름의 에릭슨 본사
정보통신 산업에서 유럽을 대표하는 기업이다. 2000년대 들어 중국 정보통신 회사들과의 경쟁에서
밀렸으나, 미·중 무역 갈등을 계기로 경쟁력을 회복하고 있다.

지를 만들고자 하는 시도가 존재한다. 특히 스웨덴과 덴마크는 상
호 경쟁적이고 대립적이다. 스웨덴은 추운 날씨처럼 사람들도 냉정
하고 음주를 죄악시하는 등 사회적 행동에 제약이 많은 것으로 알
려져 있다. 반면 덴마크는 상대적으로 기후도 온화하고 사람들도
따듯하며 기질도 대륙과 비슷해 자유분방한 것으로 인식된다. 다른
한편 노르웨이는 북유럽에서도 변방에 속하지만, 북해의 석유 개발
로 엄청난 부국으로 떠올랐고, 핀란드도 정치경제가 낙후되었다는
콤플렉스가 있었지만, 유로화를 채택할 정도로 유럽 통합에 적극적
으로 동참함으로써 새로운 기회를 얻고 있다. 최근에는 영국의 북
쪽에 있는 스코틀랜드가 독립해 노르딕 모델에 합류하면 모두 더

풍요로운 경제를 누릴 것이라는 전망도 나온다.

　스웨덴을 중심으로 한 북유럽 국가들은 유럽 통합운동에서 국외자 성격을 갖고 있다. 1951년 파리조약으로 유럽 통합의 깃발을 올린 여섯 개국 외무장관은 전원 기독교민주주의 세력 출신이다. 기독교민주주의란 기본적으로 가톨릭의 정치사상에서 출발했으며 세상을 민족에 따라 나누기보다는 하나로 통합하려는 성향이 강하다. 반면 영국의 성공회나 스칸디나비아 지역 국가들에서 볼 수 있듯이 개신교는 민족과 결합하는 특징을 보여준다. 스웨덴, 덴마크, 노르웨이, 핀란드 등은 모두 국가 차원에서 루터교회를 중심으로 조직되어 있다.

유럽 통합과 다양성의 도전

북유럽 국가 가운데 유럽 통합에 제일 먼저 동참한 것은 독일과 국경을 맞대고 있는 덴마크다. 스웨덴이 철강이나 통신산업 등을 중심으로 특화된 경제체제를 갖고 있다면, 덴마크는 농산물 수출에 의존하는 경제였고, 그만큼 유럽대륙의 시장에 의존할 수밖에 없었기 때문이다. 2020년 현재 덴마크와 스웨덴, 핀란드는 유럽연합 회원국이며, 노르웨이와 아이슬란드는 비회원국이다. 회원국 가운데 핀란드만이 유로화를 채택하고 있다. 이처럼 북유럽 국가들은 유럽 통합에 적극적으로 나선다기보다는 사안에 따라 취사선택하는 모습을 보여주고 있다. 모두 작은 규모의 나라로서 거대한 유럽 안에서 자국의 정체성이 옅어지는 것을 두려워하기 때문이다.

유럽 통합과 함께 스칸디나비아 지역에 도전을 제기한 변화는 이민자와 난민의 유입이다. 제2차 세계대전 이후 스웨덴을 비롯한 북유럽 국가들은 노동력이 부족해 이민을 받아들이기 시작했다. 여성을 가정에서 일터로 나오게 하는 것만으로는 부족했기 때문이다. 당시 남유럽의 이탈리아, 유고슬라비아, 그리스 등지에서 이민자들이 유입되었고 이들은 상대적으로 새 사회에 잘 적응하는 편이었다. 하지만 1990년대 이후에는 같은 유럽보다는 정치적, 또는 경제적 이유로 아시아나 아프리카 등지에서 오는 난민이 다수를 차지하게 되었다. 특히 2015년 시리아 난민 위기가 거세지자 스웨덴은 16만 명 이상의 난민을 받아들였다. 앞서 보았듯이 스웨덴의 정치 경제 제도는 동질성을 가진 민족 공동체라는 문화적 배경을 전제한다. 그러나 이런 문화를 공유하지 못하는 사람들이 대거 사회에 들어오자 이에 대한 배타적 반응이 나타나기 시작했다.

2006년 덴마크 언론의 무함마드 만평 사건*은 스칸디나비아 지역에 통용된 언론의 자유라는 개념과 이민자들의 이슬람 문화가 공존하기 어렵다는 사실을 보여주었다. 이는 화합과 타협을 강조하는 스칸디나비아 지역에서도 최근 들어 배타적 민족주의를 내세우는 정당들이 부상하는 배경과 맞물린다. 실제로 극우 정당인 스웨덴민

---

* 이슬람은 종교의 창시자 무함마드를 그림으로 표현하지 못하도록 하지만, 유럽의 민주주의 국가들은 종교적 금기를 침범하는 표현의 자유를 허용한다. 이에 덴마크의 일간지 『윌란스포스텐 (Jyllands-Posten)』이 무함마드를 풍자한 만평 12편을 싣자, 덴마크의 이슬람 공동체는 물론 세계 각지의 이슬람국가들이 거세게 반발했다.

주당은 2018년 총선에서 17.5퍼센트의 득표율을 기록해 62석을 차지하며 제3당으로 부상했다.

스웨덴을 비롯한 북유럽 국가들은 거친 자연환경에도 불구하고 세계 최고 수준의 경제를 만들어내는 데 성공했다. 높은 교육수준과 국민의식은 경제발전의 밑거름이 되었고, 타협의 정치, 화합의 사회 그리고 연대의 복지는 노르딕 모델을 규정하는 이상적 특징이 되었다. 하지만 이제 북유럽 국가들은 색다른 문화적 배경을 가진 이민자와 난민 문제로 위기를 맞고 있다. 스웨덴이 보여줬던 독창적 중도 노선이 문화적 다양성을 앞세운 도전도 극복할 수 있을지 지켜볼 만하다.

7장

비전

평등한 개인들이 성공할 수 있는
사회를 꿈꾸다

미국, 중국, 유럽연합은 21세기 세계 자본주의의 세 기둥이라고 말해도 과언이 아니다.
유럽이 자본주의를 발명한 세력이라면,
미국은 이를 한 단계 더 발전시켜 풍요사회를 이룩했고,
중국은 최근 부상한 신흥 부국이다.
이들은 세계 정치경제의 미래를 제시하는 비전들을 각각 상징한다.

미국

아메리칸 드림의 탄생지

미국은 자본주의의 대명사다. 하늘을 찌를 듯 치솟은 마천루가 빽빽이 들어서 있는 뉴욕 맨해튼은 자본의 축적이 무엇을 의미하는지 상징적으로 보여준다. 미국의 달러는 세계 어디서나 통하는 기축통화다. 미국의 기업과 브랜드는 세계시장을 지배하는 세계 자본주의의 첨병이다. 도대체 어떤 요인이 미국을 자본주의를 상징하는 국가로 만들었는가.

첫 번째 요소로 거대한 규모의 영토를 빼놓을 수 없다. 1776년 영국에서 독립을 선포했을 당시, 13개 주로 구성된 미국의 영토는 이미 유럽의 그 어떤 국가보다 컸다. 미국은 이후에도 프랑스나 러시아, 멕시코, 스페인 등과 전쟁을 벌여 영토를 획득하거나 돈을 주고 사들였다. 결국 19세기 중반이 되면 대서양에서 시작해 태평양까지 달하는, 북아메리카의 대부분을 차지하는 거대한 영토를 얻게 되었다.

미국은 독립 당시 인구가 250만 명에 불과했지만, 250여 년의 역사를 '이민의 역사'라고 부를 만큼 끊임없이 외부에서 사람들을 받아들였다. 그 결과 1820년대에 인구 1,000만 명을 넘어섰다. 1910년대에 1억 명, 1960년대에 2억 명 그리고 2000년대에 3억 명을 기록했다. 영토의 확장도 인상적이지만, 인구의 증가는 가히 폭발적이었다고 표현할 수 있다.

경제학 교과서에 따르면 성장이란 원칙적으로 노동할 수 있는 인구가 늘어나고, 활용할 수 있는 토지가 증가하면 가능하다. 미국은 이에 더해 종주국이었던 영국에서 불어오는 산업혁명의 열기를 공유할 수 있는 시대적 행운을 타고났다. 젊은 나라의 역동성이 과학과 기술을 활용하는 산업혁명과 시기적으로 접목되면서, 엄청난 잠재력을 발휘하기 시작한 것이다. 미국의 역사는 시작부터 자본주의 발전의 역사 그 자체다.

베버는 『프로테스탄트 윤리와 자본주의 정신*Die Protestantische Ethik und der Geist des Kapitalismus*』에서 "미국의 역사를 살펴보면, 자본주의가 발전하기 이전에 이미 '자본주의 정신'이라는 것이 존재했다"라고 강조한 바 있다. 베버가 말하는 자본주의 정신이란 마치 하느님의 명령을 받드는 마음으로 근검절약하며 성실하게, 또 열심히 사는 태도를 의미한다. 자본가는 돈이 많다고 사치하는 것이 아니라 꼼꼼히 계산하고 모아뒀다가 미래를 위해 투자한다. 노동자도

술이나 도박을 멀리하고 검약하며 가계를 꾸려나간다.

'시간과 신용이 돈'

베버가 자본주의 정신의 대표적인 사례로 꼽는 것이 벤저민 프랭클린의 처세술이다. 미국 매사추세츠의 청교도 문화를 대변하는 프랭클린은 젊은이들에게 "시간이 돈임을 잊지 말고", 또 "신용이 돈임을 잊지 말라"라고 충고한다. 왜냐하면 "돈은 돈을 낳을 수 있으며 그 새끼가 또다시 번식하기" 때문이다. 프랭클린에게 돈을 번다는 것은 '유능함의 표현'이며 '도덕의 실질적인 알파이자 오메가'라고 할 수 있다. 돈은 때때로 필요하지만, 기본적으로 더럽고, 돈을 추구하는 탐욕은 죄악으로 생각했던 유럽 기독교 전통에 비춰 볼 때, 신대륙에서 나타나기 시작한 윤리는 분명 혁신이었다. 이런 특징은 유교나 불교, 이슬람 등 다른 문화권에 비춰 보더라도 마찬가지였다. 미국은 초기부터 돈을 윤리적 삶의 보상으로 판단하는 파격적인 생각을 인류에 선보였던 셈이다.

19세기 미국 사회를 관찰한 또 다른 유럽의 사상가 알렉시스 드 토크빌에게 미국인들은 평등 정신을 공유하는 특이한 사람들이었다. 토크빌은 『미국의 민주주의De la démocratie en Amérique』에서 신분의 차이가 사회를 지배하는 유럽과 평등함을 자연스럽게 여기는 미국을 대비했다. 그는 인류의 모든 사회가 평등을 기준으로 삼는 '민주적 상태'로 진화할 것으로 내다봤고, 그런 점에서 미국은 인류 진

프랭클린이 그려진 100달러 지폐
프랭클린은 "시간이 돈임을 잊지 말고", 또 "신용이 돈임을 잊지 말라"고 충고했다. 그에게 돈을 번다는 것은 유능함의 표현이며, 도덕의 실질적인 알파이자 오메가였다.

화의 첨단에 서 있다고 판단했다. '돈은 가치의 척도이고, 사람들이 서로 평등'한 세상은 종교와 신분이 지배하는 전통사회와는 근본적으로 다르다. 게다가 미국은 마을이나 직업 공동체와 같은 오래된 집단 정체성보다는 스스로 자립하는 개인을 전제로 하는 이민사회였다. 즉 친척이나 가문, 동업자와 연대하기보다는 핵가족을 꾸려나가는 사람들끼리 서로 치열하게 경쟁하는 사회였다.

커다란 영토에 많은 이민자가 모여든다고 자연스럽게 경제발전이 이뤄지는 것은 아니다. 미국은 출신 성분을 따지지 않고 모두가 평등하다는 생각으로 뭉쳤다. 사장님을 이름으로 부르는 사회다. 또 개인주의가 확실하다. 철저하게 개인의 능력을 위주로 일하고 평가받는다. 그래서 좋은 가문에서 태어난 '금수저'보다는 무일푼으로 시작해 커다란 부를 쌓은 사람이 존경받는 사회다. 이런 자본주의 정신은 18세기의 프랭클린부터 21세기의 자본가 워런 버핏까지 이어지는 미국의 핵심 정신이다.

미국의 최대 위기

경제학의 아버지로 불리는 스미스는 1776년 출간한 『국부론』에서 시장 규모의 중요성을 강조했다. 시장이 클수록 세밀한 분업이 가능하고, 따라서 생산성의 증대가 수월해진다는 설명이다. 18세기 영국은 해안을 낀 바닷길을 따라, 또 강과 운하를 통해 교역이 활성화되면서 시장 규모를 키울 수 있었다. 분업을 통해 폭발적으로 증가한 상품을 전국 시장에 널리 유통해 판로를 개척했다.

  19세기 미국에서도 경제발전을 이끈 대표적인 분야는 교통이었다. 미국이 독립할 때 13개 주는 모두 대서양 연안에 있었다. 이때 연안 지역과 대륙의 내부를 연결함으로써 경제 영토를 확장하는 데 결정적으로 이바지한 것은 1825년 개통된 이리(Erie)운하다. 미국 내륙의 오대호를 허드슨강과 뉴욕까지 연결하는 이리운하를 통해 중서부의 곡창 지대는 대서양으로의 출로를 얻게 되었다. 미국 특유의 물레방아 바퀴를 돌리는 증기선들이 대서양과 대륙 내부를 이었고, 오하이오강과 미시시피강을 따라 남부와 중서부를 이었다. 이어 1850년대는 동부에서 시작된 철도망이 중서부 지역까지 확장하면서 수로를 보완하는 육로의 발전을 이끌었다. 특히 철도 건설에는 유럽에서 건너온 아일랜드와 독일 출신 노동자들이 결정적으로 이바지했다. 기아를 피해 대거 이민한 아일랜드 사람들은 가톨릭교도로, 프로테스탄트와 다른 부류의 사람들이었다. 또 독일에서는 1848년 '민중의 봄'이 실패하자 혁명 사상을 품은 자들이 새로운 삶을 찾아 신대륙으로 대거 몰려왔다. 미국은 이 새로운 두 부류의 사람들을 모두 흡수해 평등을 소중히 여기는 개인주의자들로 변화시켰다.

1848년 캘리포니아에서 금광이 발견되자 일명 '골드러시'가 시작되었다. 사람들은 뉴욕에서 배를 타고 남아메리카를 돌아 태평양을 통해 캘리포니아로 향했다. 여유가 있는 사람들은 중남미까지 간 다음 곧바로 육로를 통해 태평양으로 나감으로써 여정을 줄였다. 금을 캐려는 사람들을 실은 배가 캘리포니아에 도착하면, 손님은 물론 선장부터 선원까지 금광으로 달려가 텅 빈 배들만 항구에 남았다고 전해진다.

골드러시를 포함한 서부 개발은 노예제를 두고 대립했던 북부와 남부의 갈등을 격화시켰다. 북부는 개인 중심의 핵가족 농업이 발달한 사회였지만, 남부는 노예에 의존하는 농장경제가 떠받치는 사회였다. 독립 이전의 담배부터 독립 이후의 면화까지 농산물 수출을 통해 부를 축적한 지역이 남부였기에, 그들에게 노예는 토지보다 중요한 자산이었다. 현대 한국인에게 부동산이 가장 큰 자산이듯 19세기 미국 남부의 백인들에게 노예는 가장 '가치 있는 자산'이었던 것이다. 따라서 노예제를 폐지하는 정책은 정치적인 문제가 아니라 경제적 재산을 몰수하는 문제였다.

1861년부터 1865년까지 이어진 남북전쟁은 미국 역사 최대의 위기였다. 미국이 분열되지 않고 한 덩어리를 유지하는 것은 거대한 대륙 규모의 시장을 형성하는 데 결정적 요인이기 때문이다. 이 전쟁은 내전이었지만, 근대적 무기를 대량 사용함으로써 피해 규모가 엄청났다. 하지만 남북전쟁이 북부의 승리로 마무리되면서 미국이라는 최대 규모의 자본주의 국가를 형성하는 일이 가능해졌고, 유럽에서는 보기 힘들었던 거대한 시장이 비로소 형성될 수 있었다. 하나의 언어를 사용하고 하나의 문화가 지배하는 시장, 인종과 종교는 다르지만 달러를 통해 교류하고 법의 지배라는 공통의 틀을 가진 세상이 신대륙에서 만들어졌던 것이다.

영국이 18세기 후반 인류 최초의 산업혁명을 주도했던 종주국이었다면, 미국은 그로부터 100여 년 뒤, 새로운 형식의 산업혁명을 이끄는 종가로 부상했다. 두 혁명을 구분하는 커다란 차이는 에너지 자원이다. 영국이 땅만 파면 석탄이 나올 정도로 풍부한 에너지를 보유하고 있었던 것처럼, 미국은 1859년 펜실베이니아에서 석유가 발견된 이후 전국에서 유전을 개발하는 붐이 일어날 정도로 원유 매장량이 많다. 그리하여 에너지를 개발하고 유통하는 일 자체가 경제발전의 동력으로 작동하기 시작했다. 수많은 광부의 일손이 필요하던 석탄산업에 비해 석유산업은 자본의 집약을 요구했다. 특히 석유의 이동에 필요한 파이프라인과 정유시설이 중요한 역할을 차지하면서 규모의 경제가 산업의 핵심으로 떠올랐다. 1870년 존 록펠러가 설립한 스탠더드 오일은 미국 석유산업을 지배하는 공룡으로 부상했고, 이렇게 자본을 중심으로 똘똘 뭉친 대규모 트러스트는 이후 엑슨 모빌(Exxon Mobil), 쉐브론(Chevron), 아모코(Amoco) 등으로 분할되었다.

영국의 산업혁명을 대표하는 기계가 증기기관이라면, 미국의 산업혁명은 전기와 내연기관을 중점적으로 사용했다. 이들 전기기계와 내연기관은 21세기에도 세계 자본주의를 지배하는 위상을 유지하고 있다. 석탄과 증기기관은 주로 산업적 용도로 사용되었지만, 전기를 사용하는 다양한 제품은 보통 사람들의 일상생활을 바꿔놓았다. 특히 1880년대 토머스 에디슨의 전구 발명은 낮과 밤의 구분을 줄여버렸다. 전기는 미국 전국을 그물처럼 연결해 빛을 밝히는 역할을 했다. 게다가 전기를 사용하는 냉장고, 세탁기, 진공청소기, 라디오, 텔레비전 등 다양한 전자제품은 현대적 삶이 어떤 모습인지를 보여주는 상징적인 일상의 동반자가 되었다. 에디슨이 세운 제너럴 일렉트릭과 경쟁사 웨스팅하우스(Westinghouse)는 당시 전기 및 전자 분야에서 미국의 압도적 우위를 보여주는 대기업들이었다.

제2차 산업혁명의 종가

석유를 연료로 사용하는 내연기관에 대한 연구와 개발은 미국과 유럽에서 동시에 진행되었지만, 자동차를 대량 생산해 인간의 삶을 통째로 뒤바꿔버린 것은 미국이었다. 20세기에 들어서면서 석유산업의 록펠러나 철강산업의 앤드루 카네기가 노년에 접어들자, 뒤이어 자동차산업의 헨리 포드가 미국 자본주의의 새로운 아이콘으로 떠올랐다. 포드는 다양함을 추구하는 대신, 저렴한 하나의 모델

대량 생산, 대량 소비의 시대를 연 포드의 모델 T 자동차
포드는 저렴한 하나의 모델을 대량 생산해 다수의 소비자가 누릴 수 있도록 했다. 이 모델의 가격은
하루 5달러를 버는 노동자가 석 달만 일하면 구매할 수 있는 수준이었다.

을 대량 생산해 다수의 소비자가 누릴 수 있도록 사업 방향을 조정
했다. 포드의 모델 T 자동차는 1916년 360달러까지 가격이 내려갔
고, 이는 포드 공장에서 일하며 하루 5달러를 버는 노동자가 석 달
만 일하면 구매할 수 있는 수준이었다. 달리 말해 공장 노동자도 커
다란 희생 없이 여유롭게 자동차를 굴릴 수 있는 자본주의의 시대
를 연 것이었다.

　이처럼 미국은 유럽에서 시작한 자본주의를 받아들여 한 단계
높은 차원으로 발전시킨 것은 물론 완전히 새로운 시대를 열었다.
기존의 사회질서와 전통이 강한 유럽에 비해 미국은 혁신과 창조적

파괴를 실험하기에 적합한 환경을 제공했던 셈이다. 그 결과 20세기에 돌입하면서 미국은 세계 자본주의의 첨병으로, 또 앞서가는 선두주자로 확실하게 부상했다.

인류는 20세기 전반에 두 차례의 세계대전을 치렀다. 그리고 이 비참한 경험은 미국이 세계 최강대국으로 부상하는 기회를 제공했다. 제1차 세계대전 이전의 미국은 세계에서 가장 채무가 많은 나라였다. 자본이 부족했기 때문에 영국이나 프랑스 등 유럽 국가들에서 돈을 빌려와 산업에 투자했던 것이다. 그러나 전쟁을 치르면서 이런 상황은 완전히 역전되어 미국은 세계 최대의 채권국으로 발돋움했다. 북아메리카의 신생 국가에서 영국, 프랑스, 독일 등 유럽의 선진국들에 큰돈을 빌려주는 경제 대국이 된 것이다.

1929년 대공황은 월스트리트로 상징되는 미국 증권시장의 붕괴에서 시작되어 유럽으로 확산한 자본주의의 위기였다. 이는 미국이 세계경제의 중심으로 부상했다는 사실을 의미하는 동시에, 미국과 유럽 경제 간의 밀접한 상호의존성을 보여주는 사건이었다. 미국의 정치경제학자 킨들버거는 『대공황의 세계 1929-1939 *Die Weltwirtschaftskrise 1929-1939*』에서 1930년대 경제위기의 세계적 확산은 지도력을 잃은 영국과 능력은 있지만 지도력을 발휘할 의지가 부족했던 미국이 만들어낸 어정쩡한 상황이라고 주장했다.

이어 1939년 발생한 제2차 세계대전은 미국이 초강대국으로 떠오르는 결정적인 계기로 작동했다. 초기에 유럽과 동아시아에서 전세(戰勢)가 퍼져나가는 와중에도 미국은 중립을 고수했다. 하지만 당시 대통령이었던 프랭클린 루스벨트는 미국이 전쟁에 참여하게 될 것임을 인지하고 있었고, 따라서 전쟁 준비를 게을리하지 않았다. 이후 1941년 일본의 진주만 공격은 미국이 유럽과 동아시아에서 진행되는 전쟁에 본격적으로 뛰어드는 전기가 되었다.

제2차 세계대전을 통해 미국은 대규모 현대전이란 기본적으로 경제를 동원하는 능력에 따라 결판이 난다는 사실을 증명했다. 가장 대표적인 사례가 민간 소비용으로 성장한 자동차산업을 비행기를 생산하는 군수산업으로 전환한 것이다. 1930년대 말 미국의 군용 비행기 생산량은 연간 900여 대에 불과했다. 하지만 이 숫자는 1940년에 6,000대 이상으로 불어났고, 진주만 폭격 이후 매년 10만 대 수준으로 대폭 증가했다. 비슷하게 1940년에 400만 대에 달하던 민간 자동차 생산량은 1943년에 139대로 거의 중단되었다. 민간경제를 전쟁에 총동원한 결과다.

미국을 세계 최대 채무국에서 채권국으로 전환한 제1차 세계대전에 이어 벌어진 제2차 세계대전은 미국을 경제력과 군사력을 겸비한 초강대국으로 거듭나게 했다. 그때까지 미국의 경제발전이 거대한 시장에서 민간의 창의력과 의지를 바탕으로 각종 사업을 자유롭게 펼친 결과였다면, 이제 미국은 국가가 나서서 세계의 정치경제 질서를 만들어가는 능동적인 세력으로 떠오른 것이다. 전후 세계경제 질서의 구상은 미국의 휴양도시 브레턴우즈에서 논의되었고, 미국의 구상과 계획이 반영되었다. 달러 중심의 자유무역 체제를 브레턴우즈체제라고 부르는 이유다.

세계대전이 낳은 초강대국

전쟁이 끝난 뒤 미국은 공산주의 소련과 냉전을 벌이며 경쟁을 이어갔다. 하지만 소련의 도전이란 세계의 다른 지역에서 일어나는 정치적이고 군사적인 분쟁을 의미했을 뿐, 소련은 미국을 능가할 만큼의 경제력은 단 한 번도 보여주지 못했다. 소련의 니키타 흐루쇼프 공산당 서기장은 소련이 미국 경제를 따라잡을 것이라고 호기를 부렸지만, 그것은 그야말로 객기에 불과했다. 소련은 경제 침체로 미국과의 경쟁을 포기했고, 1990년 국가 자체가 붕괴했다.

20세기 전반기의 미국은 새로운 제품을 수많은 사람이 가장 널리 사용하는 나라였다. 집 안에서는 전등을 밝히고, 라디오를 듣는 습관이 전국에 퍼졌다. 1930년대 대공황의 어려운 상황에서도 미국 국민은 루스벨트의 '난롯가 이야기(fireside chat)'*를 라디오로 들으며 대중 커뮤니케이션을 중심으로 한 현대 민주주의 시대를 맞이했다. 1939년 출판된 존 스타인벡의 『분노의 포도 *The Grapes of Wrath*』는 오클라호마의 가난한 가족이 캘리포니아로 이주할 수밖에 없는 불행한 상황을 그렸다. 하지만 미국은 가난한 가족조차 자가용을 타고 이주할 수 있는 부자 나라였다. 1930년대 대공황 속에서도 미국은 수천만 대의 자동차가 등록되어 있었고 2,000만 가구 이상이

• 실업자가 수백만 명에 달했던 빈곤의 시대에 루스벨트의 뉴딜정책은 시민들에게 희망을 주었고, 정부가 기업뿐 아니라 노동자의 복지를 염려한다는 메시지를 전달했다. 게다가 '난롯가 이야기'는 멀게만 느껴지던 국가 지도자가 안방으로 들어와 친절하게 정책을 설명한다는 느낌을 주어 인기를 끌었다.

미국의 군사력을 상징하는 핵 추진 항공모함 엔터프라이즈호
미 해군 최초의 핵 추진 항공모함이다. 갑판 길이만 342미터로, 6,000여 명의 인원이 탑승할 만큼 거대한 규모를 자랑한다. 1962년 취역해 2012년 퇴역했다.

전기를 사용하는 혜택을 누리고 있었다.

　제2차 세계대전이 끝나고, 미국의 압도적인 물질적 풍요는 더욱 강화되었다. 수백만 명의 군인이 고향으로 돌아오면서 새롭게 가족을 꾸렸다. 이들에게는 주택이 필요했고, 건설회사들은 도심을 떠나 교외 지역에 거대한 주택단지들을 만들어 공급하기 시작했다. 교외의 저렴한 토지에 똑같은 설계의 집을 수백, 또는 수천 채씩 지음으로써 단가를 낮출 수 있었다. 건물 전체의 준공이 필요한 아파트와는 달리 주택은 완성되는 대로 곧바로 한 채씩 판매할 수 있었다. 미국 정부는 또 전쟁에 참여했던 군인들에게 대학에 갈 수 있는 자금을 지원했다. 유럽에서는 대학이 여전히 엘리트의 전유물이었던 시대에 미국은 대학의 대중화 시대를 열었다. 이렇게 규모를 키운 미국의 고등교육은 점차 세계의 엘리트를 교육하는 중요한 산업으로 발전하기 시작했다.

미국식 삶의 방식

미국은 또 유럽의 개별 국가와는 비교할 수 없는 거대한 시장을 바탕으로 새로운 기술을 접목한 엔터테인먼트산업을 발전시켰다. 할리우드로 상징되는 미국의 영화산업은 제작을 위한 초기 투자비용은 많이 들지만, 일단 성공을 거두면 엄청난 이익을 얻을 수 있는 사업 모델을 제시했다. 월트 디즈니의 만화영화에 등장하는 미키마우스는 전 세계적으로 큰 인기를 얻으며 미국의 문화를 전파하는 매체로 떠올랐다.

미국은 먹거리 분야에서도 자본주의의 대량생산 원칙을 적용해 성공시킨 나라다. 19세기 후반부터 이미 코카콜라라는 특이한 음료를 개발했고, 아이스크림이나 소다수를 파는 '소다 샘(soda fountain)'을 유행시켰다. 바쁜 삶을 사는 사람들이 간단히 아침을 먹을 수 있도록 개발한, 우유에 말아 먹는 시리얼도 미국 자본주의의 생활방식 가운데 하나다. 20세기 중반부터는 켄터키프라이드치킨이나 맥도널드처럼 간단히 식사할 수 있게 해주는 프랜차이즈가 등장해 외식의 획일화를 주도해갔다. 드라이브스루로 햄버거와 감

뉴욕 맨해튼의 마천루 숲
풍요와 자유의 상징이 된 미국식 삶의 방식이 전 세계를 휩쓸고 있다.

자튀김, 콜라를 산 다음 야외극장에 차를 세워놓고 영화를 보는 삶. 거대한 주차장에 차를 세워놓고 거대한 슈퍼마켓인 월마트에서 장을 보는 삶. 교외의 주택에서 친구들과 바비큐 파티를 열고 텔레비전에 몰두하는 미국식 생활방식은 전 세계로 퍼져나갔다. 미국식 자본주의가 풍요와 자유의 상징이 된 것이다.

미국은 세계에서 가장 부유한 나라로 냉전에서 소련을 이겼고, 21세기까지 그 지위를 유지하고 있다. 물론 정치경제 질서의 측면에서는 많은 문제점도 안고 있다. 말하자면 자본주의 천국의 그림자라고 부를 수 있는 부분이다. 나는 2004년 출간한 『미국이라는 이름의 후진국』이라는 책에서 미국의 어두운 부분을 다소 도발적으로 꼬집어 소개한 바 있다. 미국식 자본주의의 가장 커다란 약점은 역시 불평등 문제다. 미국은 특히 1970년대 이후 경제 불평등이 오히려 강화되는 추세이며, 심지어 선진국 가운데 전 국민을 포함하는 보편적 의료보험도 제대로 갖추지 못한 유일한 나라다. 일하는 사람들의 권리 또한 온전히 보장되어 있지 않다 보니, 해고가 너무나 자유롭다는 특징이 있다. 2020년 지구를 휩쓴 코로나19 팬데믹 사태에서 볼 수 있듯이 미국은 경제활동이 마비되면 순식간에 수백만 명의 실업자가 양산되는 나라다.

환경 문제 또한 미국을 선진국이라고 부르기 어려운 부분이다. 미국은 중국과 함께 가장 앞장서서 환경오염을 주도하는 나라다. 도널드 트럼프는 대통령에 당선되고 얼마 지나지 않아 2015년 세계가 어렵사리 합의한 파리기후변화협약에서 미국을 탈퇴시킴으로써 지구 차원의 환경 개선 노력을 깨뜨렸다. 또한 미국은 공공보건과 관련해서는 '위험이 증명되지 않는 상품'은 유통할 수 있다는 산업 친화적 태도를 보인다. 안전이 증명되지 않으면 시장에 내놓을 수 없다는 유럽의 '조심의 원칙'과 대조적이다.

세계의 정치경제를 관찰하는 학자에게 가장 씁쓸한 부분은 미국의 '고삐 풀린 자본주의'가 그 어떤 방식의 자본주의보다 효율적으로 승승장구한다는 사실이다. 미국 자본주의는 그 성격이 야만적인데도, 역설적으로 바로 그 야성 덕분에 대중을 상대로 가장 혁신적인 실험을 지속하게 유도한다. 살상 무기인 자동 총기조차 자유롭게 사고팔 수 있는 자본주의 국가이다 보니 인명을 대량 학살하는 총기 사고도 자주 발생하지만, 총기산업은 아무 문제 없다는 듯이 평상시처럼 지속되고 있다.

　미국은 제2차 산업혁명은 물론 정보기술을 바탕으로 하는 제3차 산업혁명도 앞장서 주도하고 있다. 메타, 애플, 아마존, 구글, 마이크로소프트 등 21세기에도 혁신을 주도하는 기업들은 여전히 캘리포니아의 실리콘밸리에 있다. 우버와 에어비앤비 등 공유경제의 개척자도 미국 기업들이다. 풍요 속에 사는 미국인이 세상에서 가장 행복한지는 단언할 수 없지만, 각종 사업을 실험할 수 있도록 기회를 제공하는 데 미국이 가장 우호적인 환경을 제공하는 것만큼은 명확한 듯하다.

21

중국

세계 최대의 빈곤국에서 G2로 도약하다

2014년 중국은 미국을 제치고 세계 제일의 경제 대국으로 올라섰다. '1등 미국'을 배우면서 자란 세대에게 중국의 추월은 충격적인 사건이었다. 물론 달러와 위안화의 환율을 적용해 비교하면 미국 경제가 여전히 중국의 규모를 앞선다. 국제 기축통화인 달러의 가치가 높기 때문이다. 그러나 두 나라 국내의 물가수준을 감안하는 구매력평가지수를 적용하면 중국 시장이 미국보다 크다.

이후 세계의 관심은 중국이 미국을 완전히 초월할 수 있을지에 모였다. 환율을 적용해도 중국의 비중이 더 커진다면 그것은 세계 경제에서 중국의 영향력이 미국을 뛰어넘는다는 것을 의미하기 때문이다. 중국이 성장 일변도를 꾸준히 유지한다면 2020년대에는 미국을 누르리라는 예측이 최근까지 일반적이었으나, 코로나19 팬데믹이라는 위기가 앞으로 어떤 변화를 가져올지 미지수다.

물론 중국의 생활수준이 부자 나라에 미치지 못한다고 비판할 수 있다. 국제통화기금의 추정에 따르면 2019년 중국의 1인당 국민소득은 1만 달러 수준으로, 구매력평가지수를 적용해도 1만 9,000달러 정도이기 때문이다. 우리가 살펴본 부국 사례에서 가장 낮았던 칠레(1만 5,000달러) 수준에도 미치지 못한다. 그렇지만 부국 굴기를 이야기하며 중국을 빼놓을 수는 없다.

중국은 1979년 개혁개방 정책으로 경제발전의 궤도에 올라선 이후 인류 역사에서 유례가 없는 초고속 성장을 40년간 지속해왔다. 앞으로 연평균 5퍼센트의 성장 속도를 유지한다면 중국의 국민소득은 불과 13년 안에 두 배로 늘어날 것이다. 게다가 중국은 14억 명의 인구를 보유한 세계에서 제일 큰 나라다. 베이징과 상하이 등 수천만 명이 사는 부유한 대도시의 소득수준은 이미 선진국을 바짝 쫓아와 있다. 중국은 또 최근의 경제발전으로 주택이나 도시 인프라 시설이 최신식, 최첨단을 자랑한다. 단순히 통계에서 나타나는 수치보다 사실상 훨씬 현대적인 발전의 혜택을 누리며 생활한다는 말이다.

중국의 부상은 역사의 반전일까

최근 중국을 방문한 사람은 자연스럽게 상전벽해를 실감할 것이다.

초고층 건물들로 가득한 상하이
중국의 맨해튼이라 불릴 정도로 마천루 숲을 이루고 있는 상하이는 빠른 경제발전을 이룩한 중국의
현주소를 실감하게 하는 도시다.

상하이 황포(黃浦)강 건너편의 넓은 불모지는 이제 푸둥(浦東)이
라는 중국의 맨해튼으로 돌변해 마천루들이 숲을 이루고 있다. 중
국의 고속철도는 베이징이나 상하이에서 출발해 전국을 촘촘하게
연결하고, 심지어 서방 기술자들이 연결할 수 없다고 말하던 해발
5,000미터가 넘는 티베트의 라싸(Lasa)까지 내질러 달린다.

경제발전이 막 시작되던 1980년대에 중국 신혼부부의 살림에
서 제일 비싼 물건은 자전거였다. 1970년대 문화대혁명의 정치적
혼란기에 대학을 다니던 청년들은 농촌에 파견되어 막노동을 하며
공산사회 건설에 나서야 했다. 그보다 앞서 1958년에는 마오쩌둥
이 대약진운동을 추진하자 사람들은 밥그릇을 녹여 철강을 만드는

희한한 실험에 동원되었고, 그 결과 경제가 파탄 나 3,000만 명이 넘는 사람이 굶어 죽기도 했다.

이 모든 역사적 불행의 시작은 영국과의 아편전쟁에서 패한 1840년대로 거슬러 올라간다. 자국민에게 마약을 팔려는 외세에 비참하게 굴복한 전쟁을 시작으로 중국의 근현대사는 서방 세력이나 일본과 같은 외세의 지배와 간섭, 유린으로 점철되었다. 1949년 공산당의 승리와 중화인민공화국의 수립으로 정치적 자율성을 회복했으나, 경제는 여전히 빈곤에서 벗어나지 못하는 상황이었다.

이런 관점에서 지난 40년간의 경제발전은 중국을 가난에서 벗어나게 해준 역사의 반전이라고 할 수 있다. 21세기 들어 지구촌에서 극빈층 인구가 크게 줄어들면서 인류의 형편이 급격하게 나아지는 데 제일 크게 이바지한 것이 다름 아닌 중국의 경제발전이다. 인구 14억 명이 단숨에 빈곤에서 탈출했기 때문에 통계상 인류가 빈곤 탈출에 성공한 것으로 나타날 정도라는 의미다.

그러나 조금 더 긴 안목으로 보면 중국의 부상은 역사의 반전이 아니라 정상화일 수도 있다. 중국은 적어도 기원전 3세기에 진시황이 대륙을 통일한 이후부터 1800년경까지 거의 계속해서 세계에서 가장 부유한 지역이었다. 중세 송나라의 선진적인 면모는 앞서 이미 살펴보았다. 그리고 이 전통은 원나라, 명나라, 청나라에서도 유지되었다. 미국 버클리대학교의 케네스 포메란츠(Kenneth Pomeranz) 교수는 『대분기: 중국과 유럽, 그리고 근대 세계경제의 형성*The Great Divergence: China, Europe, and the Making of the Modern World Economy*』이라는 역작에서 다양한 지역의 경제발전 수준을 실증적으로 비교하면서 서구의 특수성을 분석했다. 서유럽이 중국이나 일본, 인도 등을 추월해 압도적인 경제발전을 이룩한 것은 비교적 최근인 19세기 이후의 일이라는 설명이다.

장기적인 거시 역사의 관점에서 살펴본다면 최근 중국의 발전은 19~20세기에 겪었던 예외적인 낙후성을 바로잡는 과정인 셈이다. 지난 2,000여 년처럼 중국은 다시 세계에서 인구도 제일 많고 가장 부유한 나라로 자리매김하는 중이다. 일본이나 타이완, 싱가포르 등 동아시아 국가들이 서구 따라잡기에 먼저 성공한 뒤, 이제는 동아시아의 무게 중심이라고 할 수 있는 중국이 육중한 기세로 뒤늦게 쫓아 나선 모양새다.

봉건주의를 극복한 평등사회

중국과 인도는 1800년 정도까지 세계경제의 중심을 형성했다. 인구수로 보나 생산수준으로 따지나 중국과 인도를 합치면 세계경제의 절반 정도를 차지했다. 19~20세기에도 대륙 규모의 두 나라는 경제적으로 서구의 압도적 우위에 눌리기는 했지만, 인구는 폭발적으로 증가했다. 현재 중국 인구는 14억 명으로 세계 제일이며, 인도 인구 또한 13억 명으로 추정되고 있다. 두 인구 대국을 비교해보면 중국 경제발전의 특수성을 어느 정도 파악할 수 있다.

식민지나 반(半)식민지의 경험을 극복하고 중국과 인도는 각각 1949년과 1947년에 나라를 세워 경제발전을 도모하기 시작했다.

중국은 공산당의 주도 아래 독재체제로 경제발전을 추진했으며, 인도는 반대로 세계에서 인구가 제일 많은 민주주의 체제로 경제발전을 노렸다. 하지만 중국 경제발전의 성과가 인도에 비해 월등하다고 해서 독재가 민주주의보다 훌륭한 결과를 가져온다고 속단해서는 곤란하다. 중국처럼 공산당이 제멋대로 경제를 이끌어가는 곳에서는 앞서 설명한 대약진운동처럼 처참한 결과가 발생할 수도 있기 때문이다.

중국이 경제발전에 획기적인 성공을 거둔 이유는 사회적·문화적 근대화에서 인도보다 월등하게 앞섰기 때문이다. 경제발전의 핵심은 시민들의 평등의식이다. '나도 남처럼 성공하고 잘살 수 있다'라는 믿음과 의지가 무엇보다 중요하다. 불행히도 현대 인도는 정치가 형식적으로 민주주의일지 몰라도 사회와 문화는 여전히 봉건적 카스트제도에 묶여 있다. 여전히 대다수의 사람은 같은 카스트 안에서만 결혼한다.

반면 중국은 정치체제가 일당독재지만, 사람들은 기본적으로 평등하다는 의식을 공유한다. 그것은 유교나 불교가 지닌 인문주의 전통의 결과일 수도 있고, 공산당 정부가 적극적으로 봉건적 차별문화를 제거하며 평등의식을 고취한 결과일 수도 있다. 유교에서는 누구나 수신과 학습의 노력을 통해 인격을 고양할 수 있다고 본다. 게다가 공산당 정부는 전족과 같은 봉건제도를 폐지하는 것은 물론, 남녀 차별의 폐습을 개선하는 데 크게 이바지했다.

마오쩌둥부터 농민까지 서로 동지라고 부르는 중국 사회와 카스트가 다르면 어울리지도 않는 인도 사회의 경제발전 잠재력은 천양지차다. 중국이 개혁개방을 시작한 때가 1979년이고, 인도가 개방정책을 펴기 시작한 때는 1990년대이니, 사실상 두 나라의 정책실험이 시기적으로 큰 차이를 드러내는 것은 아니다. 하지만 중국은 세계경제에 성공적으로 통합되는 데 성공한 반면, 인도는 여전히 일부 산업을 제외하면 고유한 불평등 문화의 특성을 간직하고 있다. 2020년에도 1인당 국민소득이 중국이 인도의 대략 다섯 배인 이유다.

공산주의에서 자본주의로

중국과 인도가 거시 역사적으로 세계의 중심을 형성한 두 거인이라면, 중국과 소련은 20세기 냉전기에 유라시아대륙을 호령한 강대국들이다. 1949년 수립된 중화인민공화국은 경제정책에서 1917년부터 축적되어온 소련의 공산주의 경험을 학습하고 모방했다. 소련의 공산주의란 국가가 경제의 중심축이 되어 모든 것을 계획하고 관리하고 통제하는 체제다. 1950년대 베이징을 비롯한 중국의 주요 도시에는 소련이 파견한 고문관들이 중국의 산업화를 위해 비지땀을 흘렸다.

1960년부터 소련과 중국은 서로 다른 경로를 걷기 시작했다. 두 대국은 공산주의 세계의 주도권을 놓고 다툼을 벌였고, 초기의 협력체제는 붕괴하고 서로 다른 모델을 향해 제 갈 길을 갔다. 소련은 일관되게 국가 중심의 산업화라는 목표를 추구했다. 반면 중국

문화대혁명을 주도한 홍위병들
마오쩌둥은 국가와 사회의 구조, 개인의 정신을 개조하는 작업으로서 옛 사상, 옛 문화, 옛 풍속, 옛 관습 등을 자본주의와 봉건주의의 유물로 규정하고 타파하는 운동을 펼쳤다.

은 대약진운동과 문화대혁명 같은 이상주의적 실험에 나섰다. 사후적으로 보면 중국과 소련의 실험은 경제적으로 모두 실패했다. 다만 역사에서 자주 발견할 수 있는 역설이 중국과 소련 사이에서도 드러났다. 두 경험을 비교해보면 중국이 더 확실하게, 더 일찍 실패했다. 대약진운동과 문화대혁명은 경제적 관점에서 수천만 명의 인명을 앗아간 결정적인 실패였고, 도시나 농촌, 그 어디에도 풍요를 가져오지 못했다. 소련의 국가 중심 산업체제가 시장에서 쓸모없는 철강과 기계들을 생산하며 1980년대까지 버텼다면, 중국은 아예 일찍 실패해 마오쩌둥이 사라지자 곧바로 개혁에 나서는 운이 따랐다고 볼 수 있다.

시기적으로도 중국이 자본주의를 넘보기 시작한 1979년부터 지구촌에는 신자유주의 세계화의 바람이 본격적으로 불기 시작했다. 미국에서는 레이건이, 영국에서는 대처가 집권하며 세계화의 출발을 알렸다. 중국이 고통스러운 개혁개방의 변화를 시도하며 세계화의 기회를 백분 활용할 수 있었다면, 소련의 뒤를 이은 러시아는 1990년대에나 세계화에 뛰어든 후발주자로 국제적 경쟁력을 갖추지 못했던 것이다.

탈(脫)공산화 과정을 연구한 많은 학자는 러시아가 선택한 충격요법과 중국이 걸어온 점진적 개혁을 대조한다. 1990년대 러시아의 충격요법은 공산주의를 청산하고 시장을 도입하는 과정이었다. 하지만 따지고 보면 중국이 1970년대 경험한 문화대혁명만 한 충격요법도 없을 것이다. 다만 정치적 혼돈과 무정부 상태의 문화대혁명은 공산주의 실현을 위한 충격요법이었다. 러시아의 충격이 시장과 동일시되었다면 중국에서는 공산주의와 등식을 이룬 셈이다.

일찍 실패한 덕분에 자본주의 세계에 적응하려는 노력을 더 빨리 시작한 중국은 성공의 선순환을 그릴 수 있었다. 중국은 러시아가 갖지 못한 홍콩과 타이완이라는 동포 세력이 있었고 같은 동아시아 지역에 일본과 싱가포르, 한국이라는 성공 모델도 있었다. 중국이 제일 먼저 자본주의 실험에 나선 경제특구들이 모두 타이완

(샤먼, 산터우), 홍콩(선전), 마카오(주하이)를 마주 보고 있다는 사실이 이를 증명한다. 1980년대 중반부터 중국은 저장, 장쑤, 산둥, 허베이, 요동 등 한국 및 일본과 마주 보는 연안 지역으로 실험을 확대했다. 이어 점차 내륙으로 발전의 동력을 확산시킨 결과, 21세기가 되면 중국 전역이 경제특구인 셈이 된다.

외부에서는 중국의 현실을 공산당의 철통같은 독재로만 보지만 실제 발전 과정에서 중국은 중앙집권보다는 연방주의적 접근을 택했다. 중앙정부가 모든 것을 통제하는 것이 아니라 지방정부에 충분한 자율적 권한을 부여한 뒤 경쟁을 유도했다는 것이다. 미국의 정치경제학자들은 이를 '중국 스타일의 연방주의'라고 부를 정도다. 사실상 인구 14억 명의 나라를 중앙정부가 직접 통제한다는 것은 불가능하고 매우 비효율적이다. 마오쩌둥의 집중적 권력 시대가 가고 덩샤오핑의 흑묘백묘(黑猫白猫), 즉 검은 고양이든 하얀 고양이든 쥐만 잡으면 된다는 실용주의 시대가 온 것이다.*

세계의 산업공장으로 우뚝 서다

공산·독재주의 중국은 민주주의 인도보다 봉건주의 관습을 타파하

---

* 중화인민공화국의 역사는 크게 공산주의 이데올로기가 지배하는 마오쩌둥 시대(1949~1970년대)와 경제발전에 집중하는 덩샤오핑 시대(1970년대 말 이후)로 나뉜다. 최근 시진핑의 집권기는 다시 이데올로기가 중요해지는 시기로 평가된다.

고 평등의식을 공유하는 현대 사회를 만드는 데 훨씬 효율적이었다. 경제정책이 형편없을 정도로 완전히 실패한 중국은 소련보다 먼저 자본주의와의 공존을 추구하기 시작했다. 중국이 개혁개방에 나선 1970년대에 이미 일본은 자동차를 미국과 유럽 시장에 대량 수출하고 있었고, 한국과 타이완, 홍콩과 싱가포르는 경공업의 산업화와 수출에 큰 성공을 거두고 있었다.

중국은 일본이나 아시아의 네 호랑이가 걸었던 길, 이미 성공이 확인된 전략을 차근차근 재현하면 되는 후발주자의 이점을 누릴 수 있었다. 중국은 소련이 택한 중화학공업 중심 근대화를 포기하고 해외시장에 수출할 수 있는 상품들을 중점적으로 생산하기 시작했다. 중국은 일본과 동아시아 국가들이 선진화하면서 뒤에 남겨둔 산업들을 차곡차곡 챙기며 모두 자국으로 끌어들였다. 민주화로 생산비용이 오르게 된 한국과 타이완의 산업들을 이어받으며 중국은 점차 세계의 공장으로 발전하기 시작했다.

동아시아에서 진행된 산업의 흡수 및 통합 과정은 서구에서 미국이 유럽 국가들의 다양한 산업을 모두 빨아들인 과정과 유사하다. 중국은 일본과 네 호랑이의 산업들을 서서히 집어삼키기 시작하면서 세계의 공장으로 우뚝 섰다. 경제사에서 세계의 공장이란 표현은 19세기 영국에 먼저 적용되었다. 영국은 19세기 중반 철강이나 면직 등의 분야에서 전 세계적으로 생산의 절반 이상을 담당할 정도로 압도적인 경쟁력을 자랑했기 때문이다. 21세기 들어 중국은 과거 영국 못지않은 생산기지로 돌변한다.

2002년 중국의 세계무역기구(World Trade Organization, WTO) 가

입은 생산품을 지구 곳곳에 판매할 수 있게 된 변화를 상징한다고 볼 수 있다. 중국이 마음먹고 한 상품을 생산하기 시작하면 몇 년이 지나 세계시장을 독점하는 현상들이 나타났다. 예를 들어 안경이나 속옷은 중국의 특정 도시에 생산이 집중되어 만들어진다. 과거 영국의 맨체스터가 세계의 면직물 생산을 독점하던 현상과 유사하다. 중국은 세계에서 가장 저렴하면서도 상대적으로 교육수준이 높은 노동력을 지녔고, 또 최신의 생산설비를 갖출 수 있었기에 가능한 현상이다.

2010년대가 되면 중국은 경공업에서 중화학산업으로 그리고 첨단산업으로 발전을 거듭한다. 일본이나 한국이 가지고 있던 비교우위의 영역까지 넘보게 되었다는 의미다. 대표적으로 자동차 생산과 소비에서 중국은 미국이나 일본을 제치고 세계 최대 시장, 최대 생산국으로 부상했다. 또 한국이 지배하던 조선시장에도 도전장을 내밀어 흡수, 통합의 불도저를 밀고 들어오는 중이다.

중국은 이제 '싸구려 생필품'을 생산하는 개발도상국이 아니다. 중국은 동아시아의 일본과 한국은 물론, 서구의 미국과 유럽도 빠른 속도로 따라잡고 있다. 특히 과학기술 분야에 국가가 나서서 집중적으로 투자함으로써 우주 탐사와 같은 분야에서는 이미 개척자의 위상을 지니고 있다. 2010년대 말 중국 기업 화웨이를 둘러싼 분쟁은 정보통신 산업의 최첨단 기술인 5G 분야에서 중국의 세계적 생산능력과 지배력이 어느 수준까지 도달했는지를 잘 보여준다. 세계경제를 가장 빠른 속도로 연결하는 통신기술마저 중국 기업이 제일 효율적으로 제공할 수 있는 능력을 갖추었다는 의미다.

따라잡기와 뛰어넘기

21세기는 일상생활에서 '메이드 인 차이나'를 벗어나기 어려운 시대가 되었다. 지구촌의 공장 중국이 세계인의 삶을 지탱하는 물질적 생산을 책임진다는 의미다. 동시에 중국 자체의 경제가 풍요의 시대를 맞으면서 중국이 세계를 변화시키는 엄청난 동력을 발휘하는 중이다. 중국이 지난 40여 년간 세계의 공장으로 발전하면서 천연자원을 생산하는 많은 나라가 중국발 붐을 경험했다. 철강의 오스트레일리아나 구리의 칠레가 대표적인 사례다.

이제 중국은 생산기지일 뿐 아니라 소비시장이 되었다. 중국인들의 삶이 윤택해지면서 육류나 낙농제품의 수입이 대거 늘어났다. 미국, 오스트레일리아, 뉴질랜드 등이 농산품 수출을 위해 중국 시장에 목맬 수밖에 없는 상황이다. 2003년 사스 사태 이후 중국인은 붐비는 대중교통을 피해 자가용을 대거 사기 시작했다. 덕분에 중국 시장은 세계 자동차 브랜드들이 경쟁하는 치열한 경연장으로 부상했다. 그 어떤 국가나 기업도 중국 시장을 무시할 수 없는 시대가 온 것이다. 구매력은 미국과 유럽이 여전히 월등하지만, 중국은 성장력이 뛰어나 미래의 시장이 될 것이기 때문이다.

또한 14억 명에 이르는 중국인이 국내, 해외 할 것 없이 엄청난 규모로 이동하기 시작했다. 영국이 열었던 철도의 시대를 한 단계 발전시킨 것은 일본의 고속철도 신칸센이다. 하지만 고속철도를 대륙 수준에서 보편화한 것은 바로 중국이다. 이제 세계 고속철도의 절반 이상은 중국 땅에 깔려 있다. 베이징에서 광저우까지 그리고

중국을 대표하는 통신회사 화웨이
2010년대 말 화웨이를 둘러싸고 벌어진 분쟁은 정보통신 산업의 최첨단 기술인 5G 분야에서 중국이
얼마나 앞서나가고, 또 그만큼 견제받는지 보여주는 사례다.

상하이에서 라싸까지 고속철도가 닿지 않는 곳은 없다.

중국인들의 해외여행 붐 또한 세계를 뒤흔든 힘이다. 한국은 사
드 사태로 중국 관광객이 끊기자 여행업이 휘청거린 악몽을 겪었
다. 중국 관광객은 이웃 나라 한국을 넘어 세계 어디서나 최대 고객
으로 부상했다. 그리스의 파르테논부터 뉴질랜드의 밀퍼드 사운드
(Milford Sound)까지 그리고 러시아의 상트페테르부르크부터 인도
양의 몰디브까지, 미국인들보다 훨씬 해외여행을 선호하는 중국인
들이 적극적으로 세계를 누비고 있다.

중국의 디지털경제는 선진국 따라잡기의 수준을 넘어 제일 앞서가는 수준이다. 예를 들어 지불 수단과 관련해 중국은 현찰에서 수표나 카드의 단계를 거치지 않고 곧바로 스마트폰 결제로 이동했다. 실제로 중국 시골의 길가에서 수박을 파는 사람부터 대도시 골목에서 구걸하는 거지까지 돈을 주려는 사람에게 모두 QR코드를 내민다. 중국에서 마오쩌둥 얼굴이 그려진 지폐를 냈다가는 외계인 취급당하기 딱 알맞을 정도로 중국인의 삶은 비약적인 속도로 앞서 나가고 있다.

주거조건 또한 놀라운 수준으로 도약했다. 기존의 소규모 주택을 상당 부분 유지한 일본은 한국의 대규모 아파트 단지를 보며 현대성에 놀라곤 했다. 하지만 중국은 도시 자체를 새로 만든 듯 엄청난 규모의 아파트 숲이 연안의 대도시부터 내륙의 주요 도시까지 속속들이 파고들어 형성되어 있다. 그만큼 최첨단 기능이 주는 편리함을 최대한 누리는 환경을 갖추게 되었다는 의미다.

팍스 시니카는 가능한가

2012년 집권한 시진핑은 이런 성공의 자신감을 대변하는 듯하다. 중국 인구가 워낙 많아 평균소득과 같은 통계는 미국이나 유럽에 뒤지지만, 중국이 발전의 행보를 적어도 20~30년만 지속할 수 있다면 다시 세계의 중심이 될 수 있다는 희망과 의지가 시진핑을 통해 드러난다. 그가 야심 차게 추진하는 '일대일로(一帶一路)' 사업

시진핑의 사상 선전

선전에 내걸린 간판으로 "새로운 시대를 위한 중국적 특성을 가진 사회주의 사상"이라고 쓰여 있다. 시진핑과 중국 공산당의 확고한 신념을 드러낸다.

은 '세계 중심으로서의 중국'이라는 목표의 핵심이다.

　19세기 영국이 철도와 해군으로 세계를 지배하는 팍스 브리티니카를 이룩한 것처럼, 21세기 중국은 고속철도와 바다를 연결하는 일대일로 사업을 통해 팍스 시니카(Pax Sinica)를 이루고자 한다. 19세기 영국과 20세기 미국이 전형적인 해양 세력이었다면 일대일로 사업에서 볼 수 있듯이 21세기 중국은 대륙과 해양을 아우르는 세력이 될 수도 있다. 육로로 중앙아시아를 가로질러 유럽까지 달려가겠다는 계획이기 때문이다.

　하지만 이런 상징성을 지닌 일대일로 사업 자체가 시진핑을 비롯한 중국 공산당 특유의 구태의연함이기도 하다. 21세기에도 도로와 항로는 지경학적으로 중요한 역할을 하지만, 그렇다고 세계인이 일대일로 사업과 같은 계획을 반기는 것은 아니다. 미국의 정치학자인 조지프 나이(Joseph Nye)의 표현을 빌리자면 하드파워가 아니라 소프트파워를 가져야 한다는 뜻이다. 중국은 과연 세계인에게 희망과 꿈을 안겨줄 수 있는가.

일부에서는 서구의 개인주의와 자유에 기초한 모델을 부정하고 집단과 국가의 중요성을 강조하는 '차이나 모델'을 언급하기 시작했다. 그러나 차이나 모델은 넓게 퍼져나가 세계인의 꿈이 되기보다는 단지 중국 독재정부의 간판으로만 사용될 가능성이 크다. 중국 공산당이 거대한 나라의 경제부흥에 성공한 것은 사실이지만, 자유와 개인주의를 바탕으로 하는 세계 자본주의 질서가 없었다면 중국의 기적은 불가능했을 것이다. 차이나 모델의 성공은 남들이 다 서구 모델을 따를 때나 가능한 일이라는 말이다. 모두가 차이나 모델을 따라 한다면 세계는 대립과 분쟁, 또는 각자도생의 길을 갈 수밖에 없다.

영국이나 미국이 세계를 지배하는 데 결정적인 역할을 한 것은 상당히 보편적이고 객관적인 질서다. 중국이 21세기에 자신을 세계의 한가운데 두는 새로운 질서를 형성하려면 과거 영국이나 미국처럼 보편성과 객관성을 지닌 원칙을 중심으로 지구촌의 틀을 만들어야 한다. 예를 들면 2,000여 년간 동아시아를 지배한 유교적 질서를 들 수 있다. 불행히도 오늘날 중국이 보여주는 행태는 전통적 유교의 화이부동(和而不同)도 아니고, 그렇다고 영미가 만들어놓은 자유주의 질서의 수용도 아닌 듯하다. 오히려 20세기에 제국주의를 따른 일본이나 소련이 보였던 후발주자의 일그러진 자만과 조급함만이 눈에 띈다.

22

유럽연합

새로운 통합 모델을 꿈꾸다

세상을 바꾸는 엄청난 일도 세인의 관심에서 벗어나 조용히 진행되는 경우가 종종 있다. 1999년 1월 1일 세계는 여느 때처럼 새해 첫날을 맞았다. 하지만 유럽에서는 이날 0시를 기해 인류사의 한 획을 긋는 엄청난 변화가 일어났다. 유로화라는 새로운 화폐가 탄생한 것이다. 유럽인들은 여전히 독일의 마르크화나 프랑스의 프랑화, 이탈리아의 리라화 등 각각의 나라를 상징하는 돈을 사용했으나, 이들 화폐가 유로화라는 단일화폐로 통합되었다. 유로화 지폐와 동전이 실질적으로 각국 화폐를 대신하게 된 시점은 3년의 과도기가 지난 2002년 초다.

고대 그리스 시대부터 돈을 찍어내는 권리는 주권의 핵심이었다. 제국은 군주의 얼굴을 화폐에 새김으로써 권력을 표현했다. 도시국가 아테네는 도시의 상징 부엉이와 아테네 여신을 돈에 새겨 공동체의 정체성을 기렸다. 세계제국을 운영하던 영국은 금과 연계된 파운드화를 통해 자본주의의 위세를 자랑했다.

새천년이 시작되기 1년 전, 유럽의 다양한 국가가 평화적인 합의를 거쳐 하나의 화폐를 탄생시켰다는 사실은 기적이다. 군사력을 바탕으로 형성된 큰 제국이 점령지에 하나의 화폐를 강제하는 경우는 많았다. 하지만 엄연한 주권국가들이 자발적으로 자신의 화폐를 포기하고 새로운 화폐를 도입한 경우는 없었다. '유로화의 탄생'이라는 기적은 어떻게 만들어진 것일까.

하나의 화폐를 만든 노력은 유럽을 하나로 묶는 통합운동의 한 부분으로 보아야 한다. 유럽에서 통합운동을 본격적으로 추진한 것은 20세기 중반 이후다. 국가마다 제각각 민족을 내세워 경쟁하고 싸움을 일삼다가 다 같이 몰락하는 결과를 초래했기 때문이다. 두 차례의 세계대전을 치르면서 유럽은 가장 부유한 대륙에서 폐허로 돌변했고, 미국과 소련이라는 외부 세력에 지배받는 굴욕을 맛보아야 했다.

유러피언 드림 대 아메리칸 드림

긴 역사의 관점에서 미국과 소련은 유럽의 확장이라고 해도 과언이 아니다. 미국은 영국의 식민지가 독립해 만든 거대한 대륙 규모의 나라다. 소련도 동유럽의 슬라브족이 러시아라는 나라를 시베리아부터 태평양까지 확장한 결과다. 유럽의 중심부에는 프랑스와 독일이라는 강대국들이 버티고 있었기 때문에 주변부의 영국이나 러시아는 유럽의 바깥으로 관심을 돌려 영토를 넓힐 수밖에 없었다.

이데올로기나 정치경제 체제를 보더라도 미국과 소련은 유럽의 자식이다. 미국을 개척한 영국의 청교도들은 유럽을 지배한 가톨릭에 반항해 일어선 프로테스탄트 가운데 가장 극단적인 종파에 속한다. 소련을 건국한 러시아의 볼셰비키 세력은 유럽 마르크스주의의 가장 혁명적인 분파라고 할 수 있다. 지리적으로 미국과 소련이 유럽의 주변에서 잉태되었듯이 사상적으로도 미국과 소련은 유럽의 신앙과 이데올로기가 극단화된 모습이다.

유럽이 미국을 무시하는 동안 신흥 세력인 미국은 급속한 성장을 통해 시장경제를 대륙 차원으로 확대하면서 규모를 키웠다. 이탈리아 도시국가에서 발전한 자본주의는 네덜란드나 영국에서 민족국가 차원으로 발전했다가 미국에 도착해 대륙 범위로 넓혀지면서 만개했다. 일례로 미국의 자동차산업은 20세기 들어서면서 유럽에서는 꿈도 못 꿀 거대한 시장의 혜택을 누리기 시작했다.

비슷한 시기 유럽의 중심 세력인 독일과 프랑스는 전쟁으로 국력을 소진했다. 1870년의 프랑스-프로이센전쟁, 두 차례의 세계대전 등 100년도 채 지나기 전에 세 차례의 전면전을 통해 두 나라는 물론 이웃 국가들까지 주저앉고 말았다. 제1차 세계대전 직전 미국은 세계 최대 채무국이었으나, 전쟁이 끝날 즈음에는 오히려 세계 최대 채권국으로 돌변해 있었다. 유럽에서 빌린 자금을 갚고 전쟁

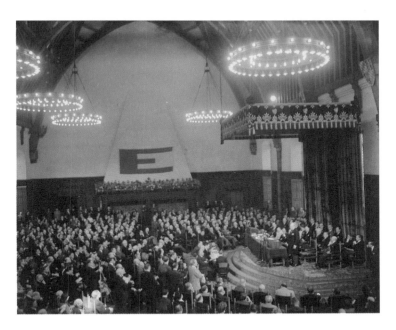

1948년 5월의 헤이그회의

유럽 각국에서 750여 명의 대표가 참여하고, 미국과 캐나다도 참관단을 보낸 헤이그회의는 유럽 통합을 향한 첫걸음으로 여겨진다. 헤이그회의의 성공적인 개최는 1949년 유럽평의회(Council of Europe, CoE)의 출범으로 이어진다.

에 필요한 자금을 조달하면서 채권을 누적한 결과다.

게다가 공산주의의 길로 들어선 소련은 부국은 아니었지만, 상당한 생산능력을 갖춘 강대국으로 떠올랐다. 제2차 세계대전 이후 미국이 적극적으로 개입해 보호하지 않았다면 소련은 유럽 전체를 집어삼킬 수도 있었을 강한 군사력을 갖게 되었다. 1945년의 유럽이란 미국과 소련이 철의 장막을 치고 두 조각으로 양분한 케이크에 불과했다.

유럽, 특히 프랑스와 독일은 민족 간 대립이 초래한 참혹한 결과를 실감하게 되었다. 유럽의 분열은 파괴와 퇴보로 이어져 필연코 외부 세력의 지배를 불러들일 수밖에 없다는 교훈을 얻었다. 유럽이 다시 과거의 영광을 되찾기 위해서는 하나로 뭉쳐야 한다는 지혜를 깨닫기 시작한 것이다.

물론 서로마제국이 무너진 이후 1,500년, 또 동로마제국의 멸망 이후 500년 이상 계속된 분열과 대립의 전통이 하루아침에 사라질 수는 없다. 하지만 유럽의 심장이라고 할 수 있는 독일과 프랑스 두 나라의 엘리트는 역사의 교훈을 되새기며 1950년대부터 꾸준히 유럽의 꿈을 만들어가기 시작했다. '프랑스의 문명'이나 '독일의 제국'이 아니라 '유럽이라는 집'을 만들겠다는 의지를 다지기 시작한 셈이다.

인간의 얼굴을 한 자본주의

유럽의 꿈은 여러 갈래로 나뉘지만 가장 소중하고 핵심적인 목표는 평화다. 특히 프랑스와 독일의 화해는 유럽 전체 평화의 결정적인 초석이다. 앞서 보았듯이 유럽의 주요 전쟁은 항상 두 강대국의 세력 다툼이었기 때문이다. 두 나라가 하나로 뭉치기만 한다면 주변의 중소 규모 국가들이 자연스럽게 동참해 하나의 유럽이 탄생하게 되어 있다.

이런 점에서 냉전 구도 속 유럽의 안보를 위협했던 소련의 존재

유럽석탄철강공동체 회원국 지도
1951년 독일과 프랑스 간 화해의 결과로 탄생했다. 이로써 유럽은 미래를 향해 다음 발걸음을 내디딜 수 있었다.

는 역설적으로 유럽의 평화를 가져오는 데 도움이 되었다. 호시탐탐 서유럽을 노리는 소련의 위협이 프랑스와 서독이 화해의 길을 가도록 강한 압력이 되었던 셈이다. 분단되었지만 경제적으로 유럽에서 단연코 최대 세력인 서독과 핵무기를 포함한 강한 군사력을 보유한 프랑스가 서로의 장단점을 보완하며 하나의 유럽을 만들게 되었다.

프랑스와 독일이 서로 힘을 합쳐 소련에 대항하면서 평화의 추세가 만들어졌고 번영을 향한 발걸음도 세차게 내디딜 수 있었다. 당시 국방산업에 해당하던 석탄과 철강산업을 하나로 통합하자는 1951년의 유럽석탄철강공동체부터, 자유롭게 무역할 수 있는 공동의 시장을 만들자는 1958년의 유럽경제공동체까지, 프랑스, 독일, 이탈리아, 베네룩스는 일련의 과정을 통해 자유시장 경제를 통한 번영을 추구했다.

자본주의 역사에서 19세기 미국은 유럽 모델을 보고 배우는 학
생이었다. 영국, 독일, 프랑스 등 유럽 각국에서 만들어진 민족시장
모델을 미국은 광활한 대륙 차원에서 정착시키는 데 열심이었다.
미국 자본주의가 폭발적으로 성공하자 이번에는 유럽의 미국 따라
하기가 진행되었다. 20세기 유럽은 기존의 국경을 무너뜨리고 개방
함으로써 미국같이 드넓은 대륙 차원의 시장을 만들려고 노력한 것
이다. 성공적인 모델을 모방하는 학습능력이야말로 부자 나라들의
역사적 공통점이 아닌가.

물론 따라 한다고 같은 나라가 되는 것은 아니다. 미국은 원주
민들을 학살해 토지를 몰수하고, 아프리카에서 데려온 노예들의 노
동을 활용해 대륙 규모의 시장을 만든 나라다. 반면 유럽은 이미 탄
탄한 역사와 전통의 정치경제 질서가 나라마다 자리 잡고 있다. 비
슷한 규모로 하나의 시장을 만들더라도 과정이 훨씬 복잡하고, 그
결과도 완전한 통합보다는 모자이크처럼 여러 색이 공존하게 된 이
유다.

지리적으로 자본주의 미국과 공산주의 소련 사이에 있는 유럽
은 정치경제의 질서도 중간 정도다. 나라마다 특수한 정치경제의
규칙과 복지제도를 갖는 만큼 하나의 시장을 형성하기란 쉽지 않
다. 특히 유럽은 미국보다 민족의식과 공동체 정신이 강하다. 사회
주의 운동의 역사도 뿌리 깊어 상부상조의 복지 모델이 훨씬 강한
전통으로 자리 잡고 있다. 유럽의 경제체제를 '인간의 얼굴을 한
자본주의'라고 부를 수 있는 배경이다. 예를 들어 프랑스의 지식인
미셸 알베르(Michel Albert)는 『자본주의 대 자본주의*Capitalisme contre*

Capitalisme』에서 미국식 자본주의와 독일식, 또는 유럽식 자본주의를 대비시킴으로써 자본주의 모델의 다양성을 지적한 바 있다.

코스모폴리탄제국

유럽은 평화를 획득하기 위해 과거의 앙금을 접어두고 화해에 기초한 통합운동을 추진했다. 통합은 예상대로 평화를 가져왔다. 이제 독일과 프랑스가 서로 전쟁을 벌이는 일은 상상하기 어려울 정도다. 통합은 또 평화를 넘어 번영도 가져다주었다. 유럽은 공동시장을 넘어 1993년에는 단일시장을 형성했고, 19~20세기에 미국이 보여주었던 규모의 경제를 유럽 차원에서 실현하는 데 성공했다. 2021년 현재 유럽연합은 인구 4억 5,000만 명에다가 세계 최대 국민총생산을 자랑하는 시장을 형성하고 있다.

통계만 놓고 본다면 미국은 여전히 유럽보다 잘사는 나라다. 2020년 미국의 1인당 국민소득은 6만 달러를 넘는데, 유럽연합은 평균 4만 달러 정도이기 때문이다. 문제는 이런 통계가 감추고 있는 현실이다. 미국은 부의 분배가 매우 불평등한 구조다. 지니계수가 48을 넘어 심각한 불평등을 나타낸다. 반면 유럽연합은 30 정도로 소득 분배가 훨씬 양호한 편이다.

유럽연합의 국가들은 차이를 보이기는 하지만 기본적으로 정부가 소득의 분배와 재분배에 적극적으로 개입하는 편이다. 국내총생산에서 공공지출이 차지하는 비중은 정부의 개입 정도를 보여주는데, 유럽연합에서 가장 높은 프랑스는 55퍼센트를 넘길 정도다. 2019년 유럽은 평균 46퍼센트였는데, 미국은 38퍼센트 수준이었다. 미국에서는 공공기관이 관리하는 부가 전체의 3분의 1 정도라면, 유럽에서는 절반에 해당한다는 말이다. 그만큼 유럽과 미국의 자본주의는 성격이 다르다.

미국과 유럽은 같은 서구이고 자본주의 사회를 형성하나 삶의 조건은 크게 다르다. 지난 반세기 동안 신자유주의가 많은 변화를 몰고 왔다고 하더라도 유럽의 시민은 여전히 훨씬 안정적인 삶을 누리고 있다. 예를 들어 유럽에서 의료보험은 나라마다 다르나 국민 누구나 누리는 보편적인 제도다. 또 교육도 격차가 아예 없는 것은 아니지만, 기본적으로 공공서비스에 속해 비용이 무척 낮은 편이다. 수천만 명의 시민이 의료보험 없이 방치된 미국, 학비가 너무 비싸 융자에 허덕이는 대학생이 넘치는 미국과는 다른 사회다.

유럽 통합은 또 대륙 차원에서 부의 재분배도 조금씩 실현하고 있다. 유럽연합이 관리하는 예산은 국내총생산의 1퍼센트 남짓으로 아주 작은 수준이지만, 그래도 돈은 독일과 같은 부자 나라에서 동유럽이나 남유럽의 가난한 나라로 흘러간다. 독일의 사회학자 울리히 벡(Ulrich Beck)은 『코스모폴리탄 유럽Cosmopolitan Europe』이라는 저서에서 유럽연합을 21세기의 새로운 정치체제로 파악하며 '코스모폴리탄제국'이라고 부른다. 과거의 제국은 중심부가 주변부의 부를 착취하는 구조였으나, 오늘날의 유럽연합은 중심부가 주변부에 부를 나눠 주는 모양이기 때문이다.

실제로 유럽연합은 독일과 프랑스라는 중심부에서 주변부의 모든 국가로 범위를 넓히면서 번영 또한 확산했다. 1980년대에는 스페인, 포르투갈, 그리스가 그리고 2000년대에는 중부와 동부 유럽 국가들이 유럽연합에 동참함으로써 개발도상국 수준의 경제를 선진국 수준으로 끌어올리는 데 성공했다. 기근이 꼬리표처럼 따라다녔던 빈국 아일랜드도 유럽연합에 동참한 뒤 '북해의 호랑이'*라는 별명을 얻을 정도로 경제발전에 성공했다. 에스토니아, 라트비아, 리투아니아 등도 작은 나라지만 특수성을 살려 유럽연합이라는 거대한 시장을 발판 삼아 성공적인 경제발전을 이뤘다.

축재의 경제 대 혁신의 경제

유럽과 미국의 차이는 복지에서만 드러나는 게 아니다. 두 대륙의 도시를 비교해보면 현저한 차이를 느낄 수 있다. 마천루가 빼곡하게 들어선 뉴욕의 맨해튼은 미국 자본주의를 상징한다. 뉴욕뿐 아니라 로스앤젤레스, 샌프란시스코, 시카고, 애틀랜타, 필라델피아 등 어느 지역을 가도 눈에 띄는 모습은 대동소이하다.

물론 파리에도 마천루 숲은 존재한다. 하지만 현대적인 도심은 파리의 중심부가 아니라 교외 지역인 라데팡스(La Défense)에 있다.

• 원래 급격한 경제발전을 이룬 동아시아의 한국, 타이완, 홍콩, 싱가포르 등을 가리켜 '드래곤 (dragon, 용)'이나 '타이거(tiger, 호랑이)'라고 불렀다. 즉 유럽의 신흥 공업국인 아일랜드를 '북해의 호랑이'라 부르는 것은 동아시아 국가들만큼 빠른 경제발전을 이뤘다는 의미다.

파리 전경
파리를 위에서 내려다보면 원형으로 퍼져나가는 도시의 역사적 발전 과정을 확인할 수 있다.

유럽의 도시는 예외 없이 중심부에 고대나 중세 때 지어진 성곽과 성당이 자리 잡고 있다. 그리고 원형으로 퍼져나가는 도시의 역사적 발전 과정을 눈으로 확인할 수 있다. 고대 로마 유적이 있는 파리의 중심부에서 시작해 외곽으로 향할수록 중세와 근세, 현대의 흔적들이 주마등처럼 전개된다.

　미국은 역사가 짧기 때문이라고 이해할 수 있다. 그러나 유럽만큼 역사가 긴 동아시아를 살펴보면 반드시 역사를 핑계 대기는 어렵다. 서울과 도쿄, 베이징 등 동아시아의 역사적 도시들을 살펴보면 그 구조가 유럽적이라기보다는 미국적이다. 상징적인 궁궐만 남기고 나머지는 모두 갈아엎어 새 도시를 만들었다.

적어도 도시만 놓고 본다면 온고지신은 유럽의 몫이다. 한편에서 과거와 전통을 보존하고 수리하면서, 다른 한편에서는 새로움을 추구하는 태도 말이다. 마르크스는 자본주의를 축적의 과정으로 파악했다. 반면 슘페터는 자본주의란 창조적 파괴라는 혁신의 과정이라고 설명했다. 마르크스식 발전은 일직선을 그리면서 부가 축적되는 꼴을 띤다. 그러나 슘페터가 바라보는 자본주의는 한편에서 혁신이 일어나고, 다른 한편에서는 필연적으로 파괴가 진행된다. 실제 자본주의는 축적과 혁신을 모두 포함하는데, 나라나 모델마다 조금씩 다른 특징을 보여준다.

굳이 구분한다면 유럽은 축적의 논리를 더 강조하고, 미국은 혁신의 기제가 더 강하게 드러나는 셈이다. 프랑스의 사회학자 뤼크 볼탕스키(Luc Boltanski)는 『풍요: 상품 비판*Enrichissement: Une critique de la marchandise*』이라는 저서에서 유럽의 원조 자본주의 국가에서 나타나는 흥미로운 현상에 주목했다. 가령 사람들은 새로 만들어 반짝이는 현대의 도시나 건물, 상품보다 역사가 길고 여러 이야기가 녹아 있는 오래된 박물관과 골동품을 더 찾는다. 대량생산으로 누구나 살 수 있는 물건보다는 관심과 노력으로 모은 수집품이 더 높은 가치를 지닌다. 이는 부가 축적되면서 나타나는 현상으로, 볼탕스키가 '축재의 경제'라고 부르는 현상이다.

'헝그리 정신'이 지배하는 단계의 자본주의와 부가 축적되면서 나타나는 자본주의는 분명 다를 것이다. 게다가 유럽이 보여주는 역사와 전통에 대한 애착은 특별하다. 그 결과 유럽의 자본주의는 강한 문화적 성향을 띤다. 유럽이 세계 관광의 중심으로 부상한 중요한 요인이 여기에 있다.

유럽은 정보산업과 같은 첨단 혁신 분야에서 미국이나 동아시아에 밀리지만 문화와 산업이 결합한 명품이나 식품 분야에서 여전히 명성을 떨치고 있다. 세계의 소비자는 보잉 항공기가 로키산맥의 정기를 받았다거나, 도요타 자동차가 후지산의 기운을 얻었다고 생각하지 않는다. 하지만 루이뷔통이 유럽의 사치 중심지인 파리 장인들의 전통을 이어받았고, 페라가모가 르네상스 예술의 중심지인 피렌체의 브랜드라는 점에서 아낌없이 고액을 주고 산다. 스위스에서 만드는 시계들은 알프스산맥에서 장인들이 만든다는 전통적 이미지 때문에 가치가 높다.

여전히 유효한 유럽의 다양성

미국이나 동아시아에서 나타나는 혁신의 경제는 대량생산과 소비를 동반한다. 유럽을 특징짓는 축재의 경제는 반대로 독창성이 기본 가치를 형성한다. 파리라는 도시가 사방에 비슷한 모습으로 존재한다면, 그 가치는 크게 떨어질 것이다. 유럽연합은 매년 유럽의 문화도시를 지정해 유럽 각지에 분포된 독보적인 도시문화를 공유하도록 장려한다. '다양성과 함께하는 통합'이라는 구호가 빈말이 아닌 셈이다.

경제 모델에서도 유럽은 다양성이 돋보인다. 유럽 통합의 기치를 내걸고 통합을 이끌어온 프랑스는 국가가 강한 역할을 담당하는 모델이다. 경제에서 공공지출이 차지하는 비중이 유럽에서 제일 높을 뿐 아니라 자본, 기술, 인력 등 자원을 집중하는 대규모 사업에서 단연 뛰어난 능력을 보여줘왔다. 세계 항공기시장을 놓고 미국의 보잉과 경쟁하는 에어버스나 고속기차 TGV 등이 대표적인 사례다. 명품과 음식, 예술과 관광 분야에서도 프랑스는 세계를 주름잡고 있다.

독일이 후발주자로 경제발전에 뛰어들었지만 얼마나 성공적으로 선발주자를 학습하면서 따라잡았는지는 이미 살펴보았다. 유럽 통합을 언급할 때 독일과 프랑스는 종종 쌍두마차나 기관차에 비유된다. 정확히 말하자면 쌍두마차보다는 프랑스가 아이디어를 제시하고 독일이 공감한 뒤 동력을 제공하는 분업체계다. 1950년대의 장 모네(Jean Monnet)나 1980년대의 자크 들로르(Jacques Delors) 등 유럽 통합의 지도자를 배출한 프랑스는 아이디어의 산실이다. 같은 시기 독일에서는 콘라트 아데나워와 콜 수상이 묵직한 힘을 유럽 통합에 실어주었다.

독일은 중앙집권의 프랑스와 달리 연방국가다. 또 지멘스나 폭스바겐과 같은 세계적 대기업과 함께 미텔슈탄트(mittelstand)라 불리는 효율적 중소기업의 천국이다. 또한 기업의 이사회에 노조 대표의 참여를 법으로 보장할 만큼 독일은 노사 협력을 제도화했다. 이처럼 독일의 '사회적 시장경제'와 프랑스의 '국가 주도 자본주의'는 유럽의 중심부에 커다란 다양성이 존재함을 알려준다.

스칸디나비아 지역 국가들은 복지수준이 유럽에서도 으뜸이다. 이들은 유럽 통합에 참여하면 복지수준이 낮아질 것을 염려해 1990년대가 되어서야 뒤늦게 유럽연합에 가입했을 정도다. 남유럽의 이탈리아, 스페인, 포르투갈, 그리스 등은 여전히 산업 경쟁력은 떨어지지만, 유럽 시장을 통해 개발도상국에서 선진국 수준으로 발전을 이룰 수 있었다. 공산주의에서 벗어난 중부와 동부 유럽 국가들은 유럽 기업들의 직접투자를 통해 자본주의 체제로 편입될 수 있었다. 이곳에서 민주주의가 공고해진 데는 유럽연합 가입이라는 미끼와 그 틀이 가입 전후 과정에서 제대로 작동했기 때문이다.

마지막으로 영국은 유럽의 주변부에 맴돌면서 유럽대륙과 대서양으로 나아갈 수 있도록 양다리를 걸치고 있는 형국이었다. 일반적으로 영국은 자본주의가 만들어진 나라답게 프랑스나 독일보다 자유시장 경제의 전통이 훨씬 강하다. 영국이 유럽연합에 가입해 있었던 1974년부터 2021년까지의 기간에 영국은 유럽을 신자유주의의 방향으로 이끄는 역할을 담당했다. 이제 영국이 유럽연합을 탈퇴한 이상 유럽은 더욱 국가 중심적이고 복지나 환경을 고려하는 방향으로 선회할 가능성이 있다.

유럽 통합의 다음 단계

경제성장의 관점에서 유럽이 보여주는 다양성은 큰 장애물로 작용한다. 미국이나 중국의 시장은 제도적으로 통합된 것은 물론 소비자들의 성향도 어느 정도 유사하다. 반면 유럽은 나라마다 정책과

제도가 다르기에 수출입이 자유롭다고 하더라도 규모의 경제를 실현하기가 까다롭다. 게다가 소비자들의 문화적 배경이나 성향도 제각각이다. 언어도 수십 종류라 간단한 설명서를 만드는 것마저 보통 일이 아니다.

세계시장을 놓고 벌이는 경쟁에서 유럽 기업들이 열세에 처한 이유다. 21세기 들어 세계 기업 열전에서 유럽은 미국이나 중국에 밀려 계속 후퇴하는 추세다. 이번 장을 시작하면서 언급한 유로화의 출범은 유럽 시장의 통합성을 강화함으로써 미국과 경쟁하겠다는 의지의 표현이었다. 하지만 유로화는 오히려 2010년대에 심각한 위기의 원인으로 작용했다. 화폐는 하나가 되었으나 정치와 정책은 따로 노는 현실 때문이었다.

시장은 하나인데 화폐가 제각각이면 상황은 엉망이 된다. 그래서 유럽은 화폐를 하나로 묶었다. 화폐를 통일했는데, 정책은 제각각이라 다시 상황이 비틀거리기 시작했다. 그러자 유럽은 정책도 통일하자는 개혁을 추진하는 중이다. 2020년 코로나19 팬데믹 위기를 맞아 유럽 차원의 공동채권을 발행하고 재정을 모아보자는 시도가 대표적인 사례다. 유럽에서 역사의 도도한 흐름은 평화를 추구하면서 대륙 규모의 시장을 만들고, 그 시장을 통해 정책까지 통합하는 방향으로 나아가고 있다. 궁극적으로는 시장 공동체가 국가를 만들어낼 수 있는가 하는 질문으로 귀결된다.

물론 그런 국가가 만들어지지 못하더라도 다양성이 주는 장점이 없는 것은 아니다. 트럼프의 미국이나 시진핑의 중국에서 볼 수 있듯 극단적인 정치로 촉발된 과격한 변화는 유럽에서 상상하기 어

유럽중앙은행(European Central Bank, ECB)
건물 앞에 설치된 유로화 엠블럼 조형
유럽의 역사는 평화를 추구하면서 대륙 규모
의 시장을 만들고, 그 시장을 통해 정책을 통
합하는 단계로 나아가고 있다.

렵다. 수십 개 회원국이 참여하는 유럽의 정치는 진행은 느리나 안
정적이고 다양성 덕분에 극단으로 치닫기도 어렵다. 게다가 다양성
이야말로 창의적인 사고의 기반이 아닌가.

역사적으로 유럽에서 배운 미국은 국가와 시장이 함께 성장한
경우다. 북아메리카 동부의 13개 주에서 시작한 미국이라는 연방국
가는 19세기와 20세기에 태평양까지 진출하면서 50개 주의 거대한
대륙 규모의 시장을 형성했다. 국가는 군대를 파견해 서부 개척을
주도했고 민간은 철도를 놓아 시장을 확장했다. 국가와 시장이 손
잡고 유럽의 식민지를 세계 최강의 정치경제 대국으로 육성했다.

유럽과 미국은 물론 일본의 전례를 살펴본 중국은 20세기 후반
에 이미 굳건하게 존재하는 공산국가를 시장으로 개발했다. 공산당
이 주도한 '사회주의 시장경제의 건설'만 보면 중국은 국가가 시장

을 만들어낸 경우다. 중국은 중앙정부가 계획을 세워 연안부터 내륙까지 개발 청사진을 그렸고, 점진적 개방으로 시장 확장의 속도를 조절했다. 그리고 역사상 유례가 없는 초고속 발전을 이룩했다.

유럽은 미국과 중국 모두에 모범이고 자극이었다. 유럽이 개발한 국가와 시장의 모델은 미국에서 대륙 차원으로 확장되었고, 대륙 차원의 중국에서는 국가가 시장을 조성하는 데 영향을 미쳤다. 그렇다면 21세기 유럽에서는 시장이 국가를 만드는 역사적 기제가 작동할 것인가. 지금까지는 시장의 필요로 하나의 화폐를 만들고, 하나의 정책을 추진했다. 이런 압력과 기제가 확대, 재생산되어 유럽이 미국이나 중국과 유사한 거대한 대륙 규모의 국가를 동반하는 시장으로 탄생할 것인가. 아니면 수십 개의 회원국이 집단으로 관리하는 시장에 머물 것인가. 21세기 세계에서 정치경제 분야의 향배를 좌우할 이 중요한 질문을 세계인이 주목하고 있다.

부를 축적해온 인류의 성과를
지키기 위한 과제

한국, 가봉, 프랑스, 벨기에, 일본, 미국, 중국. 내가 적어도 반년 이상 살아본 나라들이다. 아시아부터 아프리카와 유럽이라는 구대륙은 물론 아메리카 신대륙까지 섭렵했으니 진정한 '세계시민'이라고 추켜세워주는 사람도 있지만, 그냥 '역마살이 센 팔자'라는 토속적 진단이 더 정확할지 모른다. 한곳에 머물지 못하고 쉴 새 없이 이동하는 인생은 1978년 초등학생 때 부모님이 나를 아프리카 가봉으로 데려가면서 시작되었다. 애초에 노마드의 삶은 내 의지와 전혀 상관없이 시작되었던 셈이다. 이렇게 색다른 나라와 문화를 접하면서 자연스럽게 모든 것을 비교하는 습관이 생겼다.

열한 살 한국 소년에게 가장 큰 변화는 잠자리와 화장실이었다. 바닥에 요를 펴고 이불을 덮고 자다가 침대로 올라갔다. 누워서 세상을 보는 시각이 완전히 달라졌다. 침대 높이만큼 천장은 낮아지고, 침대를 벗어나지 않기 위해 잠버릇은 얌전해졌다. 또 쭈그린 자세로 일을 보다가 좌식 변기로 옮겨 앉으니, 화장실 가는 일이 무슨 승마라도 하는 듯해 기분이 좋았다. 세면대와 모양이 닮은, 변기와 비슷한 높이에 설치된 비데라는 신기한 장치도 있었다. 나름의 고민 끝에 발을 닦는 용도로 활용했던 기억이 난다. 비데의 문화적 변용이랄까.

처음에는 가봉이 식인종으로 득실거리는 정글로 대변되는 야만의 후진국인 줄 알고 잔뜩 긴장했다. 실상은 침대와 변기 덕분에 '선진적 삶'으로 진보한 느낌이었다. 물론 가봉의 침실이나 화장실은 프랑스의 문화를 본뜬 결과였다. 한편에는 엘리트들의 프랑스식 삶이 있었고, 다른 한편에는 신을 신는 습관조차 생소해 맨발로 다니는 대중의 삶이 존재했다. 그것이 아프리카의 불평등하고 불편한 현실이었다. 그리고 선진국과 후진국, 부자 나라와 가난한 나라의 차이를 고민하는 구체적 출발점이었다.

어린 나이였지만 세상이 결코 간단하거나 단순하지 않음을 깨닫는 경험이었다. 활자나 숫자는 객관적으로 세상을 묘사하는 데 요긴하나 오히려 편견을 초래할 수 있다는 교훈을 얻었다. 몸소 부딪히는 체험만이 현실을 복합적으로 이해하게 해준다는 확신이 다양한 나라에서 생활함으로써 점차 강해진 듯하다. 내가 차가운 이론과 통계로 무장한 사회과학을 전공하면서도 따뜻한 이야기가 살아 있는 역사와 인류학적 접근에서 벗어나지 못하는 이유다.

이 책은 1970년대 아프리카에 도착한 한국 소년의 눈을 가지고 2020년대를 사는 학자가 인류의 역사를 뒤적이며 고민한 결과다.

벅차지만 수천 년의 역사를 거슬러 올라가 부자 나라의 기원을 살펴보았고 최근에 등장한 신흥 부국까지 살펴보면서 나름대로 풍요의 비법을 발견하려는 노력을 기울였다.

긴 역사의 맥락에서 우리는 질서, 개방, 경쟁, 혁신, 학습, 단결, 비전이라는 키워드를 중심으로 부자 나라의 성공 사례를 짚어보았다. 성공의 핵심 개념을 더 단순하게 정리해본다면 '질서-학습-단결'이 하나의 집합을 이루고, '개방-경쟁-혁신'이 또 다른 집합을 형성한다. '비전'은 두 집합의 조합에 따른 총체적 결과인 셈이다.

질서-학습-단결만 있는 나라는 단기적으로 성공할 수 있으나, 자칫 경직된 구조로 굳어버려 퇴보할 위험이 있다. 고대 메소포타미아의 바빌로니아제국부터 현대 중국까지 이런 경향이 강한 편이다. 반대로 개방-경쟁-혁신으로 치우치면 혼란 속에 공동체가 녹아버릴 위험이 존재한다. 고대 그리스의 도시국가들이나 현대 미국이 이런 추세와 모습을 보이는 편이다. 부국의 흥망성쇠는 이런 상반된 경향의 균형을 맞추는 능력에서 비롯된다고 할 수 있다.

이 책에서 한국을 직접 다루지는 않았으나, 한국은 일본(학습), 싱가포르(단결), 타이완(단결), 중국(비전)과 함께 20세기의 동아시아 성공 사례에 속한다. 커다란 틀에서 한국은 이미 강한 질서-학습-단결의 장점을 살리되 발전을 지속하기 위해 개방-경쟁-혁신의 취약한 부분을 보완해야 할 것이다. 물론 이 주제는 우리에게 생존의 문제에 해당하기에 한 권의 책으로 다뤄도 부족한 형편이다.

또 이 책에서는 부자 나라만 설명했을 뿐, 인류의 다수를 차지하는, 가난에서 벗어나지 못하는 지역은 미처 살펴보지 못했다. 부국의 성장이 부분적으로 가난한 나라를 착취해 이뤄지는 현실을 완전히 부정할 수는 없으나, 그래도 발전의 혜택은 빈국까지 미친다. 빈국에서조차 늘어나는 인구와 평균수명이 이를 잘 보여주는 증거다. 인류 전체가 인간적 삶을 누릴 수 있도록 발전의 동력을 확대하는 노력은 21세기의 가장 큰 과제 가운데 하나일 것이다.

2020년대 들어 부국과 빈국을 동시에 위협하는 파도가 거세다. 부를 향한 인류의 노력은 전반적인 풍요를 생산했으나, 그 결과 지구의 환경은 가차 없이 무너져가고 있다. 열대처럼 더위가 기승을 부리는 시베리아나 그칠 줄 모르는 거대한 산불, 녹아내리는 빙하와 끊임없는 태풍과 홍수 등 이상 기후 현상이 인류에게 경고장을 던지는 모양새다. 부를 창출하는 것도 중요하지만 회복 불가능할 정도로 환경을 파괴하는 것은 곤란하다.

코로나19 팬데믹 위기는 인류가 아무리 발전하더라도 세균이나 질병을 완전히 떨쳐버리기는 어렵다는 진리를 일깨워주었다. 코로나19는 중국에서 발생한 뒤 불과 몇 달 만에 세계 각지에 전파되어 인류를 공포로 몰아넣으면서 지구촌이 얼마나 통합되었는지를 증명했다. 눈에 보이지도 않는 하찮은 바이러스가 일상생활을 완전히 마비시키면서 인류 문명의 취약성을 드러내 보인 셈이다.

2022년 2월 러시아의 전격적인 우크라이나 침공은 역사적 경험의 누적에도 불구하고 야만적 전쟁이 언제든 재발할 수 있음을 일깨워주었다. 전쟁을 치르는 러시아와 우크라이나 두 당사국은 물론, 전 세계적으로 석유, 가스, 곡식 등 두 나라의 수출품이 원활히 거래되지 않으면서 식량과 에너지시장이 휘청거리는 상황이다.

이 책에서 설명한 부를 만들어내는 비법은 매우 복잡하고 미묘하며 취약하다. 균형이 흐트러지거나 하나의 요소라도 빠지면 삐걱거린다. 게다가 지구촌은 촘촘하게 연결되어 있어 부자 나라들이 무너지면 전 세계가 빈곤의 나락에 빠질 수 있다. 우리가 지금 목도하는 환경과 보건과 전쟁의 위협은 이 아슬아슬한 인류의 장기적 성과를 단숨에 무너뜨릴 수 있는 거친 태풍과도 같다. 한반도를 넘어 세계를 사고하고, 현재를 넘어 역사와 미래를 상상해야 하는 이유다.

참고문헌

들어가며

Smith, Adam, *An Inquiry into the Nature and Causes of the Wealth of Nations*, Oxford Paperbacks, 2008(1776). (『국부론』)

1장 질서: 인류, 부를 향한 첫걸음을 내딛다

Hudson, Michael, "Entrepreneurs: From the Near Eastern Takeoff to the Roman Collapse." In David S. Landes, Joel Mokyr, and William J. Baumol(Eds.), *The Invention of Enterprise: Entrepreneurship from Ancient Mesopotamia to Modern Times*, Princeton University Press, 2010, pp.8~39.

Jongman, Willem M. "Re-constructing the Roman economy", In L. Neal&J. Williamson(Eds.), *The Cambridge History of Capitalism*, Cambridge University Press, 2014, pp.75~100.

Jursa, Michael, "Babylonia in the first millennium BCE-economic growth in times of empire", In *The Cambridge History of Capitalism*, pp.24~42.

Veyne, Paul, *L'Empire gréco-romain*, Seuil, 2005.

Wunsch, Cornelia, "Neo-Babylonian Entrepreneurs." In *The Invention of Enterprise*, pp.40~61.

2장 개방: 교역으로 형성된 번영의 벨트

Abu-Lughod, Janet, *Before European Hegemony: The World System A.D. 1250-1350*, Oxford University Press, 1991.

Findlay, Ronald and Kevin H. O'Rourke, *Power and Plenty: Trade, War, and the*

World Economy in the Second Millenium, Princeton University Press, 2007. (하임수 옮김,『권력과 부: 1000년 이후 무역을 통해 본 세계정치경제사』, 에코리브르, 2015)

Kuhn, Dieter, *The Age of Confucian Rule: The Song Transformation of China*, Harvard University Press, 2011. (육정임 옮김,『하버드 중국사 송나라: 유교 원칙의 시대』, 너머북스, 2015)

Kuran, Timur. "The Scale of Entrepreneurship in Middle Eastern History: Inhibitive Roles of Islamic Institutions." In *The Invention of Enterprise*, pp.62~87.

Pamuk, Şevket, "Institutional Change and Economic Development in the Middle East, 700 – 1800" In *The Cambridge History of Capitalism*, pp.193~224.

Peck, Amelia, *Interwoven Globe: The Worldwide Textile Trade 1500-1800*, Metropolitan Museum of Art, 2013.

Rosenthal, Jean-Laurent, and Roy Bin Wong, *Before and Beyond Divergence: The Politics of Economic Change in China and Europe*, Harvard University Press, 2011.

Roy, Tirthankar, *India in the World Economy: From Antiquity to the Present*, Cambridge University Press, 2012.

3장 경쟁: 도시국가의 이윤 추구와 자본주의의 발전

남종국,『이탈리아 상인의 위대한 도전: 근대 자본주의와 혁신의 기원』, 앨피, 2019.

Arrighi, Giovanni, *The Long Twentieth Century: Money, Power, and the Origins of Our Times*, Verso, 2010. (백승욱 옮김,『장기 20세기: 화폐, 권력, 그리고 우리 시대의 기원』, 그린비, 2014)

Braudel, Fernand, *La dynamique du capitalisme*, Flammarion, 2014. (김홍식 옮

김, 『물질문명과 자본주의 읽기: 자본주의라는 이름의 히드라 이야기』,
   갈라파고스, 2012)

Bresson, Alain, "Capitalism and the Ancient Greek Economy." In *The
   Cambridge History of Capitalism*, pp.43~74.

Crouzet-Pavan, Elisabeth, *Renaissances italiennes 1380-1500*, Albin Michel, 2004.

Finley, Moses, *Economy and Society in Ancient Greece*, Chatto and Windus, 1981.

Finley, Moses, *The Ancient Economy*, University of California Press, 1973.

Hale, John R. *Lords of the Sea: The Epic Story of the Athenian Navy and the Birth of
   Democracy*, Penguin Books, 2010. (이순호 옮김, 『완전한 승리, 바다의 지
   배자: 최초의 해상 제국과 민주주의의 탄생』, 다른세상, 2011)

Lopez, Robert, *The Commercial Revolution of the Middle Ages, 950-1350*,
   Cambridge University Press, 2008(1976).

Murray, James M. "Entrepreneurs and Entrepreneurship in Medieval Europe."
   In *The Invention of Enterprise*, pp.88~106.

4장 혁신: 자본주의 모형을 완성시킨 세 나라의 황금기

Colley, Linda, *Britons: Forging of the Nation 1707-1837*, Yale University Press,
   1992.

Jones, Eric, *The European Miracle: Environments, Economies and Geopolitics in the
   History of Europe and Asia*, Cambridge University Press, 3rd ed. 2012.

Kennedy, Paul, *The Rise and Fall of the Great Powers: Economic Change and Military
   Conflict from 1500 to 2000*, Vintage, 1989. (이왈수·전남석·황건 옮김,
   『강대국의 흥망: 경제 변화와 군사적 혼란, 1500~2000』, 한국경제신문,
   1997)

North, Douglas, *Institutions, Institutional Change and Economic Performance*,
   Cambridge University Press, 1990. (『제도, 제도변화, 경제적 성과』, 자유
   기업센터, 1997)

Pezzolo, Luciano. "The via Italiana to Capitalism." In *The Cambridge History of Capitalism: The Rise of Capitalism: From Ancient Origins to 1848*, pp.267~313.

Polanyi, Karl, *The Great Transformation: The Political and Economic Origins of Our Time*, Beacon Press, 1944. (홍기빈 옮김, 『거대한 전환: 우리 시대의 정치 · 경제적 기원』, 길, 2009)

Schama, Simon, *The Embarrassment of the Riches: An Interpretation of Dutch Culture in the Golden Age*, Vintage, 1987.

5장 학습: 모방으로 이뤄낸 산업화로 부국의 계보를 잇다

Fukuyama, Francis, *Political Order and Political Decay: From the Industrial Revolution to the Present Day*, Farrar, Straus and Giroux, 2014.

Greenfeld, Liah, *The Spirit of Capitalism: Nationalism and Economic Growth*, Harvard University Press, 2003.

Haggard, Stephen, *Developmental States*, Cambridge University Press, 2018.

Kurtz, Marcus, *Latin American State Building in Comparative Perspective: Social Foundations of Institutional Order*, Cambridge University Press, 2013.

Sachs, Jeffrey, *The End of Poverty: Economic Possibilities for Our Time*, Penguin Books, 2006. (김현구 옮김, 『빈곤의 종말』, 21세기북스, 2006)

Wengenroth, Ulrich, "History of Entrepreneurship: Germany after 1815." In *The Invention of Enterprise*, pp.273~304.

6장 단결: 부자 나라의 성공 방식을 뒤엎은 작은 나라들

Childs, Marquis, *Sweden: The Middle Way*, Pelikan Books, 1948.

Esping-Andersen, Gøsta, *The Three Worlds of Welfare Capitalism*, The Polity Press, 1989. (박시종 옮김, 『복지자본주의의 세 가지 세계』, 성균관대학교출판부, 2007)

Vu, Tuong, *Paths to Developement in Asia: South Korea, Vietnam, China, and Indone-*

sia, Cambridge University Press, 2010.

7장 비전: 평등한 개인들이 성공할 수 있는 사회를 꿈꾸다

Albert, Michel, *Capitalisme contre capitalisme*, Seuil, 1991.

Appleby, Joyce, *The Relentless Revolution: A History of Capitalism*, W.W.Norton, 2011. (주경철 · 안민석 옮김, 『가차없는 자본주의: 파괴와 혁신의 역사』, 까치, 2012)

Beck, Ulrich and Edgar Grande, *Das kosmopolitische Europa*, Suhrkamp Verlag, 2004.(Translated by Ciaran Cronin, *Cosmopolitan Europe*, Polity, 2007)

Boltanski, Luc et Arnaud Esquerre, *Enrichissement: une critique de la marchandise*, Gallimard, 2017.

Kindleberger, Charles, *Die Weltwitschaftskrise 1929-1939*, Deutscher Taschenbuch Verlag, 1973.

Nye, Joseph, *Soft Power: The Means to Success in World Politics*, Public Affairs, 2005. (윤영호 옮김, 『권력의 미래: 소프트 파워 리더십은 어떻게 세상을 바꾸는가』, 세종서적, 2021)

Pomeranz, Kenneth, *The Great Divergence: China, Europe, and the Making of the Modern World Economy*, Princeton University Press, 2002. (김규태 · 이남희 · 심은경 옮김, 『대분기: 중국과 유럽, 그리고 근대 세계경제의 형성』, 에코리브르, 2016)

Steinbck, John, *The Grapes of Wrath,* The Viking Press, 1939. (『분노의 포도』)

Tocqueville, Alexis de, *De la démocratie en Amérique*, Flammarion, 1835/1840. (이용재 옮김, 『미국의 민주주의』, 아카넷, 2018)

Weber, Max, *Die Protestanthsche Ethik und der Geist des Kapitalismus*, Berliner Ausgabe, 2016(1904).

22개 나라로 읽는 부의 세계사

초판 1쇄 발행 2022년 8월 27일
초판 3쇄 발행 2024년 1월 15일

지은이 조홍식

발행인 이봉주 **단행본사업본부장** 신동해
편집장 김경림 **책임편집** 김하나리 **편집** 신지원
표지디자인 희림 **본문디자인** 이창욱
마케팅 최혜진 이은미 **홍보** 반여진 허지호 정지연 송임선 **제작** 정석훈

브랜드 웅진지식하우스
주소 경기도 파주시 회동길 20
문의전화 031-956-7350(편집) 02-3670-1123(마케팅)
홈페이지 www.wjbooks.co.kr
인스타그램 www.instagram.com/woongjin_readers
페이스북 www.facebook.com/woongjinreaders
블로그 blog.naver.com/wj_booking

발행처 ㈜웅진씽크빅
출판신고 1980년 3월 29일 제406-2007-000046호

ⓒ 조홍식, 2022
ISBN 978-89-01-26386-1(03900)

• 웅진지식하우스는 ㈜웅진씽크빅 단행본사업본부의 브랜드입니다.
• 책값은 뒤표지에 있습니다.
• 잘못된 책은 구입하신 곳에서 바꾸어드립니다.